"내 피로 세우는 새 언약이니"
(눅 22:20)

A GLORIOUS
REFORMATION
OF THE PURITANS

A GLORIOUS REFORMATION OF THE PURITANS

청교도의 빛나는 개혁운동

하나님의 영광을 위한 경건과 분투
PIETY OF OBEDIENCE AND RESISTANCE FOR GLORY OF GOD

김재성 지음

새언약
THE PURITAN HERITAGE

Dr. Jae Sung Kim (Ph.D.)

New Covenant Books, Goyang-si, Gyeonggi-do, Republic of Korea.

2024.

목차
———

＋

✝

이 책은 필자가 책에서 읽고 배운 청교도들을 실제로 만나고 난 후에 받은 감동에서 비롯되었다. 미국에서 청교도 신앙을 간직하고 살아가는 분들의 초청을 받아서, 2010년 초겨울에 교회와 학교에서 함께 시간을 보낸 적이 있다. 펜실베이니아주, 피츠버그 근교에는 '제네바 대학'이 있는데 전교생이 1500명 내외이고, 그 자매교단 신학교로는 '개혁장로회 신학대학원Reformed Presbyterian Theological Seminary'이 있다. 그리고 2011년도 5월에는 영광스럽게도 대학원 졸업식에 강연자로 초청을 받아서 개혁주의 신학의 공동연대를 강조한 바 있다.

이러한 청교도 신앙의 교육과 교회의 공동체를 세운 분들은 1800년대에 스코틀랜드에서 미국으로 건너온 분들의 후손들과 독일에 건너가서 살다가 핍박을 당해 미국에 오게 된 분들이었다. 몇 분은 조상들이 사용하던 가문의 깃발을 집에 걸어 놓고 있었다. 그들은 자신들이 물려받은 400여 년의 전통과 청교도의 신앙 유산에 애착이 있었다.

2015년에도 나는 피츠버그 근교에 있는 한 교회에서 주일 오전 예배 시간에 말씀을 전했는데, 주로 한국교회의 개혁 신앙을 소개하면서 교제를 나눴다. 그리고 주일 오후 예배 시간이 다가오는데 밖에는 눈이 내리고 있었다. 오후 5시가 되어서 교회에 도착해 보니, 뜻밖에도 아침 10시에 모였던 성도들과 자녀들이 모두 다시 모여 있었다. 그야말로 신선한 감동이었다. 온 천지에는 하얀 눈이 계속해서 펄펄 내리고 있었고, 수북이 쌓여 갔다. 그런데도 교인들이 모두 예배에 참석하다니! 놀랍고, 감사하고, 부끄러웠다.

나는 그분들이 간직하고 있는 청교도 신앙이 살아 있음에 다시 한번 감격했는데, 그들은 최근까지도 여전히 그 모습대로 교회를 섬기고 있다. 2020년부터 교회에 타격을 준 코로나바이러스의 확산에도 상관없이, 그들은 현장에 모이는 집회 형식으로 예배를 했다고 한다. 그 기간 동안 교회에 모이는 성도 수는 더 늘어났다고 한다.

두말할 필요가 없이, 나는 독자 여러분과 함께 피츠버그 근교에 있는 개혁장로교회에서 다시 한 번 살아 있는 예배를 드리고 싶다. 지난 400여 년 동안, 똑같은 시편 찬송으로만 경배하고, 악기를 사용하지 않으며, 한 시간 동안 설교 말씀을 경청한다. 모든 성도는 예배 시간 전후로 교리문답을 공부한다.

나는 순수하고 경건한 청교도 신앙을 찾아보면서, 중요한 내용

을 잘 모아 보았다. 부디 이 책을 읽는 독자들에게 하늘로부터 흘러
나오는 샘물을 마시는 은혜가 있기를 소망한다.

2023년 10월 종교개혁 기념 주간에

저자 김재성

웨스트민스터 대사원의 동쪽 끝 Lady's Chaple. 신앙고백서를 작성한 장소.
추운 날에는 아래 사진에 나오는 "예루살렘 챔버스"에서 모였다.

최근 새롭게 단장된 "예루살렘 챔버스"의 모습.
주로 이 방에서 신앙고백서 작성을 위한 모임이 개최되었다.

제 1 장

청교도에게서
무엇을 배우는가

청교도를 읽어야 하는 이유

지난 2000년의 기독교 역사 속에서 가장 순수하고 순결한 성도의 모습은 청교도에게서 찾아볼 수 있다. 물론 우리는 지금 21세기 첨단 과학을 활용하는 시대에 살고 있어서, 그 당시 웨스트민스터 총회로 모여서 신앙고백서를 작성하던 시대와는 완전히 다른 정치, 사회적 배경 속에 살고 있다. 그럼에도 불구하고, 우리가 청교도의 글을 읽으면서 감동을 얻는 이유는, 청교도야말로 기독교 신자로서 참되게 살아가는 성도의 모습을 세상에 드러냈고, 박해와 압박 속에서도 순결하고 거룩한 삶을 성취했기 때문이다. 청교도의 신앙과 삶의 자세는 여전히 현대 기독교인들에게 중요한 교훈을 제공해 주고 있다. 마틴 로이드 존스 박사는 "청교도가 답이다."라고 역설하였다.[1]

---

1 김재성, 『청교도, 사상과 경건의 역사』 (서울: 세움북스, 2020), 26.

1 청교도 개관:
왜 청교도인가?

    21세기 대한민국에 사는 우리가, 도대체 왜 다른 나라 잉글랜드에서 그것도 16세기에 활동했던 청교도들에게 관심을 가져야 하냐고 묻는 사람들이 있을 것이다. 그 이유는 바로 청교도들은 기독교 역사 속에서 가장 순수한 교회를 세웠으며, 독실하게 경건 생활에 진력했고, 기독교인으로서 삶 가운데서 긍정적인 영향력을 발휘했던 자들이기 때문이다. 청교도들이 남긴 설교와 신학, 문학과 기도문에는 전체 기독교 역사 속에서 찾아볼 수 없는 독특한 신앙과 경건으로 가득하다.[2]

    그들은 하나님에 의해서 개인적으로 구원을 받았다는 확신으로 가득 차 있었고, 자신들의 공로나 노력에 의해서가 아니라 하나님의 자비하심에 의해서 구원을 얻도록 택함을 받았다

---

2 Christopher Durston and Jacqueline Eales, "Introduction: The Puritan Ethos, 1560-1700," in *The Culture of English Puritanism 1560-1700*, ed. C. Durston and J. Eales (London: Macmillan, 1996), 1-31. Randall C. Gleason and Kelly M. Kapic, eds., *The Devoted Life: An Invitation to the Puritan Classics* (IVP, 2004), 15-34.

는 신념을 가지고 있었다. 그들은 하나님의 선택의 결과를 따라 보이는 경건의 삶을 반드시 영위해야만 한다고 확신했고, 신약 성경의 교훈에 근거한 교회를 구성하는 회원이 되어야 할 것과, 기독교 사회의 귀감이 되는 국가와 사회 공동체 건설을 위해서 최선을 다하고자 했다.[3]

1540년대부터 1700년대까지 꽃을 피웠던 청교도의 역사 속에서, 우리는 그들의 신앙적 순수성과 뜨거운 열정을 발견할 수 있다. 엘리자베스 여왕 시대에 시작된 청교도 역사를 정확한 자료를 바탕으로 서술한 패트릭 콜린슨 박사는 청교도들이야말로 "종교개혁을 추진했던 프로테스탄트들 중에서 가장 뜨거운 사람들"이었다고 서술했다.[4]

---

3   John Spurr, *English Puritanism 1603-1689* (London: Macmillan, 1998), 5.

4   Patrick Collinson, *The Elizabethan Puritan Movement* (Oxford: Clarendon, 1967), 22-28.

청교도 운동의 역사 개관

청교도의 역사를 간단하게 정리해 보면, 다음과 같다.[5]

1) 1540년 - 1603년 : 종교개혁 첫 단계의 시도들과 시련들
2) 1603년 - 1630년 : 고난 속에서 다져진 불굴의 신앙
3) 1630년 - 1660년 : 개혁의 꿈을 성취한 빛나는 업적들
4) 1660년 - 1689년 : 추방에 따른 쇠퇴기
5) 1630년 - 1740년 : 뉴잉글랜드 건국의 조상들

1) 1540년-1603년 : 종교개혁 첫 단계의 시도들과 시련들

잉글랜드에서 본격적으로 청교도 운동이 전개되기까지, 그야말로 수많은 순교의 피가 바쳐졌다. 헨리 8세(1509-1547)가 잉글랜드를 통치하던 시기에, 유럽에서는 루터의 종교개혁이 비텐베르크로부터 각 지역으로 확산됐다. 이런 변화와 혼란을 기회로 삼아, 헨리 8세는 자신의 후계자로 세울 아들을 얻고자 이혼을 단행하면서, 이를 반대하던 로마 가톨릭과 결별했다.

병약했던 아들 에드워드 6세(1547-1553)의 통치 시대에 루터와 칼빈의 신학이 대주교 토마스 크랜머(1489-1556)를 통해서 영

---

5   김재성, 『청교도, 사상과 경건의 역사』 (세움북스, 2020), 33-39. Michael P. Winship,
    Hot Protestants: A History of Puritanism in England and America (New Haven:
    Yale University Press, 2018), 5-6.

국교회에 소개되었다. 크랜머는『설교집』(Homilies, 1547),『공동기도서』(Book of Common Prayer, 1552),『신앙의 42개 조항』(Forty-Two Articles of Religion, 1553) 등을 출판하여, 로마 가톨릭으로부터 무엇을 개혁해야 하는가에 대한 기초적인 지침을 제공했다.

그러나 종교개혁이 정착하기도 전에, 메리 여왕(1553-1558)의 통치 기간에 다시 교황제도로의 회귀하고 말았다. 이 시기에 종교개혁에 가담했던 토마스 크랜머와 270명의 개신교 지지자들이 순교했다. 그리고 수 백명의 개신교 목회자들은 자기 목숨을 지키기 위해서 바다 건너로 피신해야만 했다. 하지만 결국, 메리 여왕이 암에 걸려서 사망하면서 짧은 기간의 박해는 종지부를 찍었다.

1558년, 메리를 이어 엘리자베스 여왕(1533-1603)이 왕좌에 오르자, 박해를 피해서 유럽 대륙으로 피신했던 목회자들이 대거 잉글랜드로 돌아왔다. 그들은 에드워드 6세 하에서 시작했던 교회의 개혁을 지속하려는 희망을 품고 있었다. 여왕은 유럽에 피신했다가 돌아온 6명의 주교들을 영향력있는 자리에 임명했지만, 여왕은 "통일령"(Acts of Uniformity, 1659-1662)을 발표함으로써 많은 개신교도들로부터 반쪽짜리 개혁이라는 저항을 불러일으켰다. 더구나 그녀는 로마 가톨릭의 유산으로 남아있던 성직자 예복 착용과 각종 예식들, 그리고 상하구조의 주교 체제 등을 완전히 폐지하지 않았기에, 교회의 순결을 주장하는 개혁주의 목회자들과 충돌했다. 이에 여왕이 모든 교회를 향하여 이전에 크랜머가 발표했던 지침에 따르도록 명령을 발동하자, 유럽 대륙에서 개혁주의 교회가 시행하는 성경적 설교를 복원하려던 목회자들이 저항했다.

1570년, 케임브리지 대학교 토마스 카트라이트(1535-1603) 교수는 제네바에서 시행됐던 장로교회의 예배와 권징을 더욱 철저히 시행하는 것이 사도행전의 가르침이라고 외쳤고, 그의 제자들은 앞다퉈서 장로교회의 정착에 나섰다. 그러다 그는 여러 차례 감옥에 갇혔다. 이에 반해 이미 스코틀랜드에서는 1560년에 존 녹스가 작성한 장로교회 예배지침서를 왕실과 귀족회의가 받아들이면서 장로교회 제도를 전체 교회에 정착시켰었다. 이와는 달리 잉글랜드에서는 엘리자베스 여왕이 공동 예식서만을 강요했다. 그리고 순수한 예배를 원하던 청교도들은 이에 굴하지 않고, 성경적 설교와 합당한 성례의 시행을 권장하는 개혁주의 예배지침서를 1580년대에 은밀하게 확산시켰다.

엘리자베스 여왕은 1588년 스페인과의 전쟁에서 승리한 후에, 잉글랜드 교회가 통일령에 따를 것을 더욱 집요하게 강요했다. 새로 임명된 대주교 존 위트기프트(1530-1604)의 지휘 아래, 귀족회의는 1593년에 발표된 『반청교도 정책』에 복종하지 않는 수백 명의 목회자들의 설교 자격을 박탈했다. 그나마 일부 목회자들 정도만 청교도에 대해서 동정적인 교회 안에 남아서 "강의"를 지속할 수 있었다.

다행스럽게도 여왕의 정책에 복종하여 국교회 내에 소속된 교회들일지라도 여전히 온건한 개혁을 지지하는 사람들은 늘어났다. 케임브리지 대학교의 윌리엄 퍼킨스(1558-1602)와 로렌스 채더톤(1538-1640) 교수가 탁월한 강좌와 저서를 통해서 청교도 설교자들에게 개혁주의 신학을 주지시켰다. 이들에게서 배운 설교자들이 실천적 경건을 세울 수 있도록 목회현장에서 영향을 발휘했다.

2) 1603년-1630년 : 고난 속에서 다져진 불굴의 신앙

독신으로 살다가 사망한 여왕의 친척이었던 제임스 1세(1566-1625)는 스코틀랜드에서 이미 제임스 6세의 이름으로 통치하던 왕이이었다. 그는 이미 스코틀랜드에서 칼빈주의와 장로교회를 경험했던 인물이었기에 그가 잉글랜드를 통합하여 다스리게 되자, 청교도들은 큰 희망을 가졌다. 그리고 1603년에 제임스가 잉글랜드 국왕으로 즉위하자, 수 천명의 목회자들은 "백만인의 청원서"를 제출했다. 세례의 시행규칙, 성직자 예복, 성찬을 받기 전에 자기 점검, 공석된 주교의 자리에 설교할 수 있는 능력을 갖춘 목회자의 임명, 평신도의 출교와 목회자들의 자격 박탈을 결정하는 교회 재판국의 엄격한 규칙준수 등을 건의했다. 그러나 제임스는 그들의 기대와는 달리 영국 설교자들을 위해서 새로운 성경번역을 허용하는 것을 제외하고는 나머지 건의들은 모두 다 기각했다. 오히려 영국 국교회 주교제도는 더욱 강화되었고, 제임스는 "주교없이는 국왕도 없다"라고 선포했다. 또한 그는 1604년부터 1609년 사이에 항거하던 90

여명의 청교도 목회자들을 강단에서 쫓아냈다. 국왕의 명령에 이의를 제기한 윌리엄 에임즈(1576-1633)도 케임브리지 대학교의 교수직을 잃었지만, 네델란드에 건너가서 프라네커 대학교수로 재직하면서 위대한 청교도 신학 서적들을 출판했다. 에임즈의 제자 중에는 요한네스 코케이우스와 하버드 대학교를 세운 나다니엘 이튼 등이 있다. 이에 많은 이들이 잉글랜드를 떠났다. 존 로빈슨(1575-1625)은 분리주의자 윌리엄 브래드포드(1589-1657)와 함께 네델란드로 이민을 갔고, 훗날 브래드포드는 신대륙으로 건너가서 플리머스의 지도자가 되었다. 제임스 1세는 통치 후반기에 다소 완화된 종교정책을 시행했는데, 이는 청교도들에게 호의적인 귀족들과 군주들이 많아졌기 때문이다. 이 때 교회의 정치제도에 대해서 다소 온건했던 리차드 십스(1577-1635)가 케임브리지 대학교와 런던에서 설교하면서 큰 영향력을 발휘했다.

찰스 1세의 통치기간(1625-1640)에는 청교도들에 대한 가혹한 탄압이 연속되었다. 찰스 1세가 프랑스 공주이자, 철저한 로마 가톨릭 신자였던 헨리타 마리아와 결혼하면서, 다시 국교회로 돌아가려고 했기 때문이다.[6]

윌리엄 로드(1573-1645)는 런던의 주교로서 1629년에 가톨릭

---

6 저자의 이름이 없이 출판된 책자, *The Old Puritan, Godly, Honest, and Loyal* (London: n.p., 1642). John Geree, *The Character of an Old English Puritan or Non-Conformist* (London: n.p., 1646).

교회의 예식들을 예배에 도입했고, 알미니안주의를 신학적으로 확산시켰다. 1633년에 캔터베리 대주교에 임명된 이후, 로드는 온전한 주일 성수를 주장하는 청교도들에 맞서서 『스포츠 지침서』를 모든 강단에서 선포하라고 강요했다. 이 책의 내용은 제임스 1세가 1618년에 공포했던 것으로서, 주일 날 댄스와 각종 오락을 격려하는 내용이었는데, 이것은 청교도들의 철저한 주일 성수 입장과 대치되는 것이었다. 이로써 청교도들은 도저히 숨을 쉴 수 없을 만큼 공적인 활동 공간이 좁아졌다.

수많은 청교도들이 박해를 피해서 네델란드와 신대륙으로 이민을 갔다.[7] 1630년에 존 윈트롭(1588–1649)은 신대륙의 매사추세츠 주로 떠나갔는데 그는 존 코튼, 토마스 후커, 토마스 쉐퍼드 등을 포함하여 수 만명의 이민자들을 지도하는 목회자로 활약했다.

3) 1630년-1660년 : 개혁의 꿈을 성취한 빛나는 업적들

1637년, 로드 대주교의 강압적인 교회 정책은 결국 국왕 찰스 1세에게도 재앙을 가져오고 말았다.[8] 메리 여왕 때와 마찬가지로 청교도들은 지독한 탄압을 당했는데, 찰스는 윌리엄 프린(1600–1669)

---

7 John Coffey, *Persecution and Toleration in Protestant England 1558-1689* (Harlow, England: Longman, 2000), 125-30.

8 William Lamont, *Puritanism and Historical Controversy* (Los Angeles: UCLA Press, 1996), 16-25.

의 양쪽 귀를 잘라냈고, 얼굴에는 뜨거운 다리미질을 했다. 1638년 찰스 1세는 스코틀랜드 장로교회 체제를 주교제도로 바꾸고자 전쟁을 일으켰지만, 『국가언약』에 서명한 청교도들이 승리하였다.[9] 수많은 목숨을 전쟁에 바친 스코틀랜드 언약도들은 교회의 자유와 개혁주의 신앙을 재천명했다.

"시민전쟁"(1642-1648)을 통해 청교도의 개혁운동을 지지하던 병사들과 일반 시민들로부터 약 25만명의 희생자들이 발생했다. 런던 의회에 모인 귀족들과 지방 영주들은, 스코틀랜드 장로교회와 잉글랜드 청교도 성직자들이 맺은 동맹을 힘입어 국왕 찰스 1세의 왕권신수설을 거부했다. 그리고 찰스 1세와 왕당파 군대는 올리버 크롬웰(1599-1658)이 이끄는 새 모델의 군대를 당해내지 못했다. 크롬웰의 뛰어난 전술과 교회의 자유를 염원하던 병사들의 투철한 용기가 결합하여 청교도 진영은 백전백승을 거뒀다. 그 결과 로드 대주교는 1645년에 처형당했다. 왕당파의 패퇴로 체포된 찰스 1세도 감옥에서 탈출을 시도하다가 1649년 1월 30일 처형당했다.

청교도들의 비전은 1643년 7월에 소집된 120여 명이 웨스트민스터 총회에서 작성한 "신앙고백서"에 집약되었다. 잉글랜드 교회는 로마 가톨릭, 성공회 국가교회 체제, 알미니안주의, 반율법주의, 소시니안주의 등의 혼란스러운 신학사상들을 통일할 방안을 재

---

9   Polly Ha, *English Presbyterianism, 1590–1640* (Stanford University Press, 2010).

정비해야만 했는데 그것이 바로 웨스트민스터 신앙고백서다.[10] 새롭게 정비된 국가교회의 이 신앙적 기초는 주로 칼빈주의 신학에 기초한 것이고, 교회의 제도 면에서는 다수의 장로교회와 소수의 회중교회가 허용되었다. 1647년에 발표된 이 신앙고백서는 즉각 스코틀랜드 총회에서도 채택했고, 다음 해 뉴잉글랜드 회중교회에서도 받아들여졌다. 그리고 1658년, 런던 '사보이 선언'에서도 반영되면서 회중제도 지지자들에게도 받아들여졌다. 따라서 "웨스트민스터 신앙고백서"는 청교도들의 신학사상의 총결산이자 교리적인 기준이 된 것이다.

올리버 크롬웰은 1658년에 사망할 때까지, 국가의 "호국경"의 지위에서 청교도의 신앙자유를 지켰다. 또한 당대 최고의 신학자 존 오웬은 왕당파의 요람이던 옥스퍼드 대학교의 개혁에 앞장섰고, 오웬의 저서들은 청교도 신학의 최고 성취로 널리 호평을 받았다. 하지만, 개인적으로 오웬의 삶은 고통과 실패의 연속이었다. 또한 안타깝게도 올리버 크롬웰의 아들, 리차드 크롬웰이 아버지의 지위에 오르지 못하면서, 정치적 혼란이 가중되다가 1660년에는 다시 국교회주의자 찰스 2세의 왕정복고가 이뤄졌다.

10　김재성, 『웨스트민스터 총회와 반율법주의』 (언약, 2023).

4) 1660년-1689년 : 추방에 따른 쇠퇴기

찰스 2세가 1662년에 선포된 "통일령"(Act of Uniformity)에 서명하기를 거부한 존 번연과 리처드 백스터 등은 투옥되었다. 목회자들은 "엄숙동맹과 언약"에 대한 맹세를 철회하고, 포고령에 서명할 것을 강요당했다. 또 다시 국왕의 명령에 따르지 않는 청교도 목회자 2천명이 강단에서 쫓겨났는데, 이는 당시 모든 목회자수의 5분의 1일에 해당되는 규모였다. 1664년에는 집에서나 어느 곳에서나 비서명파 목회자들의 설교가 금지됐고, 1665년에는 추방당한 목회자들이 자신이 전에 섬기던 교회 근처에 5마일 이내로 접근하는 것을 금지시켰다.

이렇게 청교도들은 대학교에서의 강의와 강단에서의 설교를 통해서 영향력을 발휘하지는 못했다. 하지만 그들은 펜을 사용했다. 고난과 박해 속에서도 걸출한 청교도 목회자들이 경건 서적들과 신학적인 저서들을 발표했다.[11] 하지만 안타깝게도 대부분의 청교도 목회자들은 1689년 윌리엄과 메리가 명예혁명을 이룬 후 발표한 "관용령"의 혜택을 누리지 못하고, 그 이전에 사망하고 말았는데, 유명한 청교도들이었던 존 오웬, 존 번연, 토마스 굿윈 등이 런던 교외, 번힐 들판에 조성된 비서명파의 묘지에 안장되었다.

---

11 Dewey D. Wallace, *Puritans and Predestination: Grace in English Protestant Theology 1525-1695* (Chapel Hill: University of North Carolina Press, 1982), 132-40.

청교도들에 대한 부당한 비판에 대하여

그러나 최근에 한국교회의 일부 목회자들이 청교도들에 대한 곡해와 비판을 무분별하게 퍼트리고 있다. 그들도 청교도 신앙을 물려받은 평양 신학교와 관련된 장로교회의 신앙유산 안에서 자라왔음에도 그와 같은 무책임한 비난을 하고 있는 것이다. 그런 비난과는 달리 청교도들은 지구 상에서 가장 경건한 신앙인들이었고, 가장 성경적으로 살고자 했으며, 순수한 교회를 세우고자 목숨을 바쳤던 자들이다. 따라서 그들을 존중하는 마음으로 배우려 해야만 할 것인데, 참으로 안타까운 노릇이다. 물론 청교도들에게도 시행착오와 부족한 부분들이 있지만, 이에 대해서는 필자도 균형잡힌 지적을 제시할 것이다.

청교도들과 동시대에 살았던 사람들 중에서, 가장 왜곡된 험담과 비난을 청교도들에게 가한 사람은 아마도 윌리엄 세익스피어일 것이다. 청교도들이 세익스피어의 연극을 싫어했기 때문이다. 1602년에 초연된 『열두 번째 날의 밤』에 나오는 대화 속에서, 청교도들을 비난하는 대화가 나온다. "그들은 악마이며, 남녀 사이의 애정을 짓밟는 사람들"이라는 것이다.[12] 이 작품은 앤드류 경과 마리아가 나누는 이야기의 형식으로 전개되었는데, 여기서 청교도는 마

---

12   William Shakespeare, *Twelfth Night* (New York: Bantam, 1988), 52.

치 마귀처럼 매도되었다.[13]

이에 반해 청교도들은 한마디로 육체적인 죄악과의 영적 전쟁을 벌이던 용사들이었다. 그들의 신앙적인 노력과 역사적인 맥락을 다 이해하게 된다면, 청교도들에 대한 가벼운 비판마저도 부당하다는 것을 누구나 다 알게 될 것이다.

---

13 필자도 2024년 봄에 런던에 있는 세익스피어 작품을 전문으로 공연했던 글로브 극장을 방문한 적이 있다. 1642년 9월 2일, 제1차 시민전쟁이 벌어졌을 때에, 청교도들이 다수였던 의회에서는 모든 극장을 다 폐쇄했었다. 다시 1660년 왕정복고가 된 후에, 다시 문을 열었다. Katrin Beushausen, *Theatre, Theatricality and the People before the Civil Wars* (Cambridge University Press, 2018), 80. Richard Schoch, *Writing the History of the British Stage 1660-1900* (Cambridge University Press, 2016), 64.

2 청교도의 신앙과
    오늘의 교훈

경건한 열심을 갖고 하나님의 영광을 위해서 헌신했던 청교도에게서 배울 점들을 정리하여 보면 다음과 같다.

1) 청교도는 기독교의 진리를 실제 생활에 적용한다

청교도는 객관적인 교훈들과 주관적인 체험 영역에서, 성경적 설교와 가르침을 합당하게 적용하면서 균형감각을 유지했다.[14] 신앙생활에는 이 두 가지 측면이 모두 필요하다. 먼저 성경 말씀과 신앙고백서와 같이 요약된 공적인 가르침이 있어야 한다. 청교도는 하나님의 약속에 근거해서 믿음의 확신을 얻었다. 동시에 은혜의 주관적인 근거와 성령의 내적인 증거를 통해서 그들은 날마다 체험적으로 하나님의 말씀을 인식했다.

또한 청교도는 하나님의 주권과 인간의 책임 사이에서 균형을 유지했다. 거의 모든 청교도가 하나님의 전적인 통치와 권위를 충분히 이해했다. 동시에 유한한 인간으로서 각자의 몫에 성실하게 접근

---

14 Joel Beeke & Michael Reeves, *Puritan: All of Life to the Glory of God* (Grand Rapids: Reformation Heritage Books, 2019), 25.

했다. 마치 기차가 두 줄기의 궤도 위에서 달려 나가듯이, 창조주와 피조물로 구성되는 두 가지 중심축이 모두 다 필요하다. 이 세상을 살아가는 동안에, 하나님의 주권과 인간의 책임은 절대 충돌하지 않고, 하나의 목표인 영생을 향해서 달려 나간다. 청교도는 인간의 임무에 대해서 과소평가하지 않았다. 믿는 일과 생활하는 것 두 가지 사이에서 적합한 균형을 유지했다.

잉글랜드 종교개혁의 시기에 이렇게 살았던 청교도들을 예로 들자면, 존 오웬John Owen(1616-1683)과 리처드 백스터Richard Baxter(1615-1691)의 생애에서 제시될 수 있다. 청교도 최고의 신학자로 존경을 받는 오웬의 생애는 고난과 실패, 성취와 승리의 과정을 거쳐 종국에는 왕권의 제지를 받아서 모든 영향력을 잃어버리고 초야에서 저술하는 노년으로 이어졌다. 또한 백스터는 기독교인의 생활을 더 현저하게 드러내야 한다고 강조했다.

2) 청교도는 균형을 유지하면서, 적합한 타협을 받아들인다

"웨스트민스터 신앙고백서"의 작성에 참여한 신학자들은 갖가지 신학 사상들을 종합하면서도, 성경에 근거하여 가장 바른 진리를 제시하였다. 그들은 매우 다양한 교단과 교파로부터 압박을 받았지만, 급진적인 칼빈주의, 율법폐기주의, 알미니안주의와 타협하지 않았다. 또한 중세 말기부터 오랫동안 유럽교회와 국가에서 성행하던 것들, 즉 왕과 교황의 억압, 불의, 미신적인 성례들과 관습 등 그야말로 거짓 복음들이 난무하는 가운데서 가장 순결하고 진실한 신앙을 집대성하고자 노력했다. 웨스트민스터 총회에 참석한 신학자들과 목회자들은 그리스도의 사역과 인격을 근간으로 하여, 믿는 자들의 생활에 적용할 교훈을 도출해 냈다. 청교도는 무엇이 가장 본질적이며 중요한 것인가를 이해하였고, 부수적인 사항들이 무엇인가를 분별할 수 있었다.

'청교도의 설계자'라고 알려진 케임브리지의 신학자, 윌리엄 퍼킨스William Perkins(1558−1602)는 타협할 수 없는 진리와 배척해야 할 오류에 대해서는 격렬하게 싸웠다. 그러나 다소 논쟁의 여지가 있는 것에 대해서는 침묵하면서 양보했다.[15] 일련의 정치적 소용돌이를 지켜보았던 퍼킨스는 로마 가톨릭이라는 집단은 기독교가 아니라, 전혀 다른 정치적 집단이자, 해괴한 종교단체라고 확신했다. 그리하여 그는 펜을 들어, 『개혁주의 보편성』(1598)이라는 제목의 글을 써서 철저한 검토 작업을 수행한 후, 22개 주제로 나누어 개신교회와 로마 가톨릭의 차이점을 설파했다.[16] 퍼킨스는 로마 가톨릭

---

15 William Patterson, *William Perkins and the Making of Protestant England* (Oxford: Oxford University Press, 2014), 32, 124.

16 William Perkins, *A Reformed Catholic: or A Declaration Shewing How Near We May Come to the Present Church of Rome in Sundry Points of Religion: And Wherein We Must Forever Depart From Them in The Works of William Perkins* (Cambridge: John Legat, 1608), I:549.

의 칭의론, 기독론, 예배와 성찬, 성인들에게 드리는 기도, 교회의 권세 등을 지적하면서 그것은 모두 참된 교회의 표징이 아니므로 로마 카톨릭과의 결별을 주장하였다. 로마 가톨릭은 가짜 기독교이고, 그 자신들의 상상 속에서 만든 우상을 예배한다고 비판했다.[17]

온건한 청교도였던 퍼킨스는 우리에게 두 가지 중요한 교훈을 준다. 하나는 우리는 눈에 보이는 교회를 절대로 포기하거나, 가볍게 취급해서는 안 된다는 사실이다. 또 다른 하나는 교리적인 문제나 정치적인 주제에 대해서 본질과 비본질을 구별하는 기준점을 어디에 둘지, 신중하게 결정해야 한다는 점이다. 결코 타협할 수 없는 본질적인 교리에 대해서는 싸워야 하고, 그 외의 부차적 사항들은 서로 관용하고 토론으로 그치는 것이 유익하다는 것이다.

3) 청교도는 믿음으로 살아가는 방법을 가르친다

청교도 설교의 특징은 복음 전체의 가르침을 모든 생활에 적용한다는 점이다.[18] 청교도는 실천적이면서도 역동적인 경건을 추구

---

17 Joel Beeke and Stephen Yuille, *William Perkins* (Welsyn Garden City; EP Books, 2015). John Fesko, "Reformed and Catholic? Brief Reflections on the Need to Recover Reformed Catholicity," 16-25. (한국 복음주의 신학회, 제 70 차 논문발표회, 및 제 6 차 국제학술대회 논문집, 2017년 11월 10일).

18 J. I. Packer, *The Quest for Godliness: The Puritan Vision of the Chrisian Life* (Wheaton: Crossway, 1990), 332-34.

했다. 매일 기도 생활에 힘쓰면서, 경건을 성숙시키는 묵상을 하고, 하나님의 영광을 위해서 살고자 노력했다. 특히, 율법주의에 빠지지 않으면서도 하나님의 법도를 준수했고, 양심에 거리낌이 없이 살고자 했으며, 부끄러운 일탈이나 비난을 받을 행동에 빠지지 않으면서도 기독교인의 자유를 표현했다.

대표 저서로는 리처드 스틸Richard Steele(1629~1692)의 『바로 선 사람의 성품』, 조지 해먼드George Hammond(1620-1705)의 『가정예배의 지침』, 코튼 매더Cotton Mather(1663-1728)의 『곤경에 처한 부모를 위한 도움』, 아서 힐더샴Arthur Hildersam(1563-1632)의 『우리 자녀들의 죄 문제 다루기』 등이 있다.[19]

로마 가톨릭에서는 거룩한 것과 세속적인 것을 항상 대조적으로 분리하였다. 가톨릭은 성일, 성례, 성상, 성물, 성자, 성지 등을 구분하고, 수도원에서 속세와 분리되어 생활하는 자들이나 성지 순례자들을 존중할 수밖에 없는 구조적 특징을 가지고 있다. 그러나 청교도는 모든 생활에서 하나님 앞에 성결을 추구했다.

또한 청교도는 모두 언약 신학을 품고 살았다. 청교도 운동의

---

19 Richard Steele, *The Character of an Upright Man* (Morgan: Soli Deo Gloria, 2004), George Hamond, *Case for Family Worship* (London: John Lawrence, 1694). Cotton Mather, *Help for Distressed Parents* (Boston, 1695). Arthur Hildersham, *Dealing with Sin in Our Children*, ed. Don Kistler (Morgan: Soli Deo Gloria, 2004).

힘은 언약 사상에 근거하여 서로 간에 긴밀히 연합하고 견고한 관계를 다지면서 발휘된 것이다. 청교도는 하나님과의 언약을 확신하면서, 그것을 국가, 가정, 사회생활 속에서 실천하고자 하였다. 하나님께 예배하는 신앙의 자유를 위해서 Seeking freedom to worship God 투쟁했던 청교도와 관련하여 우리는 다음과 같은 두 가지 주요 사건을 기억해야 하겠다. 청교도의 빛나는 업적 중에서 오늘날까지도 우리에게 가장 큰 감동을 주는 부분이 바로 자유를 향한 대장정이다.

하나, 알렉산더 헨더슨 Alexander Henderson(1583–1646)은 '국가언약(1638)'을 작성하여, 스코틀랜드 전체 귀족들과 목회자들의 서명을 받았다. **둘**, 1630년대에 잉글랜드를 떠나서 신대륙에 도착한 존 윈스럽 John Winthrop(1588–1649)과 리처드 매더 Richard Mather(1596–1669)는 '교회 언약'을 강조했는데, 이것은 하나님의 임재 아래에서의 '회중 언약'을 기초로 삼은 것이다.[20]

4) 청교도는 시련과 고통을 믿음으로 이겨냈다

청교도는 역경을 '보석'이라 여겼다. 청교도는 우리가 고난 속에서 좌절하지 않고, 오히려 천국의 보화들을 발견할 수 있는 길을

---

20 David A. Weir, *Early New England: A Covenanted Society* (Grand Rapids: Eerdmans, 2005), 153-54. Donald Macleod, *Therefore the Truth I Speak: Scottish Theology 1500-1700* (Ross-shire: Mentor, 2020), 159.

안내한다. 시련과 고통이라는 하나님의 채찍은 그리스도의 삶과 사역 속에서 우리에게 충분히 주어질 수 있는데, 이런 어려움으로 인해서 우리도 그의 의로움과 거룩함에 참여하는 자가 된다(히 12:10–11). 청교도는 고통을 당하게 되면 먼저 겸손해지려고 노력했다(신 8:2).

또한 청교도는 모든 시련을 통해 그리스도께 더 가까이 다가갈 수 있음을 몸소 가르친 사람들이다. 그들은 세상과 세속에서 벗어나, 믿음으로 사는 삶이 무엇인지 보여준다. 토머스 왓슨Thomas Watson(1620–1686)의 『선을 위한 모든 일들』, 윌리엄 브리지William Bridge(1600–1670)의 『절망 속에서도 일어서기』, 리처드 십스Richard Sibbes(1577–1635)의 『상처 입은 갈대』, 토머스 브룩스Thomas Brooks(1608–1680)의 『회초리 아래 있는, 말 못 하는 성도』, 제러마이어 버로스Jeremiah Burroughs(1599–1646)의 『그리스도인, 민족의 드문 보배』 등을 읽어보라.[21] 이 주옥 같은 청교도 서적을 통해 독자들은 사탄과 사람들로 인해서 어려움을 겪으면서도, 성령의 위로 가운데서 자신의 양심을 지키고, 영적인 만족을 누리는 청교도 신앙을 배우게 될 것이다.

---

21 Thomas Watson, *All Things for Good* (Edinburgh: Banner of Truth, 2001). Richard Sibbes, *The Bruised Reed* (Edinburgh: Banner of Truth, 1998). Thomas Brooks, *The Works of Thomas Brooks*, 6 vols. (Edinburgh: Banner of Truth, 2001). William Bridge, *A Lift Up of the Downcast* (London: Banner of Truth, 1961).

5) 청교도는 교만의 죄와 싸우는 영적 투쟁의 삶을 살았다

청교도는 죄의 문제를 매우 심각하게 다뤘고(습 1:12-18), 특히 하나님께서는 교만한 자를 물리치신다는 점을 강조했다(잠 6:16-17). 하나님은 마음이 오만하고, 사람들 앞에 거만하며, 입으로 남을 무시하고 저주하는 자들을 향해 진노하신다(시 119:21, 사 2:12, 23:9). 교만은 하나님이 가장 싫어하는 대적이다.

아담이 지은 최초의 범죄가 바로 불순종이다(롬 5:12-19). 교만은 하나님을 보좌에서 밀어내고, 자신을 그 자리에 앉혀놓는다. 그 외의 다른 죄는 하나님을 피하여, 멀리 떠난 상태에서 발생한다. 청교도는 성도가 죄를 범하지 않는 백신이나 주사를 맞은 사람들이 아니라는 사실을 잘 파악하고 있었다. 조나단 에드워즈 Jonathan Edwards(1703-1758)는 교만의 무한한 깊이와 한 인간을 끝없는 나락으로 떨어지게 만드는 특성에 대해서 깊이 탄식했다. 이처럼 무서운 교만과 우리가 어떻게 싸워 이길 수 있을까? 이 문제에 대해 청교도는 다음과 같은 해결 방안을 제시하였다.

하나, 청교도는 겸손하시며 낮은 자리로 오신 예수 그리스도와, '오만한 그리스도인' 사이의 엄청난 간격을 묵상하라고 당부했다. 예수님이 머무셨던 겟세마네와 갈보리를 생각하고, 우리 영혼이 이 두 곳에서 머물러 있도록 격려하였다.

둘, 청교도는 하나님의 속성들과 영광에 대한 깊은 지식을 강조했다. 욥과 이사야는 겸손하지 않은 자는 결코 하나님을 알 수 없다고 하였기 때문이다(욥 42:5, 사 6장).

셋, 청교도는 죽음의 엄숙함, 심판의 날에 대한 확실성, 영원의 웅장함에 대해서 묵상하라고 조언했다.

넷, 교만은 파멸의 선봉이며, 거만한 마음은 넘어짐의 앞잡이임을 기억하고 날마다 잠언 16장 18절을 암송할 것을 당부했다.

다섯, 청교도는 자신을 점검하고 돌아보라고 가르쳤다. 하나님의 은총을 낭비하고, 수많은 의무를 망각하며, 베풀어 주신 은혜를 무시한 죄를 고백하도록 성령께서 탄식한다.

여섯, 청교도는 희망찬 종말 신앙으로, 수많은 박해에도 불구하고 매사에 긍정적인 마음으로 살아갔다. '성도는 하늘의 소망을 갖고, 이 땅 위에서의 생애를 조절하고, 통제하고, 지도해 나가야 한다'라고 가르쳤다.

청교도의 종말 신앙과 영원한 집에 관한 내용은 존 번연John Bunyan(1628-1688)의 『천로역정』에 잘 묘사되어 있다.[22] 청교도는 이 세상에서는 나그네이지만, 하늘을 바라보는 안목을 갖고서 힘차게 능동적으로 살아가도록 신자들을 격려했다. 영광의 소망이 우리들의 생활을 지도하고, 형성하도록 도움을 주어야 한다.

---

22 John Bunyan, *The Pilgrim's Progress* (1678). 국왕의 공표문에 서명하지 않은 죄로 감옥에 갇혀있는 동안(1660-1672)에 쓴 신학적인 풍자 소설. 번연은 설교로 이 책에 나오는 내용들을 설명했다.

그리스도를 따르고자 하는 성도는 이 땅에서는 언제나 낙심하고, 실패할 수밖에 없지만, 청교도와 같이 말씀에 의지하여 꿋꿋이 견디고 이겨내야만 한다. 청교도의 생애는 평소에도 죽음을 대비하는 삶이었고, 거룩한 생활을 실천하는 데에 모든 노력을 바친 삶이었다. 청교도는 하나님을 향해서 전 생애를 바치는 삶이 무엇인가를 우리에게 보여주었다.

제 2 장

청교도의
성취와 쇠퇴

청교도 개혁운동 개관

　청교도 운동은 언제 일어났으며, 그때 어떤 일이 벌어졌던가? 역사적으로 살펴보면, 청교도 종교개혁은 상당히 오랫동안 일어난 일이었다.

　엘리자베스 여왕(1558-1603 재위)의 통치 시기부터 시작하여 후임인 제임스 1세(1603-1625 재위)를 거쳐서 1700년에 이르기까지, 영국과 뉴잉글랜드, 네덜란드 등 유럽 여러 곳에서 교회와 정치를 개혁하려는 노력이 일어나고 있었다. 특히 1640년대의 청교도 혁명 당시에는 성경적으로 국가를 재구성하려는 강한 의지로 수십만 명이 전쟁에 목숨을 바쳤는데, 이것은 반反청교도주의자의 탄압과 음모가 일으킨 긴장과 대립을 해소하기 위해서였다. 올리버 크롬웰Oliver Cromwell(1599-1658)의 시민 군대는 백전백승하면서, 음모와 탄압을 일삼은 국왕 찰스 1세(1625-1649 재위)를 처형하였다. 하나님의 섭리에 따라서, 청교도의 신앙과 비전은 '웨스트민스터 신앙고백서(1647)'로 결실을 얻는다.

그러나 1662년 찰스 1세(1660–1685 재위)의 왕정복고가 이뤄진 후에 국교회의 '통일령 Act of Uniformity'이 발표되자, 서명을 거부한 목회자들이 강단에서 쫓겨났는데 이들 2000여 명의 목회자는 감옥에 갇히거나 추방을 당하는 처벌을 애써 피하지 않았다.

청교도 사상의 본질은 하나님의 말씀에 따른 삶과, 칼빈의 개혁신학과 정통 개혁주의 교리에 입각한 성경적 설교에 담겨 있다.[1] 교리적으로 볼 때, 청교도는 열정적이며 체험적인 칼빈주의에 해당한다. 개인적으로는 믿음과 생활에서 성령의 역사를 강조하면서, 회심과 개인적 경건을 증진하고자 노력했다. 또한 교회에서는 성경적 예배 회복을 위해서 예식과 성직자 의복을 거부하였고, 국왕이 지배하는 주교단과 상하 구조로 된 단일 통치 체제에 복종하지 않았다. 정치적으로 볼 때, 청교도는 왕과 의회와 시민이 하나님 앞에서 양심에 따라 상호관계를 유지해야 한다고 믿었다.

---

1   Peter Lewis, *The Genius of Puritanism* (Grand Rapids: Soli Deo Gloria, 2011), 11-15.

1 청교도에 대해서
어디까지 알고 있는가

최근에 청교도를 연구하는 역사학자, 신학자, 종교학자 등이 1960년대 이후로, 수많은 청교도의 저서들을 연구하여 발표하고 있다. 덕분에, 그동안 잊혔던 청교도들의 생애와 저서가 발굴되었고, 괄목할 정도로 깊이 있는 연구서들이 나오고 있다.

가장 중요한 영향력을 발휘했고, 널리 알려진 초기의 청교도는 엘리자베스 여왕의 통치 시기에 국교회를 거부하고 장로교회와 회중 교회를 중심으로 분투하였다.

초창기 청교도의 신학적 체계를 세운 신학자에 관해서도 많은 연구 결과가 나왔다. 온건한 청교도 윌리엄 퍼킨스와 강력한 청교도 리처드 그린햄Richard Greenham(1542–1594), 리처드 로저스 Richard Rogers(1551–1618) 등은 당대를 함께 살면서 서로 교제한 청교도들이다. 리처드 십스의 저서는 가장 널리 읽혔다.

청교도 운동이 결실을 얻은 절정기에 활동했던 존 오웬은 교회의 독립성을 강화하고자 회중 교회 체제를 채택했는데, 그는 신대륙에서 활동한 존 코튼John Cotton(1585–1652)의 저서를 읽고 그 영향을 받았다. 하지만 오웬은, 토머스 굿윈Thomas Goodwin(1600–1680)과 함께, 장로교회 신학자들이 주축이 되어 작성한 '웨스트민스터 신앙고백서'를 지지했다. 한편으로는 회중교회 제도를 주장하면서, 그와 동시에 웨스트민스터 신앙고백서를 받아들이는 것은 당시의 시각으로는 전혀 이상할 것이 없었다. 존 오웬이 받아들인 회중 교회 체제는 스위스 제네바의 칼빈이 시행한 것과 별반 다를 것이 없었다. 각 지역교회의 독립성과 순수성을 보장하려면, 잉글랜드에서는 국가의 체계와 조직이 교회에 지나치게 개입해서는 안 된다는 것이었다.

스코틀랜드 최고의 신학자들로 영향을 발휘한 데이비드 딕슨 David Dickson(1583-1663), 알렉산더 헨더슨, 사무엘 러더포드 Samuel Rutherford(1600-1661)는 성경적 언약 사상의 근간을 세우고, 그것을 모든 국가 공동체 안에서 실현했다. 청교도 최고의 작가들은 후기에 나왔는데, 토머스 왓슨, 존 플라벨 John Flavel(1628-1691), 존 번연 등의 저서가 가장 인기가 있었다. 메이플라워호를 타고 뉴잉글랜드로 떠나간 청교도는 새로운 나라의 비전이 있었다. "언덕 위에 도시"를 꿈꾸던 존 윈스럽을 따라서 수많은 청교도가 대서양을 건너갔다. 그 후 100여 년이 지나, 대각성운동의 주역으로 등장한 조나단 에드워즈의 영향으로 말미암아 미국의 독립운동이 가능하게 되었다.

약 200명에 달하는 청교도 신학자들과 목회자들의 저서가 있는데, 그중에서 약 900종류가 간행되었다. 최근까지, 80여 개의 출판사가 약 600권의 저서들을 재출판하였다. 필자가 최근에 출판한 『청교도, 사상과 경건의 역사』에서 인용했던 청교도의 저서와 그들을 연구한 신학자들의 책들은 주로 스코틀랜드와 미국에서 지금도 구매할 수 있다. 청교도의 저서들을 주로 출판하는 곳은 영국의 Banner of Truth라는 출판사와 미국의 Soli Deo Gloria, Reformation heritage Books, Reformed focus 등의 출판사가 있다.

그간 한국교회 성도들이 청교도의 신앙에 대해서 잘 모르고 있었다는 현실이 너무나 안타깝다. 이러한 상황 속에서, 청교도와 관련해 우리가 놓치면 안 되는 질문이 몇 가지 있다.

(1) 청교도의 사상을 전체 세계 역사와 종교개혁의 시대 속에서 이해하고 있는가?
(2) 청교도 중에서 나는 누구의 저서를 읽었는가? 혹시 지금 기억하는 문구가 있는가?
(3) 나는 청교도에게서 어떤 유익을 얻었는가?
(4) 내가 좋아하는 청교도는 누구인가?
(5) 청교도의 약점은 무엇이라고 생각하는가?

하지만 나는 이 질문에 대한 답을 생각하기 전에, 무엇보다도 청교도의 배경 뒤에서 보이지 않게 종교개혁의 기틀을 다져 준 수많은 희생자와 초기 지도자들의 행적을 먼저 소개하고자 한다. 다시 말하면 청교도가 본격적으로 등장하기 전에, 갖은 박해와 순교 속에서 신앙의 자유를 지키고자 했던 훌륭한 선진이 있었음을 기억해야 한다는 것이다.

우리는 주로 청교도 신학의 총체인 웨스트민스터 신앙고백서를 작성하는 데 참여한 분들을 기억하고 있다. 그러나 그 배후에 영향을 끼쳤던 초기 잉글랜드 지도자들과 종교개혁자들 또한 교회사에 없어서는 안 될 중요한 인물들이다. 이와 관련하여 윌리엄 바커 교수는 『청교도들의 면모』라는 책을 통해, 웨스트민스터 신앙고백서 작성에 참여하여 큰 영향력을 미친 54명의 지도자에 관해 소개하였다.[2]

여기서 우리가 기억해야 할 매우 중요한 사실이 있다. 곧 청교도의 '신앙의 아버지'와 같은 인물들이다. 그중에서도 존 브래드퍼드 John Bradford(1510–1555)는 모든 청교도의 마음에 경건의 영향력을 발휘한 위대한 신앙의 아버지이다. 바커 교수의 박사학위 논문의 내용이, 바로 존 브래드퍼드의 경건과 신학 사상에 관한 것이다.[3] 동료들도 그를 '거룩한 브래드퍼드'라고 불렀다. 브래드퍼드는 케임브리지 대학교에서 수학하는 동안에 마르틴 부써 Martin Bucer(1491–1551)를 만나서 유럽에서 전개된 종교개혁에 눈을 떴다. 그 후로 그는 순회설교자로, 케임브리지 대학의 강사로, 가는 곳마

---

2 William S. Barker, *Puritan Profiles: 54 Contemporaries of the Westminster Assembly* (Mentor; 1970).

3 William S. Barker, "John Bradford's Writings: an example of English Reformation Piety", (Ph.D. diss., Vanderbilt University, 1970).

다 큰 영향을 끼쳤는데 1551년 메리 여왕의 박해로 체포되었다. 그가 옥중에서 집필한 기도문, 찬송 모음집, 설교, 편지들, 경건한 묵상, 로마 교회의 오류에 대한 논의들이 당대의 성도들에게 큰 영향을 끼쳤다. 1555년 브래드퍼드는 왕명을 거부한 죄목으로 래티머 Hugh Latimer(1485-1555), 리들리 Nicholas Ridley(1500-1555) 등과 함께 화형을 당했다. 헨리 8세의 개혁운동에 앞장서서 로마 가톨릭을 거부한 크랜머 Thomas Cranmer(1489-1556)도 역시 1556년에 순교했다.[4]

존 브래드퍼드

마르틴 부써

　　지금 우리가 다시 읽어 보아도 브래드퍼드의 묵상집에는 철저한 신앙과 주옥같은 교훈들이 담겨 있어서 깊은 감동을 준다. 브래드퍼드는 감옥에서 단지 피상적인 행위주의, 외적인 엄격주의, 자유의지를 내세우는 자들의 기본적인 오류를 지적하였다. 그가 쓴 글들은, 교리들을 포함하면서도, 철저히 성경에 의존하여 목회적인 가르침을 전해준다. 당시에 구원론이 가장 열렬한 논쟁의 대상이었는데,

---

4　김재성, 『청교도, 사상과 경건의 역사』, (서울: 세움북스, 2020), 56-58.

브래드퍼드는 인간의 구원은 철저히 하나님의 주권적인 결정이며, 영원한 선택의 결과임을 강조한다. 선택은 인간의 무능력이나 이신칭의의 필연적 결과가 아니라고 보는 것이다. 오직 하나님의 뜻에 따라서 '영원한 작정'이 이미 존재한다는 점을 에베소서 1:3-14를 근거로 강조했다. 브래드퍼드는 구원의 출발점이 하나님의 영원한 작정에 있다고 강조하면서 '선택 교리'를 강조하되, 그 선택의 시점에 관해서는 알려고 하지를 않았다. 선택의 원인은 사람 속에 내재된 선천적인 동기로부터 영향을 받지 않는 하나님의 뜻에 달려있기 때문이다. 브래드퍼드는 하나님의 선택 교리를 매우 실천적인 교리로 해석하였고, 후대의 청교도들은 치밀한 논쟁을 통해서, '경험적 예정론'으로 그것을 발전시킬 수 있었다.[5]

잉글랜드 종교개혁의 초기 지도자들은 유럽의 신학을 받아들이면서 구원론의 체계와 그리스도 중심의 신학을 갖추어 나갔다. 후대의 청교도들도 유럽에서 시작된 종교개혁의 영향을 깊이 받았고, 로마 가톨릭의 형식적인 의식들을 거부하면서 매우 실천적인 신앙을 추구했다.

---

5 Carl R. Truman, *Luther's Legacy: Salvation and English Reformers 1525-1556* (Oxford: University Press, 1994), 243-288.

2   청교도는 무엇을 믿고
강조했는가

청교도는 엘리자베스 여왕 시대에 등장한 종교개혁의 주인공들이었다. 잉글랜드와 스코틀랜드에서 1560년부터 1740년대 조나단 에드워즈까지를 청교도들의 시대라고 부른다.[6] 청교도는 엘리자베스 여왕의 선포에 따라서 시행되던 예배의 통일령과 주교제도에 맞서서 싸우고 투쟁했다. 여기에서 기본적인 청교도의 확신이 드러났는데, 하나님의 말씀에 따라서 교회를 계속 개혁하겠다는 자세였다.

16세기 유럽의 종교개혁 시대에는 로마 가톨릭의 오류를 시정하고자, 성경을 요약한 교리 지침서를 통해서 구체적으로 예배와 경건의 핵심 지식을 문서로 작성하였다. 그리고 그 이후의 청교도들은 종교개혁을 받아들인 잉글랜드 국가교회 체제 하에서, 더욱 순결한 교회로 개혁하는 일에 앞장을 섰다. 종개혁시기에는 유럽 여러 지역에서 작성된 수많은 교리문답서와 고백서들이 있었다면, 청교도 시대에는 종교개혁의 정신이 담긴 신앙고백서들을 뛰어넘는 특별한

---

6   Joel Beeke & Michael Reeves, *Following god Fully: An Introduction to the Puritans* (Grand Rapids: Reformation Heritage Books, 2019), 김재성, 『청교도, 사상과 경건의 역사』 (서울: 세움북스, 2020), 72.

영적인 확신을 가졌던 설교자들과 평신도들이 있었다고 할 수 있다.

청교도는 유럽 종교개혁의 영향 아래, 새로운 변화 속에서 형성된 칼빈주의 개혁 신앙을 수용하는 동시에, 순결한 교회의 회복을 위해서 다음 사항들을 강조하였다.

첫째, 청교도는 개혁주의 은총 교리를 가장 중요시했다. 청교도들은 믿음으로 얻는 칭의를 강조하면서, 로마 가톨릭의 반펠라기우스주의semi-Pelagianism에서 나온, '공로나 선행을 통한 성례의 참여만이 구원의 길'이라는 오류를 철저히 비판하였다. 소시니안주의Socinianism의 '반反삼위일체 교리'에도 반대했고, 알미니안주의의 '자유의지론'과 '예정 교리 부정', '그리스도의 속죄 범위'에 맞서서 '영적인 부패성'을 강조하였다.

둘째, 청교도는 성경적이며 경건한 생활을 실천하고자 힘썼다. 그들은 교회 안에서 드리는 예배 시간에만 엄숙하고 진지한 것이 아니라, 일상생활에서도 하나님의 영광을 드러내고자 힘썼다.

셋째, 청교도는 순결하고 깨끗한 교회 건설에 뜻을 모았다. 이를 위해서 목숨을 바쳐 청교도 혁명을 수행했다.

넷째, 청교도는 예배 시간의 핵심을 '성경적 강해 설교'로 정했다. 청교도는 목사가 '영혼의 의사'임을 명심하였고, 오직 말씀의 사역에 충실한 자들이었다.

다섯째, 청교도는 주중에도 개혁주의 교리에 대한 선포와 성경 강의를 지속해서 개최하였다.

여섯째, 청교도는 개인적으로 경건 생활을 유지하도록 이끄시는 성령의 역사를 강조했다. 일상생활 속에서도 묵상을 실천하고 기도 생활에 힘썼다.

　　일곱째, 청교도는 로마 가톨릭이나 국가교회인 성공회의 예식서, 성복 착용, 교회 통치조직에 대해 전면 거부하였다. 은혜의 방편으로 주어지는 성만찬 예식은 '하늘에 계신 그리스도를 지상의 상징들을 통해서 만나는 시간'으로 정의했다. 청교도는 성만찬 교리에 관해, 존 녹스 John Knox(1514-1572)가 소개한 칼빈의 '영적 임재설'을 수용했다.[7]

　　여덟째, 청교도는 주일성수를 철저히 강조했다. 청교도는 주님의 날이 그저 형식적으로 지켜지는 것에 대해 거부하였고, 모든 성도가 예배에 참석하여 온전히 주일을 지켜야 한다고 역설했다. 청교도는 주일날 오락과 스포츠와 상업행위를 일절 금했는데, 국왕 제임스 1세는 도리어 주일에 스포츠를 하라고 공포했다.

---

[7] Joel Beeke & Mark Jones, *A Puritan Theology: Doctrine for Life* (Grand Rapids: Reformation Heritage Books, 2012), 3.

3   청교도 운동
쇠퇴의 원인

청교도들은 영국 왕실의 핍박과 탄압 속에서도 흔들리지 않았고, 그들은 결국 청교도 혁명을 통해 마침내 '웨스트민스터 신앙고백서'라는 교리를 집대성하는 빛나는 업적과 신앙 유산을 남겼다. 하지만 안타깝게도 청교도 운동의 빛은 곧 사그라들게 되었다.

먼저, 청교도 운동의 쇠퇴를 초래한 일반적 원인 세 가지를 추려보고자 한다. 청교도 운동의 몰락을 가져온 데는 외부적 요인과 내부적 요인을 각각 세 가지씩 꼽을 수 있다.

첫째, 외부적 요인: 청교도 운동 말살 정책

1)   청교도 목회자들의 추방

청교도의 승리는 이내, 절대왕정이라는 시대적 한계에 부딪혔다. 청교도 혁명의 지도자, 올리버 크롬웰은 왕당파를 격파하고 1649년 1월 30일에 찰스 1세를 교수형에 처했다. 크롬웰의 승리로 인해, 청교도 목회자들은 각 지역에서 교구 목사로 활약할 수 있게 되었다. 그러나 그는 1653년 최고 통치자의 지위인, '호국경 the

Lord Protector'에 올랐으나, 왕으로 취임하지는 못했다. 그의 최측근 신학자인 존 오웬이 그것을 반대했기 때문이다. 그리고 5년 후인 1658년, 뜻밖에도 크롬웰은 말라리아에 걸려 사망한다. 그리고 그의 장남 리처드 크롬웰Richard Cromwell(1626-1712)이 뒤를 이어 '호국경'의 자리에 올랐으나, 군대를 지휘해서 전쟁을 치러본 경험도 없었고 국가를 통치하는 데 필요한 행정력도 없었다. 더구나 크롬웰은 왕족이 아니었기에, 그의 아들이 '호국경'이라는 직위를 계승하였어도, 이를 뒷받침해 줄 귀족이나 봉건영주가 없었으므로 통치권을 제대로 발휘하지 못했다. 더구나 그는 개인적으로 탁월한 재능도 없었다. 그 결과 1659년에, 의회는 리처드 크롬웰에게 퇴위를 요구했고, 국가는 한 치 앞을 내다볼 수 없는 무정부 상태에 빠져들었다. 같은 해에, 스코틀랜드의 조지 몬크George Monck 가 런던으로 군사를 몰고 들어왔고, 의회가 재소집되었다. 이때 의회의 위원들이 시민들의 투표를 거쳐 새롭게 선출되었는데, 장로교회가 다수를 이룰 것이라는 기대와 달리 왕당파에 해당하는 귀족들이 절반이나 되었다.

결국, 왕이 없는 상태를 염려한 영국 의회에서는 1660년 찰스 2세(1660-1685년 재위)의 왕정을 복고Stuart Restoration하기로 합의하였는데, 그 조건은 의회와의 협력 통치 및 크롬웰을 지지하던 사람들에 대한 사면amnesty이었다. '왕정복고'는 청교도 혁명으로 집권한 의회 중심의 공화정치가 끝이 나고, 다시 군주제도로 회귀하는 것을 의미하는데, 그것은 1688년 '명예혁명'이 일어나기까지 지속된다.

왕으로 취임하게 된 찰스 2세는 자신의 아버지를 교수형에 처한 올리버 크롬웰 시대의 지도자 50명을 추방했다.[8] 이에 편승하여 의회 권력을 장악한 자들은 그동안 찰스의 왕권에 반발했던 사람 중 9명을 1660년도 말에 처형했다. 또한, 이미 사망한 사람인 '호국경' 크롬웰, 그의 사위이자 장군이던 헨리 이레튼 Henry Ireton, 최고 법원장 존 브래드쇼 John Bradshaw의 무덤을 훼파하고 응징하는 보복을 감행했다. 왕당파는 청교도를 점차 극심하게 탄압하였고, 급기야 발본색원하기까지 이른다.

잉글랜드 교회는 다시금 국가교회 체제로 통일한다는 '통일령 the Act of Uniformity이 1662년 5월 19일에 국왕 찰스 2세의 명령으로 공포되었다.[9] 이에 따라 영국의 모든 교회는 청교도의 예배방식을 버려야만 했다. 국교회 체제가 강요하는 예배의 의식을 따르지 않으면, 목회자는 교회의 담임목사직에서 물러나야만 했다. 그리고 '공동기도서'에 나오는 대로 주일 예배 의식을 진행하라는 명령이 하달되었다. 이를 계기로 공적인 기도, 성찬식, 세례의 시행 등, 그동안

---

8 Ronald Hutton, *Charles II: King of England, Scotland, and Ireland* (Oxford: Clarendon Press, 1989), 131.

9 Robert Bosher, *The Making of the Restoration settlement: The Influence of the Laudians 1649-1662* (Oxford: Oxford University Press, 1978). John Spurr, *The Restoration Church of England, 1646-1689* (New Haven: Yale University Press, 1991).

청교도가 극도로 반대해 온 예식이 다시 교회 안에 들어오게 됐다.

모든 교회는 주교를 중심을 하는 감독체제에 소속되어야만 했고,[10] 왕권이 교회를 지배하는 최고 권세라는 '에라스투스주의 Erastianism'에 따라야 했다. 찰스 1세의 교수형을 경험했던 혁명적인 트라우마에 대한 보복으로, 국교회 체제에 가입하기를 거부하는 청교도의 장로교회와 회중교회, 그리고 독립교회에 엄청난 폭정이 가해지기 시작했다. 왕실에서는 청교도들이 서약했던 '엄숙동맹과 언약 Solemn League and Covenant'을 공개적으로 불에 태워버리는 행사를 진행했다.

모든 청교도 성직자는 국왕의 '통일령'에 따르지 않으면, 교회의 담임 목사직에서 쫓겨나야 했다.[11] 권세에 야합하거나 굴복하거나 타협하지 않으려 했던 2000여 명의 청교도 목회자들이 하루아침에 시무하던 교회에서 물러나게 됐다. 청교도 목회자들은 소수의 성도와 함께 개인적으로 모여서 예배를 했는데, 찰스 2세는 이러한 모임조차 불법 집회라며 탄압하였다. 하지만 이러한 박해와 시대 전환

---

10 Jeffrey R. Collins, "The Restoration Bishops and the Royal Supremacy," *Church History*, Vol. 68, No. 3 (1999): 549-580. David J. Appleby, *Black Bartholomew's Day: Preaching, Polemic and Restoration Nonconformity* (Manchester University Press, 2007).

11 Tim Harris, *Restoration: Charles II and His Kingdoms 1660–1685* (Allen Lane, 2005), 52-53.

기도 불구하고 회중교회 혹은 독립교회는 더욱 광범위하게 퍼졌다.

국교회에서 목사의 설교 자격을 받지 않은 채로, '영국 국교회는 거짓된 교회'라며 비판적 설교를 하던 존 번연은 곧바로 감옥에 갇혔다. 존 번연은 수감생활 동안 청교도가 겪은 고난의 여정을 우화 형식의 소설로 그려낸 책인, 『천로역정The Pilgrim's Progress』(1678)을 발표하였다.[12] 존 플라벨도 옥스퍼드 대학교 출신으로 매우 탁월한 목회를 하던 중에, 비서명파라는 이유로 담임목사직을 잃게 된다. 이후 그는 밤에 숲속으로 몰래 모여든 성도들에게 설교했고, 때로는 산이나 강으로 헤엄쳐서 도망을 다녔다. 그러다가 1672년에 발표된 사면으로 비서명파도 설교할 수 있게 되자, 회중교회의 목회자로 복귀했다. 하지만 다음 해, 사면령이 다시 취소되자, 비밀리에 가정집, 혹은 강가의 언덕이나, 숲속에서 성도들을 모아서 가르쳤다. 그는 밤에는 가르치고 낮에는 많은 책을 저술하여 성도들에게 큰 영향을 끼쳤다. 그리고 그는 1687년 비국교도 목회자에게 설교권이 인정되자 강단으로 복귀했다.

그러나 영국 국교회는 그 후로도 한 세대에 걸쳐, 국교회에 맞서는 청교도를 교회의 정식 회원으로 인정하지 않았다. 교회에서 예배의 중심이었던 목회자의 지도력이 사라지게 되면서, 남아 있던 청

---

12 Peter Morden, *John Bunyan: The People's Pilgrim* (Farnham: 2013). William Deal, *John Bunyan: The Tinker of Bedford* (Christian Liberty Press, 2001).

교도들은 소그룹 모임으로 숨어서 신앙을 유지해 나가야만 했다.

2) 비(非)서명파(청교도)의 옥스퍼드 대학교, 케임브리지 대학교 입학을 금지하다

1662년, '통일령'에 의거한 탄압 정책의 하나로, 청교도 후계자들의 교육을 원천적으로 금지하는 치명적인 조항인 'the Test Acts'가 시행되었다. '오직 국교회의 모든 조치에 서명한 사람들만이 옥스퍼드와 케임브리지 대학에 진학할 수 있는 조항'들이 함께 선포된 것이다.[13] 이러한 청교도 탄압 정책은 1871년까지 지속되었다. 또한 'Corporation Act'가 시행되어 통일령에 서명하지 않고, 국교회 예식에 따르지 않는 이들은 공직을 맡을 수도 없었고, 군대에 지원할 수도 없었다. 이러한 조치는 1828년까지 시행되었다.

'통일령'에 따라 이 밖에도 수많은 차별 정책이 뒤이어 나왔다. 청교도 신앙을 가진 청년은 교회당에서 합법적으로 결혼식을 올릴 수 없었고, 사망한 후에는 교회의 뜰에 매장하는 장례식을 거행할 수도 없게 되었다.

옥스퍼드 대학교는 이미 1581년 이후로, '39개 조항'에 서명한 사람들에게만 입학이 허락되었지만, 그때의 '39개 조항'은 칼빈주의

---

13 Valerie K. Lund, "The admission of religious nonconformists to the universities of Oxford and Cambridge and to degrees in those universities, 1828—1871," (M.A. thesis, The College of William and Mary, 1978).

신학을 근간으로 하고 있었기에, 청교도들은 큰 반감없이 서명하고 옥스퍼드 대학에 진학했으나, 통일령 시행 이후로는 진학이 불가했다. 반면에 케임브리지 대학교에는 입학이 허용됐었는데, 이마저도 1616년 이후로는 졸업 자격을 심사하며 신앙을 점검하는 규정이 추가되어서 학위를 받을 수 없게 되었다.

그 결과 비서명파 대학생들은 스코틀랜드의 글래스고 Glasgow 대학교, 에든버러 Edinburgh 대학교로 진학하거나, 네덜란드의 레이던 Leiden 대학교, 위트레흐트 Utrecht 대학교에 진학해야만 했다. 특히 장로교회에서는 위트레흐트 대학교에 진학하는 학생들에게 장학금을 제공하였기에 영국 학생들이 많이 몰려갔다.[14] 네덜란드 대학교에서는 윌리엄 에임즈 William Ames(1576 – 1633)와 같은 저명한 잉글랜드 청교도 신학자들이 가르치고 있었다.[15]

이에 올리버 크롬웰은 국교회의 대표적인 중심지 옥스퍼드 대학교의 독점적인 우월성과 국교회의 전통을 무너뜨리기 위해서 더럼 Durham 대학교를 세웠다. 그러나 1662년에 '통일령'이 발동되면서 그러한 청교도의 꿈은 완전히 무산되고 말았다. '통일령' 이전에는

---

14 Herbert McLachlan, *English Education Under the Test Acts: Being the History of the Nonconformist Academies, 1662-1820* (Manchester University Press, 1931).

15 Keith L. Sprunger, *Dutch Puritanism: A History of English and Scottish Churches of the Netherlands in the Sixteenth and Seventeenth Centuries* (1982)

대학교를 졸업한 청교도 인재들은 각 지역 귀족의 집안에서 가정교사의 지위를 가졌는데, '통일령'이 발동된 이후로는 학위를 갖지 못하게 되면서 다시는 후원자를 구할 수 없게 되었다. 이 비서명파 대학생들은 스코틀랜드에 있는 대학교로 진학했는데, 그곳에는 아직 장로교회 신학에 동정심을 발휘하는 대학이 남아 있었기 때문이다.

대학생들을 교육하려면, 막대한 운영 기금이 필요하였다. 회중교회와 독립교회들은 1695년에 공동기금위원회를 세워서 가난한 목회자들을 돕는 데 앞장섰고, 신학을 공부하려는 학생들을 후원하였다. 이러한 제도를 본받아서 장로교회에서도 19세기 중반에 장학위원회를 설치했다.[16] 독립교회와 장로교회가 공동으로 운영하던 '라트멜 아카데미Rathmell Academy'는 철저하게 칼빈주의 신학을 가르치고 있었으나, 설립자인 리처드 프랭클랜드 Richard Frankland(1630 - 1698)이 사망한 후, 분열하고 말았다. 윌리엄 카워드 William Coward(1647-1738)는 비국교도 학생들의 양육을 위해서 엄청난 헌신을 하였는데, 젊은 학생들을 인재로 길러내고, 복음의 선포자로 훈련할 수 있도록 기숙사 건설에 막대한 자금을 지원하였다. 또한, 평생교육의 기금을 모금하여서 목회자들의 실력이 뒤처지지 않도록 적극적으로 후원했다.

16　Irene Parker, *Dissenting academies in England: their rise and progress, and their place among the educational systems of the country* (Cambridge University Press, 1914), 54

앞서 언급했듯, 1662년의 '통일령'은 원천적으로 비서명파 학생이 옥스퍼드 대학교와 케임브리지 대학교에 입학하는 것을 금지하였다. 이러한 조치들에 대해 항의하는 청원서가 의회에 제출된 후, 무려 수십 년의 논쟁이 진행된 뒤, 비서명파 학생도 런던대학교에 진학할 수 있도록 허용하는 조치가 1837년에 비로소 내려졌는데, 실제적으로 옥스퍼드와 케임브리지에 비국교도가 입학할 수 있게 된 것은 1854년이었다. 그러나 그때에도 여전히 비국교도들은 석사학위 이상의 과정에는 입학할 수 없었다. 최종적으로 신앙조사에 대한 항목이 폐지된 것은 1871년이지만[17] 지금까지도 옥스퍼드 대학교의 신학부에서는 이와 유사한 조치가 전통으로 내려오고 있다.

'통일령'은 청교도들에게 있어서는 청천벽력과 같은 부당한 조치였다. 그전에는 청교도 자녀들 대부분이 중상류층의 자녀로서 추천을 받아, 옥스퍼드 대학교와 케임브리지 대학교 등에 입학하여 우수한 학생들과 함께 수학할 수 있었다. 하지만 1660년대 이후로는, 청교도 사상을 가진 사람은 다음 세대를 이끌어갈 뛰어난 목회자나 신학자가 될 수 없었다. 그동안 청교도의 자녀들은 좋은 목회자가 되기 위한 목적으로 최고의 교육기관에서 빼어난 지도자 수업을 받

---

17 J. W. Ashley Smith, *The Birth of Modern Education: The Contribution of the Dissenting Academies, 1660–1800* (London, Independent Press, 1954).

아 온 것이었는데, 통일령으로 인한 차별 정책으로 청교도 인재들이 점차 소멸하고 말았다.

그 결과 청교도 운동이 한 세대가 지나자, 이 운동을 이끌만한 지도자가 점차 사라지는 현상이 초래됐다. 청교도 운동은 하나님의 말씀과 관련되어 있기에, 신학자의 역할이 지대하였다. 신학의 공백은 직접적으로는 교회의 예배, 즉 메시지에 영향을 끼치게 된다. 마치 사람의 근육이 약화되면, 뛰거나 걸어 다닐 수 없는 것처럼, 최고의 신학교육을 받은 목회자들이 고갈되자, 청교도 운동의 원동력이 사라지고 만 것이다.

3) 신학적 관용주의가 빚은 혼란들

왕정복고 직후에, 영국 국교회에서는 신학에 관해서는 '관용주의Latitudinarianism' 정책을 채택했다.[18] 이것은 청교도의 순수한 '성경적 신앙'의 눈으로 봤을 때, 비非정통주의 신학과 이교도 사상이 범람하는 대참사와 다름없었다. 영국 국교회는 자신들이 장로교회, 침례교회, 퀘이커파, 독립교회, 회중교회와 치열하게 대립하여 온 것들로부터 탈피하기 위해 관용주의라는 명분을 만들어 낸 것이다. 따라서, 18세기 영국 국교회의 운영 철학은 관용주의가 장악했다고 해도 과언이 아니었다. 캔터베

---

18   Martin I.J. Griffin Jr, *Latitudinarianism in the Seventeenth-Century Church of England* (Leiden: Brill, 1992). John Spurr, "'Latitudinarianism' and the Restoration Church," *The Historical Journal*, Vol. 31, No. 1 (1988): 61-82.

리 대주교는 이러한 영국 국교회의 교리 문제에 대해서 공식적으로 아무런 발표를 하지 않았으며, 군주도 역시 그러했다. 이런 경우는 미국에서도 동일하게 벌어졌다. 미국도 독립전쟁 이후, 감독제 국교회 내부에서도 관용주의 정책을 실행함에 따라, 종교적 다원주의 등 다양한 견해 표출이 교회 안에서 가능해졌다. 그 영향으로 교회에서는 더이상 진리를 위해 논쟁하거나 이단 척결을 위한 총회를 열지 않게 되었고, 목회자의 권한도 거의 상실되고 말았다.[19]

17세기에 퍼진 신학적 관용주의는 영국 국교회에서 공식적으로 선포한 것은 아니지만, 리처드 후커Richard Hooker(1554-1600)가 『교회 정치의 법률The Laws of Ecclesiastical Polity』에서 강조한 입장에 근거를 두고 있다. 후커는 하나님의 진정한 관심은 각 개인의 영혼이 처한 도덕적 상태에 있다고 주장했다. 즉, 하나님은 교회의 지도력이나 조직, 신학에 관해서는 관심을 두지 않는다는 것이다. 신학적 관용주의는 여기에 더해 이보다도 더 넓고, 극단적인 주장까지 받아들였고, 그것은 자유주의 신학이 확장할 수 있는 계기가 되었다.[20]

신학적 관용주의는 인간의 이성이 성령과 결합할 때, 교리적

---

19 Ned Landsman, *From Colonials to Provincials, American Thought and Culture 1680-1760* (Ithaca: Cornell University Press, 1997), 64.

20 Amanda Oh, "The Latitudinarian Influence on Early English Liberalism," The Larrie and Bobbi Weil Undergraduate Research Award Documents. 10. https://scholar.smu.edu/weil_ ura /10.

인 논쟁에 있어서 진리를 결정할 수 있는 능력을 충분히 갖추고 있다고 본다. 관용주의자들은 성도의 자유와 이성을 지배하는 교리와 법률은 필요하지도 않으며, 아무런 유익도 없다고 주장했다. 훗날 관용주의자들의 교회관은 '넓은 교회broad church', 혹은 '낮은 교회Low church'(高교회주의의 반대개념)라고 불렸다. 그 말은 즉, 각 지역교회에서의 목회자의 사역 형태의 다양성을 인정하고 관용하라는 것이다. 훗날 이러한 주장을 반영하여 영국의 국왕 조지 1세(1714-1727년 재위)는 종교회의로부터 주요 사안들에 대한 목사의 결정권을 모조리 박탈해 버려서, 당회가 교회 내부적으로 벌어지는 사항들에 대해서 거부하거나 판단할 수 있는 권한이 현저히 위축되고 말았다.

이 외에도 온건한 국교도라고 주장하는 '케임브리지 플라톤주의자'들과 토머스 브라운Thomas Browne(1605-1682)이라는 인물이 등장하였는데, 그는 '하나님의 절대 주권' 사상을 강조하던 칼빈주의에 반대되는 가르침을 펼쳤다. 청교도가 강조하던 특정한 교리, 교회조직, 예전禮典적인 실천 사항들은 전혀 필요하지도 않을 뿐만 아니라, 도리어 해롭다는 것이 토머스 브라운의 주장이다. 관용주의는 특히 감독제 교회론에 대해서 긍정적으로 지원을 했던 국교회 목회자들에 의하여, 애버딘Aberdeen대학교와 세인트앤드루스 St. Andrews대학교에서도 널리 퍼졌다.

심지어 관용주의자들은 토머스 홉스의 정치적 철학과 합리적 도덕주의를 가르치는 지경에까지 이르렀다. 결국, 영국 국교회에 속한 교회들은 칼빈주의 정통 개혁신학을 배울 기회가 전혀 없게 되었다. 잉글랜드 교회는 각각 담당 교구 목회자의 입장에 따라서 제멋대로 복음을 왜곡했다. 국교회 안에서는 알미니안주의, 반反율법주의 혹은 율법폐기론, 신율법주의, 유니테리안주의 Unitarianism(성부유일신론), 소시니안주의 Socinianism, 심지어 이신론理神論, 진화론 등 각종 이단적인 신학들이 활발히 확산됐다.

1700년 이후로 넘어가면서, '경건 godliness'이 '존경심'으로 대체되었다. 영국에서는 애국주의가 발동하여서 선한 성품과 착한 행동으로 구원을 얻는다는 사상이 퍼지고, 청교도 신학은 서서히 희석되어 갔다. 그렇게 복음을 듣지 못하게 되면서, 청교도 신앙 역시 천천히 시들어졌다. 마치 나무에 물을 지속해서 공급해 주지 않으면, 서서히 말라서 죽어가는 것처럼 말이다. 청교도의 쇠퇴는 어떤 결정적인 사건 때문도 아니요, 공포심을 주는 탄압이 일어났기 때문도 아니다. 그저 믿음의 선조들이 이룩한 바를 사회 전반에서 거부하는 시대적 흐름이 있었을 뿐이었다. 더는 청교도 신앙과 신학의 중요성에 대해 말하거나 주장하는 사람이 없어진 것이다. 청교도의 유산은 소수에게만 남게 되었고, 청교도 신앙으로 사회적 지도력을 발휘하는 경우를 찾아볼 수도 없게 되었다.

잉글랜드는 점점 더 청교도 신앙에서 멀어졌다. 19세기는 바야흐로 '빅토리아 여왕의 황금시대 Victorianism'에 접어들었고, 미국에서는 조나단 에드워즈가 1734년경 '대각성운동'과 '부흥운동'을 전개했지만, 그것은 영국으로부터 독립하려는 사람들의 신앙이었기에 영국에서는 크게 환영받지 못했다. 적어도 영국인들의 관점에서 볼 때, 에드워즈는 뉴잉글랜드에서 태어나서 성장한 외국 사람에 불과했다. 영국인들은 에드워즈가 주도하는 대각성운동을 전혀 다른 입장에서 평가하였기 때문에 그것을 거부한 것이다.

하지만 그렇다고 해서, 약 150년 동안 강력하게 진행되었던 청교도의 순수한 교회 건설과 개혁운동이 역사로부터 완전히 소멸했다고 할 수는 없다. 지난 2000년의 기독교 역사 속에서, 청교도 운동처럼 광범위하게 경건을 실천하고자 노력했던 적은 없다. 그렇다면 청교도 운동은 어떻게 그처럼 오랫동안 하나로 뭉쳐서 역동적이고도 활력이 넘치게 추진될 수 있었을까?

그 저력은 언약 사상에서 나왔다고 할 수 있다. 아직도 세상 곳곳에는 청교도의 신앙과 전통은 살아 숨 쉬고 있다. 비록 정치와 사회에 영향력을 확대해서 전쟁까지도 이겨냈던 역사적인 운동으로서는 종결되었지만, 청교도의 신앙과 그들의 삶은 전 세계 곳곳으로 퍼져나갔고, 지금도 영향을 미치고 있다. 청교도의 정신과 이상은 언약 사상에서 나왔다. 청교도를 움직인 강력한 원천은 언약 백성으로서의 확고한 신념이었다. 언약 사상은 각 개인이 신앙의 자유를 추구하는 열망으로 표출되었고, 근대 민주주의 운동의 발전에 지대한 공헌을 남겼다. 미국의 국가건설에 자리하고 있는 가장 큰 요인은 바로 왕권으로부터 자유로운 신앙생활을 확보하려는 열망이었다.

둘째, 내부적 요인: 청교도의 내부적인 실수와 약점들

이제 우리는 솔직하고 과감히 청교도들의 어두운 면에 대해서 살펴보고자 한다. 그러나 여러분이 만일 청교도들의 기여와 훌륭한 면모들에 대해서 깊이 살펴보지 않았다면, 이후로 필자가 열거하는 내용들은 신중히 살펴 분별하길 바란다. 어떤 이들은 무작정 비판적인 논지들만을 기억하는 경향이 있는데, 단순히 비판자로서 과거를 들여다보는 것은 올바른 태도라고 할 수 없다.

다시 말하면, 목숨을 걸고 순결한 교회를 세우고자 했던 스코틀랜드와 잉글랜드 청교도와 뉴잉글랜드로 건너간 청교도들의 결연한 의지와 각오에 대해서 평가할 때, 먼저 우리가 그들을 진심으로 존경하고 인정하는 전제 위에서 출발해야만 하는 것이다. 그 당시 청교도들은 불안한 정치적 압박과 갈등, 대립과 전정 속에서 신앙을 위해 목숨을 걸었다. 그들은 장차 어디에 정착하게 될지, 어느 곳에서 살아갈 것인지, 어떻게 가족들의 생계를 꾸려가게 될지, 심지어 배를 타고 무사히 건너가게 될지 등 새 식민지에서의 생존 여부를 놓고서 심각한 고민을 품고 머나먼 길을 떠났던 순례자들이었다. 뉴잉글랜드로 건너간 청교도는 하나님의 보호와 인도하심에 대한 확신이 남달랐다. 한마디로 지독하게 하나님을 의지하고, 철저히 섬기고자 각오했던 성도들이었다. 그랬기에 그들은 다소 과격하리만큼 철저하게 신앙의 회심을 강조했다.

1) 과도한 열정

일부 청교도는 날마다 철저하고 깨끗하게 살아야 한다는 열정이 **과도했다**. 한 사람의 죄인이 구원 얻기 이전에, 깊은 겸손을 체험해야만 한다는 주장이 지나칠 정도가 된 것이다. 그 중에서도 가장 심하고 엄격하게 회심의 과정을 강조한 사람은 토머스 후커Thoams Hooker(1586-1647)였다. 그는 영국에서 최고 수준의 학문을 익혔는데, 케임브리지 퀸스Queen's대학교와 임마누엘 대학교에 다녔고 1611년에 석사학위를 얻었다. 1615년에 토머스 후커는 의심과 공허를 극복하는 회심 체험에 이른 것으로 추정되는 시기를 보낸 이후 평안한 확신에 가득 차게 되었다.[21]

제임스 1세는 청교도들이 강조하던 교리들과 예정, 작정, 유기, 하나님의 은혜에 대한 거부할 수 없는 보편성, 유효성 등에 대해서 깊은 해석과 강의를 금지했다. 주일 오후 예배 시간에 다룰 수 있는 범위는 교리문답서, 십계명 강좌 등으로 제한했다. 그의 아들 찰

---

21 Frank Shuffelton, *Thomas Hooker, 1586-1647* (Princeton: Princeton University Press, 1977), 29.

스 1세는 1629년 2월 윌리엄 로드William Laud를 의회에 앞세워서, 청교도 목회자들의 설교를 중단시키자는 안건을 의회에서 통과시켰다. 그리고 로드는 후커의 설교를 문제 삼아 그를 법을 근거로 소환했고 결국 그를 강단에서 추방했다.

후커는 다른 여러 비국교도 목회자가 핍박받고 있던 어수선한 시기에 고통을 당하다가 1631년 5월 결국 네덜란드로 피난을 갔다. 그는 1633년에 다시 뉴잉글랜드 매사추세츠주로 건너갔고[22] 이어서 오늘날 코네티컷주의 하트퍼드에 새로운 식민지 건설에 앞장섰으며, 민주적인 주권재민 사상의 효시가 되는 주장을 펼치면서 정치적인 영향력을 발휘했다. 실례로 1638년 5월에는 후커와 동조자들은 "모든 공직자는 자신의 지위에 부과된 범위와 한계 안에서 공무를 집행해야 한다"라고 결의했다.

뉴잉글랜드 지도자 후커는 하트퍼드라는 식민지 마을을 처음 건설하면서 광야에서 홀로 쟁투하던 모세와 같은 심정을 가졌다고 한다.[23] 그는 약속의 땅을 건설하려는 포부를 가지고, 공직자들과 시민들이 상호 협력하고 사랑하는 연합체인, '청교도 마을'의 최초 건설자로서 활약했다. 그는 존 윈스럽과 같이, '언덕 위의 도시city

22 G. H. Williams, *Thomas Hooker, Writings in England and Holland, 1626–1633* (Cambridge, MA: Harvard Univ. Press, 1975), 33.

23 Dustin Benge & Nate Pickowicz, *The American Puritans* (Grand Rapids: Reformation Haritage Books, 2020), 92.

upon a hill'를 꿈꾸었다. 그는 '하나님의 대사'라고 불리면서 회심하지 않은 자들을 향한 매우 탁월한 설교로 명성을 얻었다. 하지만, '은혜의 예비 교리the doctrine of preparation', 즉 은혜의 흔적들, 회심했다는 증거들에 대한 강조가 너무나 지나칠 정도였다.[24] 심지어 그는 죄인이 하나님의 영광을 위해서 기꺼이 지옥에라도 가려고 해야 한다는 극단적인 주장을 폈다. 후커는 구원의 확신을 얻으려면, 먼저 거듭났다는 증거인 회심을 체험해야 하는데, 이러한 징표를 얻기 위해서 철저한 회개의 준비 과정이 필요하다고 주장했다.[25] 그는 회심 준비를 위한 '수단'으로 교리문답서, 주일성수와 십계명 공부 등 여러 가지 학습 과정을 중요시했다.[26] 후커에게 있어서 죄는 대적들의 가장 간교하고도 교활한 계략인데, 그것은 대부분 은혜를 무너뜨린다. 그는 '값없이 주시는 은총교리'를 주장한 선대의 신학에 동의하지 않았고, 침묵했다. 그 대신에 후커는 천국에 가기 위한 '준비'를 강조했

---

24 Thomas Hooker, *The Soul's Preparation for Christ: Or, A Treatise of Contrition, Wherein is discovered How God breaks the heart, and wounds the Soul, in the conversion of a Sinner to Himself The Soul's Preparation for Christ*. 1632.

25 Michael J. McClymond, Gerald R. McDermott, *The Theology of Jonathan Edwards* (Oxford University Press, 2012), 678.

26 David Parnham, "Redeeming free grace: Thomas Hooker and the contested language of salvation," *Church History: Studies in Christianity and Culture*. New Haven, Connecticut: American Society of Church History, Vol., 77 (2008): 915-955.

고, 이것은 도덕주의자들의 성향을 따라간 것이라는 비판을 피할 수
없게 되었다.[27]

2) 신율법주의의 함정

청교도 중에는 후기에 이르게 되면서, 또 다른 형태의 율법주
의, 즉 '신율법주의'라는 함정에 빠진 자들도 있다.[28] 예를 들면, 그
리스도인이 '편안하게 여가를 선용할 수 있는 양심의 자유'를 과도하
게 억압했다. 다행히도, 이러한 경향을 드러낸 청교도는 소수였지
만, 어쨌든 그들이 다른 성도들을 자주 판단하고 비판하여 많은 이
에게 큰 상처를 주고 말았다. 이 일로 인해 그들의 후손은 아예 청교
도 신앙의 좋은 면마저 내버리게 되었다. 신율법주의에 빠진 자들은
다른 사람이 어떻게 생각하느냐를 두려워한 나머지 존경받는 행동
을 해야 한다는 위선이 그들을 지배하게 된 것이다.

앞서 지적한 바대로, 청교도들은 로마 가톨릭에서 목회적 예식
으로 실행하던 것들, 즉, 결혼 예식에 반지를 주고받으며 서약하는

---

27 Thomas Hooker, *The Poor Doubting Christian Drawn to Christ* (1629). idem, *A Survey Of The Summe Of Church-Discipline: Wherein The Way Of The Churches Of New England Is Warranted Out Of The Word* (London: John Bellamy. 1648).

28 Sinclair B. Ferguson, *The Whole Christ: Legalism, Antinomianism, and Gospel Assurance 〜 Why the Marrow Controversy Still Matters* (Wheaton: Crossway, 2016).

것, 성찬을 받을 때 무릎을 꿇는 것, 성직자가 중세식으로 늘어진 가운을 입는 것 등을 비성경적 미신이자, 우상숭배라고 공격했다. 그리고 이와 유사하게 강요되는 것들도 청교도는 거부했다.

3) 관용의 부족

청교도들은 열성파였지만 관대하지 않았고 부드러운 면모도 없었다. 목회 사역에서나 시민들의 자유로운 활동에서나 '당파partisan'적 기질이 다분했다. 청교도 내부적으로도 서로 의견을 달리하는 사람들에 대해서 관대하지 못하였다.

청교도들은 성경에 근거한 교리들을 가르쳤기에, 남다른 확신에 차 있었다. 그들은 로마 가톨릭과 잉글랜드 국교회에서 가르치던 것들에 대해서 치열하게 반대했기에, 동료들 사이에서도 서로 차이가 나는 교리에 대해서 관대하지 않았다. 그렇기에 후기 청교도들 중 일부는 율법주의자가 되어서 분리주의에 빠졌다는 비난을 면하기가 어려웠다.[29]

토머스 보스턴Thomas Boston(1676-1732)은 에든버러 대학교를 졸업한 스코틀랜드 장로교회 목사였다. 그의 아버지 존 보스턴은 언

---

29 Joel Beeke, *Puritan Reformed Spirituality* (N.Y.: Evangelical Press, 2006); 『청교도 개혁주의 영성』, 381-406.

약도言約徒, Covenanters의 한 사람이자, 비서명파로서 옥고를 치렀을 정도로 청교도 신앙에 철저한 사람이었다. 그러나 토머스 보스턴 의 목회 활동과 강조점들이, 충분한 회개와 새로운 생활의 증거들 을 경홀히 여기는 것이라는 이유로, '극렬한 칼빈주의자'들에 의해서 1720년에 총회에서 추방당했다. 그가 에트릭Ettrick교구에 처음 부임 했을 때, 57명이 성찬식에 참여했는데, 1731년 마지막 성찬식에는 777명이나 참여하게 될 정도로 그는 은혜의 신학으로 전도하고, 은 혜의 불꽃처럼 심방하고, 기도와 묵상에 진력했지만, '극렬한 예정 론주의자'에 의해서 '율법폐기론자'라는 정죄를 받았다.

뉴잉글랜드에서 시행된 '언약조항'의 축소화에 관련된 문제점들이 서서히 드러났다. 특히, 조나단 에드워즈가 1751년에 자신의 교회에서 목 회직을 사직하는 과정에서 드러났다. 결국 가장 탁월한 설교자이자, 뉴잉 글랜드 '대각성운동'의 주동자인 그가 자유로운 해석을 지지하던 그 지역 목회자들에 의해서 거부를 당하고 만 것이다.

하지만, 우리는 청교도들이 살았던 시대의 정황이 어떠했는 가를 염두에 두고 좀 더 조심스럽게 부정적 평가를 해야 한다. 우리 는 지금 신앙의 자유를 누리는 나라에서 살아가고 있지만 16세기와 17세기는 전혀 달랐다. 우리는 먼저 그들의 시대적 상황을 깊이 이 해해야 한다. 로마 가톨릭에서 종교개혁자들을 이단으로 핍박했기 때문에, 청교도는 이와 유사한 국교회에 대해서도 관대하게 용납할 수 없었다. 그렇기에 청교도 안에서 다른 목소리를 내는 자들은 추방을 당하거나, 압박을 받았다. 공격하는 사람의 태도에는 항상 정당성이 주어지는 경향이 있었기에 청교도 내부의 갈등이 잦았다. 이것도 청교도의 평판이 나빠지게 되는 매우 중요한 요인 중 하나가 되었다.

4) 청교도의 어두운 그림자들

17세기 청교도들이 살았던 시대의 국가와 사회구조 속에는 어두운 그림자가 많이 드리워져 있었다. 한마디로 청교도 사회는 엄격했다는 비판을 피할 수 없어 보인다. 17세기는 무엇보다도 단일 군주제와 지역 귀족들의 분할통치로 연결되는 봉건제도 하에서 노예 소유가 허용되고 있었다. 대부분의 청교도는 노예를 소유하고 있지 않았지만, 노예를 소유하고 있는 일부 청교도는 그들을 전도하면서 신실하고 선하게 대우했다. 그렇지만 어느 경우이든지, 모든 사람의 인권을 존중해야 하는 점에서 볼 때, 우리는 노예제도를 매우 부끄럽게 생각해야 한다. 결국, 18세기에 유럽에서는 사회적으로 큰 변화가 일어났다.[30] 영국에서 노예제 폐지를 위해서 가장 앞장서서 노

---

30 Gordon Jackson, *Hull in the Eighteenth Century: A Study in Economic and Social History* (Oxford: University Press, 1972).

력하였던 기독교 정치인 윌리엄 월버포스 William Wilberforce(1759 – 1833)가, 기독교인 노예상들이 지난날의 죄악을 회개하도록 하는 데 크게 공헌했다.[31]

청교도의 가장 어두운 면은 '마녀사냥 Witch Hunting' 혹은 '마녀재판 the Witch trials'이다. 처음에는 유럽의 로마 가톨릭 국가에서 유령이라든가, 마귀를 퇴치하는 구마가 행해진다는 소문들이 나돌았다. 그러다 차츰 유럽 곳곳에서도 이런 미신적인 행동들이 발견되었고, 청교도들의 시대에도 널리 유럽 전 지역과 뉴잉글랜드에까지 이러한 사상이 퍼졌다. 그 후 청교도에 의해서 '마귀에게 사로잡힌 자'라고 지목되어 희생된 사람들이 수만 명에 이른다.

오늘날 미국에서는 청교도 사회에서 진행되었던 "마녀재판"의 희생자들에 대한 깊은 반성이 있다. 교회 중심으로 살아가던 청교도 사회 안에서, 반기독교적이고도 이질적인 행동들이 점차 퍼지자 이들을 처리하는 과정에서 빚어진 비극이 바로 마녀사냥이었다. 청교도 마을은 본래 참된 신앙을 가지고 살아가는 사람들이 모여서 형성한 공동체였지만, 극단적 고립주의로 기울어진 경향도 있었다. 특히 근거가 명확하지 않은 거짓 고소가 있을 수 있었는데, 마녀로 단정

---

31 Eric Metaxas, *Amazing Grace: William Wilberforce and the Heroic Campaign to End Slavery* (Harper Collins, 2007). William Hague, *William Wilberforce: The Life of the Great Anti-Slave Trade Campaigner* (London: Harper Press, 2007).

지을 때 합당한 처리 과정이 미흡했던 것이 아쉬웠다.

가장 심각하게 드러난 마녀사냥의 사례가 '살렘Salem' 지역에서 일어났다. 뉴잉글랜드 매사추세츠주, 살렘 마을에서 1692년 2월부터 1693년 5월 사이에 200명에 가까운 주민들이 마녀사냥의 표적이 되어서 재판에 고발되었다. 이유는, 주일성수를 하지 않는 자 중 일부가 악령에 미혹되어 이상한 행동을 한다는 내용이다. 주로 희생자들은 철없이 소리를 지르던 어린 여자아이들과 여성들이 많았다. 전임 목사를 포함하여 30명이 형벌을 받았는데, 이들 중 19명은 교수형(9살과 11살의 자매를 포함하여 여성 14명, 5명이 남성), 5명은 옥사했으며, 1명은 고문으로 사망했다.[32]

마녀재판으로 처형을 당한 사람의 대부분은(대략 78%) 여성이었다.[33] 뉴잉글랜드 지역에 이민을 온 청교도들은 매우 보수적인 칼빈주의 신앙을 가지고 살았는데, 그들은 여성들이 마귀의 유혹에 쉽게 넘어갈 수 있다는 점을 경고하였다. 특히 아주 어린 소녀들과 아이가 없는 기혼 여성들에 대한 고소가 빈번했다.

---

32 G. Adams, *The Specter of Salem: Remembering the Witch Trials in Nine-teenth-Century America* (University of Chicago Press, 2009). Paul S. Boyer & Sephen Nissenbaum, eds. *Salem-Village Witchcraft: A Documentary Record of Local Conflict in Colonial New England* (Northeastern University, 1972).

33 Elizabeth Reis, *Damned Women: Sinners and Witches in Puritan New England* (Cornell University Press, 1997), 2.

종합적으로 살펴보자면, 청교도들도 그들이 살았던 시대적 제약 속에서 활동했음을 이해해야만 한다. 세밀하게 역사를 살펴보면, 과오에서 벗어나서 완전하게 살았던 사람들은 없다. 그러므로, 청교도에 대해서만 평가절하하는 현대 역사학자나 종교학자의 비판은 결코 온당한 주장이라고 할 수 없다. 어떤 곳에서 잘못된 사건들이 일어났다는 것을 이유 삼아서, 청교도의 성취가 아무런 가치도 없다는 식으로 비난만을 일삼는 것은 정당한 평가가 아니다. 특히 '청교도는 지나치게 엄격하다'라고 한다거나, '청교도는 집단적 정신이상에 사로잡혔다'라는 비난은 너무나 과도한 비판이다.

우리는 다른 사람들의 작은 실수를 비판하면서, 정작 자신들의 큰 결점을 발견하지 못하는 경우가 많다. 예를 들면 우리가 자동차를 운전할 때, 거울로 뒤에 있는 차는 볼 수 있어도, 내가 운전하는 자동차의 뒷모습을 볼 수 없듯이 말이다. 신실한 기독교인이라 하더라도, 엄격한 주일성수라는 신앙적 행동이나 결정이 조금만 지나치거나 강압적일 경우 다른 성도에게 피해를 줄 수도 있음을 알아야 한다.

제 3 장

존 녹스의 종교개혁: 청교도 개혁운동의 초석을 놓다

스코틀랜드 장로교회의 선구자, 존 녹스

유럽 종교개혁의 역사에서 큰 영향력을 발휘한 녹스의 생애와 사상에 대해서 주목하여 살펴보고자 한다. 종교개혁의 선두 주자인 루터, 츠빙글리, 칼빈 등은 잘 알려져 있지만, 안타깝게도 녹스의 분투와 노력은 잘 알려지지 않았다. 무엇보다도 녹스가 용감하게 저항 운동을 전개하여 로마 가톨릭을 추종하는 여왕의 강압 통치를 이겨내고, 스코틀랜드 장로교회를 세움으로써 종교개혁의 터전이 마련되었다. 녹스의 지칠 줄 모르는 열심과 그 누구도 두려워하지 않는 담대함은 후손들에게 큰 감동을 주었다. 녹스의 사후에도 스코틀랜드 장로교회 지도자들은 '국가 언약'을 지키고자 노력했다. 청교도 혁명에 참여한 성도들의 심령에도 똑같은 결심과 열정이 넘친 것이다.

1 영적인 싸움에
앞장선 투사

존 녹스(1514-1572)는 스코틀랜드에서 일어난 종교개혁의 선봉장이었고, 장로교회 체제를 최초로 정착시킨 교회론의 설계자였다.[1] 57세로 녹스가 사망하기까지, 스코틀랜드에서 일어났던 모든 일은 초기 종교개혁의 정착을 위한 '전투'이자, 승자를 전혀 알 수 없는 채 로마 가톨릭 측을 이겨내야만 하는 처절한 '싸움'의 연속이었다. 녹스는 전 생애 동안 강력한 믿음의 싸움을 이끄는 교회와 하나님 나라의 '전사'로서 그를 증오하는 교황주의자와 권력자들에 맞서서 싸웠다.[2] 녹스의 신념은 하나님의 영광과 주권, 예정을 높였고, 반대로 우상숭배에 대해서는 하나님의 심판이 있을 것임을 주저 없

---

1 Geddes MacGregor, *The Thundering Scot* (Philadelphia: The Westminster Press, 1957), 229-231. 녹스의 정확한 출생 일자에 대한 이견들이 있다. 1513년 12월부터 1515년 초일 가능성이 높다. David Hay Fleming, The Reformation in Scotland (London: Hodder and Stoughton, 1910)의 연구발표가 있기까지는 1505년이라고 알려졌다.

2 S.M. Houghton, "John Knox," in *Puritan Papers*, vol. 4, 1965-1967, ed. J. I. Packer (Phillipsburg: P&R, 2004), 60.

이 선포했다.[3]

초기 스코틀랜드의 종교개혁

그러면 녹스 이전에는 어떤 상황이었을까? 먼저 스코틀랜드
의 종교개혁이 어떻게 진행되었는가를 살펴보자. 스코틀랜드는 종
교개혁을 진압하려는 교황청, 프랑스, 스페인 등이 직간접으로 연계
되어 있어서, 자체적으로 문제를 해결하기가 쉽지 않았다. 스코틀랜
드에서 낡은 로마 가톨릭을 벗어버리려는 노력은 큰 탄압에 부딪혔
다. 일찍이 루터의 영향을 받은 소수의 지도자가 종교개혁을 시도했
지만, 왕권의 제지에 막혀서 각 지역의 성도들에게는 파급되지 못한
상태였다. 1543년에서야 영어로 번역된 틴들 성경The Tyndale Bible을
읽을 수 있도록 허용한다는 결의가 통과되었다.

녹스에 앞서서 믿음으로 살았던 투사들이 있었다. 스코틀랜드
종교개혁의 선구자는 패트릭 해밀턴Patrick Hamilton(1504−1528)이다.
그는 독일 마르부르크Marburg대학교에 다녀온 후 루터의 종교개혁을
스코틀랜드에 확산시켰다. 그로 인해, 로마 가톨릭의 성례가 아니

---

3   Euan Cameron, "John Knox and Andrew Melville," in *The History of Scottish
     Theology*, eds. Dasvid Fergusson & Mark Eliott (Oxford: University Press, 2019):
     124-143.

라, 오직 믿음으로 구원을 얻는다는 복음이 곳곳으로 퍼졌다. 해밀턴은 오직 예수 그리스도의 속죄에 근거하여 구원을 얻는다는 칭의 교리의 기본을 전파했다. 그러나 해밀턴은 대주교 비튼에 의해 화형을 당했고, 그를 따르던 수백 명이 피신했다.

스코틀랜드의 종교개혁을 주도했던 녹스가 언제 어떻게 해서 유럽 대륙에서 벌어지고 있던 새로운 사상들을 받아들이게 되었을까? 그가 자신의 회심이나 변화에 대해서 자세하게 기록해 놓은 것은 없다. 다만 그의 생애에 몇 가지 결정적인 사건이 있었다. 스코틀랜드에서 로마 가톨릭과 종교개혁자들이 서로 다른 종교적 관점으로 대립할 때, 녹스는 로마 가톨릭의 잔인함을 뼈저리게 체험하였다. 녹스는 종교개혁에 가담한 자신이 경험하는 모든 일이 구원의 길에 관한 것이라고 확신했다.[4] 그는 세인트앤드루스 대학교에서 당대 최고의 인문주의 학자 존 메이저로부터 수업을 받고 졸업했다. 그리고 그해(1536년)에 에든버러에서 가톨릭 신부로 안수를 받았다.[5] 그러나 녹스는 점차 로마 가톨릭의 모순을 깨닫게 되었다.

녹스가 자신의 회심과 목회자로서의 소명에 대해서 자세히 기

---

4 John Knox, *History of the Reformation in Scotland*, ed. C. J. Guthrie (rep. Edinburgh: Banner of Truth, 1982), 222.

5 Jane E.A. Dawson, *John Knox* (London: Yale University Press, 2015), 19.

록하지 않았으므로, 어떤 것이 결정적으로 그의 생각을 바꿔놓았는지는 알 수 없다. 다만, 로마 가톨릭에서 듣지 못한 복음에 대해서 성경을 연구하여 새롭게 터득했다는 것은 분명하다. 특히 종교개혁자로 순교한 패트릭 해밀턴과 조지 위샤트 George Wishart(1513-1546)의 영향을 받았다는 것은 확실하다.

1543년경부터 녹스는 진지하게 성경 연구에 몰입하였고, 1545년부터는 종교개혁에 투신하였다. 그의 나이 30살, 혹은 31살이던 때였다. 녹스는 큰 체험을 하고, 에베소서 6:12에 나오는 교훈을 따라서 살아야 한다는 것을 깨달았다. 즉 성도의 삶은, 이 세상의 권력자와 어두움의 통치자들과의 '전투'라는 것을 철저히 깨닫기에 이른 것이다.

조지 위샤트, 녹스의 진로를 바꾸다

종교개혁의 불길을 스코틀랜드에서 다시 확고하게 일으킨 목회자는 조지 위샤트이다.[6] 그는 츠빙글리와 같은 방식의 종교개혁을 주도했는데, 차츰 위샤트를 따르는 성도들이 많아졌다. 이에 위

---

6 Donald Macleod, *Therefore the Truth I Speak: Scottish Theology 1500-1700* (Ross0shire: Mentor, 2020), 19. "The Beginnings: Patrick Hamilton and George Wishart,".

협을 느낀 스코틀랜드 국왕 제임스 5세(1512–1542)는 로마 가톨릭 체제가 유지되기를 바라던 프랑스에, 스코틀랜드로 군대를 파견해달라고 요청했다. 제임스 5세는 프랑스 '기즈의 메리 Mary of Guise(1515–1560)'와 결혼했기 때문에, 프랑스 군대의 지원을 요청할 수 있던 것이다. 그의 요청으로 파견된 프랑스 부대에 의해 세인트 앤드루스 성이 함락되어, 그 주변에서 종교개혁을 도모하던 귀족들과 교회 지도자들이 모두 체포되거나 피신했다. 이런 상황에서 위샤트도 비튼에게 끌려가서 1546년 3월 1일에 화형을 당했다.

녹스는 종교개혁을 선포하고 다니던 위샤트의 수행원으로 활동하던 중에, 위샤트의 화형을 목격하게 되었다. 위샤트는 녹스에게 지금 함부로 죽어서는 안 된다고 권유했고, 그 때문에 녹스는 살아남았다.[7] 위샤트의 순교는 스코틀랜드의 종교개혁에 엄청난 영향을 끼쳤다.[8] 위샤트의 죽음 이후 그의 추종자들도 세인트루이스의 성을 습격해서, 추기경 비튼을 살해하고 그 시신을 성벽에 걸어두었다.

프랑스 군대에 체포된 녹스는 1547년 7월 말부터 1549년 2월까지, 총 19개월 동안 프랑스 노예선에서 죄수로 복역하였다. 그는

---

7   Jasper Ridley, *John Knox* (Oxford: Clarendon Press, 1968), 39-40.

8   J. H. Merle d'Aubigne, *History of the Reformation in Europe*, vol. 6 (London: Longmans, 1875), 123.

프랑스 선박의 밑바닥에 갇혀서 노를 저으면서 무리했기 때문에, 남은 평생 육체적인 고통을 견뎌야만 했다. 그래서 녹스는 프랑스 군대로부터 풀려난 후에도 스코틀랜드로 곧바로 되돌아올 수 없었다.

녹스는 에드워드 6세 치하에서 잉글랜드 교회로부터 목사직을 받아서 버윅Berwick의 설교자가 되었고, 1551년에 추밀원의 추대를 받아서 왕궁 설교자 6명 중 1명이 되었다. 또한 그는 토머스 크랜머가 추진하던, 온건한 개신교회의 예배 모범에 '무릎을 꿇고 성만찬을 받도록' 규정된 것을 과감히 삭제하라고 비판했다.[9] 이에 크랜머는 엄청나게 당황했다. 그러나 녹스는 자신이 주장하는 원리를 양보하지 않았다. 그는 하나님을 섬김에 있어서, 성경에 따르지 않고 사람이 고안한 것들은 다 우상숭배라고 주장했다.[10] 이것은 이미 칼빈이 1539년, '추기경 사돌렛에 보낸 답변서'에서 제시한 내용이다. 두 사람의 성만찬 신학은 다르지 않았으나, 녹스는 성만찬을 '식탁'에서 나누는 음식으로 해석했고, 성경(고전 11:23-34, 눅 22:14, 21)을 따르고자 했다. 반면에 크랜머는 무릎을 꿇게 하여 겸손과 감사의 태도를 더 강조한 것이다. 후에 녹스의 성찬 교리는 1645년 웨스트민스터 예배 모범에 그대로 채택되었다.

---

9 Diarmaid MacCulloch, *Thomas Cranmer: A Life* (New Haven: Yale University Press, 1996), 525.

10 1550년에 쓴 "Vindication of the Doctrine that the Sacrifice of the Mass in Idolatry," *The Works of John Knox*, 3:34.

1552년 녹스는 런던으로 이사했다. 그는 런던에 있는 동안에 메거리 보우스 Margery Bowes(?-1560)와 결혼했다. 조금씩 안정되어 가던 녹스의 생활에 또 다른 위기가 닥쳐왔다. 그의 잉글랜드 체류는 국왕 에드워드 6세가 병으로 사망하면서 짧은 기간에 끝이 나고 말았다. 1553년 7월, 메리 여왕이 즉위하여 잉글랜드의 개혁된 교회를 다시 로마 가톨릭으로 복구하려 했고, 이에 불복한 종교개혁 진영 성직자들과 성도들은 더는 잉글랜드에 남아 있을 수 없게 되었다. 이에 녹스 역시 유럽으로 피신하였다.

훗날 녹스는 자신이 젊은 날에 여러 수난을 당했던 일을 회고하면서, 스코틀랜드의 종교개혁을 이끄는 일이 수난을 견디는 일보다 훨씬 더 어렵다고 토설했다.[11]

---

11 *The Works of John Knox*, 6:104.

2 피신 생활과 목회

녹스의 풍부한 재능은 그의 저서 『스코틀랜드 종교개혁의 역사 History of the Reformation』에서 드러나지만, 가장 뛰어난 부분은 역시 힘차고 열정적인 설교자의 모습에 있다.[12] 그가 탁월한 안목을 갖춘 설교자가 될 수 있었던 것은 제네바에서 칼빈과의 만남을 통해서 개혁주의 신학과 교회 정치 체제에 대해 확신하고 나서부터이다. 녹스는 매우 신중하게 칼빈과 협의하였다. 또 때로는 칼빈의 추천에 따라 하인리히 불링거 Heinrich Bullinger(1504-1575)에게 자문했다. 녹스가 주장하는 것들이 무엇이었는가? 그가 종교개혁에 대해서 발표한 소책자, 『영국의 하나님의 진리를 가르치는 자들에 대한 신실한 책망 A Faithful Admonition unto the Professors of God's Truth in England』(1554년 7월 20일)에서 우상숭배와 이교도적인 통치자들에게 복종해야만 하는지, 여성이 남성에 대한 지배권을 행사해도 되는지, 우상 숭배하는 지배자들에게 저항할 때 어떤 경건한 지도층을 따라가야 하는지 등을 다뤘다.[13]

---

12 Roderick Graham, *John Knox: Democrat* (London: Robert Hale, 2001), 130.

13 W. Stanford Reid, *Trumpeter of God* (New York: Charles Scribner's Sons, 1974), 111.

프랑크푸르트에서의 개혁교회 목회

잉글랜드에서 종교개혁의 수레바퀴를 이끌어 갔던 초기 지도
자들(크랜머, 리들리, 라티머, 후퍼 등)이 메리 여왕에 의해서 모두 다
화형을 당했고, 수많은 개신교 지도자들이 박해를 피해서 유럽으로
피신했다. 1554년 6월 27일, 프랑크푸르트에 집결한 잉글랜드 피
난민들은 로마 교회의 미사와 각종 예식, 성공회의 타협적인 예배
내용을 전면 거부하였다. 오직 성경 말씀에 따라서 자신들의 선한
양심을 다 바쳐서 하나님의 영광만을 추구하는 예배를 드리고자 노
력했다. 그리고 녹스는 이곳으로 1554년 12월 초에 담임 목회자로
부임했다.

독일에서는 이미 루터파의 개혁운동이 퍼졌기에, 다양한 개
신교회의 모임들을 허용했다. 특히, 프랑크푸르트시市당국에서는
프랑스 난민교회도 허가되어 정기적으로 예배당 The Church of the White
Ladies에서 집회를 열고 있었다. 하지만, 잉글랜드에서 온 청교도들은
프랑크푸르트에 있는 루터파 교회들이 자신들이 추구한 예배방식과
상당히 다른 것들을 포함하고 있음을 곧바로 발견하게 되었다. 또한
잉글랜드에서 건너온 피난민 중에는 성공회 국가교회 체제를 따르
고자 하는 사람들도 있어서, 청교도 신앙을 가진 지도자들과의 논쟁
이 점차 가열되었다. 그 결과 프랑크푸르트에 머물던 잉글랜드 피난
민들이 잠정적으로 채택한 주일 공公예배의 내용은 영국국교회와는

다르게 매우 단순했다는 것이 가장 중요한 특징이다.[14]

그 내용은 성경 본문의 낭독과 권고, 죄의 고백(칼빈주의적 기도 – 성공회 예식서에 나온 것과는 다름), 시편 찬송(평범한 곡조), 성령께 대한 기도, 설교(성경 봉독), 일반 기도, 사도신경, 시편 찬송, 축도 등이다.

이 중에 개신교도들 사이에 의견이 가장 갈리는 것은 성만찬과 세례식의 내용에 관한 것이다. 유럽 각 지역에서는 개혁주의 교회라 하더라도, 성만찬에 대한 신학이 서로 달랐는데, 이 일로 인해서 예배의 구성 요소들이 차이가 났는데, 당시 영국 성공회에서는 가톨릭의 '화체설transubstantiation'을 루터파는 '공재설consubstantiation theory'을 수용하고 있었고, 개혁교회와 청교도들은 대다수가 칼빈의 '영적 임재설'을 따르고 일부에서는 츠빙글리의 '기념설'을 채택했다.

프랑크푸르트 난민교회 중에서는 에드먼드 그린달 Edmund Grindal(1519–1583)의 엄격한 '예식주의'를 따르는 무리가 있었다. 잉글랜드 성공회는 로마 가톨릭과 루터파의 예배 내용을 절충한 형식이라서, 여전히 다양한 예식들을 포함하고 있었다. 이러한 이유로 인해 프랑크푸르트 난민교회 안에서는 성공회파와 녹스를 지지하는

---

14   William D. Maxwell, *The Liturgical Portions of the Genevan Service Book* (Edingurgh: Oliver & Boyd, 1931), 4.

개혁파가 한 치의 양보도 없이 대립하였다.[15] 예배에 대한 이와 같은 이견은 훗날 성공회와 청교도를 갈라놓게 하는 결정적 요인으로 작용했다.

에드워드 6세 치하에서 발표된 '예배 형식 the Book of Common Prayer'(1552)을 그대로 따를 것이냐를 놓고서 양측이 격돌하는 매우 난감한 상황을 타개하고자, 이들은 주변의 이웃 도시들(스트라스부르, 엠덴, 취리히, 제네바 등)에 있는 교회들과 다른 곳에 있는 개신교 교회들의 의견을 청취하자는데 합의하였다. 이처럼 매우 민감한 때에, 『1554년 프랑크푸르트에서 시작된 논쟁의 개요』라는 제목의 책이 나왔다. 당시에 장로교회 소속 목회자 중 가장 열렬한 목회자인 윌리엄 휘팅엄 William Whittingham(1524 - 1579)이 쓴 것으로 추정되는 책자가 발간된 것이다. 그러자 반대파가 영국 왕권의 권세를 활용하여 휘팅엄을 체포하고 본국으로 송환하려고 하였다. 이 일로 인해 휘팅엄은 더는 그곳에 머물러 있을 수 없게 되었다. 그는 황급히 스위스 제네바로 피신할 수밖에 없었다. 훗날 그는 제네바에서 매우 중요한 청교도 교회의 지도자가 되었고, 영어로 번역된 『제네바 성경』을 출판하는 데 결정적인 공헌을 하였다.

1554년 말에 이르자, 성공회를 지지하는 잉글랜드 출신 성도

---

15 에든버러 대학교에서 소장하고 있는 녹스의 예배 순서지가 있는데, 스코틀랜드 지방어로 존 카스웰(John Carswell)이 번역한 것이다. 이것은 게일어로 번역된 최초의 예배 순서지이다.

들이 프랑크푸르트로 대거 몰려 들어왔다. 잉글랜드 예식서의 초안자 중 한 사람인 리처드 콕스 Richard Cox(1500–1581)가 앞장을 서서 녹스의 예배 개혁을 거부했다. 그는 훗날 엘리자베스 여왕 시대에 대주교의 자리에 오르는 인물로, 왕권의 후원을 받아 행동하던 자들은 그처럼 위세가 등등했다.[16] 청교도들과의 협상을 위해서 가까스로 양측 대표자들이 선정되었다. 녹스, 휘팅엄 등은 이런 상황 중『성공회 예식서 the Book of Church Prayer』의 라틴어판을 칼빈에게 보내어 조언을 구했다. 당시 칼빈은 유럽의 최고 신학자이자, 거의 모든 개신교회의 대변인이었다. 칼빈은 녹스에게 부드럽고 지혜로운 영향력을 발휘하도록 조언했다.[17]

제네바에서의 영어권 회중 목회

녹스는 프랑크푸르트에서 불과 3개월 정도 목회한 후에, 1555년 3월 말 칼빈의 청빙을 받아서 제네바로 건너가게 된다. 녹스는 1556년 9월 13일, 아내와 장모와 함께 제네바에 도착하였다.

---

16 W. Stanford Reid, *Trumpeter of God: A Biography of John Knox* (New York: Charles Scribner's Sons, 1974), 15.

17 "To the English at Frankfurt," (1555년 1월 13일 자); John Calvin, *Tracts and Letters*, vol. 6:117-119.

"나는 사도 시대 이후로 이 지상에서 한 번도 존재하지 않았던 그리스도의 가장 완벽한 학교를 보았다는 점을 두려움 없이 기꺼이 말할 수 있다. 다른 지역들에서도 나는 그리스도가 참되게 선포돼야 한다고 고백한다. 그러나 그 방법들과 신앙심은 진실하게 개혁되어야 하는데, 나는 아직 어떤 곳에서도 그런 곳을 목격하지 못했다."[18]

녹스는 제네바에서 한 주에 3번 설교하였는데, 매번 2시간을 넘겼다. 비록 몸은 제네바에 머물고 있었지만, 녹스는 스코틀랜드의 종교개혁을 예의 주시하고 있었다. 그는 1558년에 스코틀랜드와 잉글랜드를 지배하는 여왕들에 대해서 성경적으로 자연스럽지 않다는 반론인 『여인들의 괴상한 통치에 반대하는 첫 번째 나팔 소리The First Blast of the Trumpet Against the Monstrous Regiment of Women』를 출판했다.[19] 이 내용은 여왕에 대해서 도전하는 것이어서, 정치적으로 매우 위험스러운 일이기에 녹스는 저자를 밝히지 않고 발표했다. 원래 의도한 바는 아니었지만, 표적에 포함된 엘리자베스 여왕은 녹스를 용서하지 않았다. 칼빈도 당시 이 소책자의 출간을 몰랐는데, 이

---

18   Reid, *Trumpeter of God*, 132.

19   *Works of John Knox*, vol. 4:349-420.

책의 정치적 주장에 대해서는 칼빈도 동의하지 않았다.[20] 녹스는 모든 여성을 비판한 것이 아니고, 정의와 균형을 잃어버린 여왕에 대해서 비판을 한 것이다. 녹스는 바울의 서신들만이 아니라, 테르툴리아누스Tertullianus(약 155–240), 암브로시우스Ambrosius(340–397), 아우구스티누스Augustinus(354–430), 바질Basil(330–379), 크리소스톰John Chrysostom(349년경–407) 등 교부의 글을 인용했고, 심지어 아리스토텔레스와 키케로의 글도 인용했다.

녹스가 제네바에 머물고 있던 1557년 12월 3일, 스코틀랜드 에든버러에서는 프로테스탄트를 지지하는 귀족들과 신자들이 모여서 '청원서'에 서명하였다.[21] 1만 5000여 명이 살던 이 도시의 일반 시민들은 종교개혁을 간절히 원하고 있었다. 그들은 로마 가톨릭에 속한 여왕과 주교들에게, "미사 참석을 거부하는 신자들을 죽이지 말라"라고 강력하게 항의하였다. 시대의 흐름을 인지한 기즈 메리도 로마 가톨릭의 예식들을 거부하는 자들을 허용해 달라는 요청을 받아들였다. 신앙 양심의 자유를 허용한 것이다.

---

20 Calvin, *Tracts and Letters*, Vol. 7:46-48.

21 W. Stanford Reid, "The Coming of the Reformation to Edinburgh," *Church History* vol. 42-1 (1973): 27-44.

3 혁명의 성공과
   연속된 갈등

　　스코틀랜드에서 로마 가톨릭이 오랫동안 세력을 발휘할 수 있었던 이유는 프랑스의 정치적인 영향을 받고 있었기 때문이다. 이 당시 스코틀랜드의 왕궁은 프랑스 왕족의 공주와의 혼인동맹으로 정권을 지탱하고 있었다. 스코틀랜드 제임스 4세는 잉글랜드의 헨리 7세(1457-1506)의 딸 마거릿Margaret Stewart(1489-1541)과 결혼했다. 이 두 사람에게서 제임스 5세가 태어났는데, 결혼할 무렵이 되자, 헨리 8세는 자신의 딸 메리와 누나의 아들인 제임스 4세와의 혼인을 주선했다. 스코틀랜드 제임스 5세는 이를 거절하고 프랑스를 방문해서 첫 번째 결혼식을 올렸으나, 프랑스 아내는 스코틀랜드에 돌아오자마자 질병에 걸려서 사망하고 말았다. 이에 제임스 5세는 다시 프랑수아 1세 딸과의 재혼을 청원했으나 거절당하고, 결국 다른 프랑스 귀족의 딸, 기즈의 메리와 1538년에 재혼하게 된다. 기즈 메리는 이미 18살 때에 루앙의 귀족 루이 2세와 결혼했으나 사별한 상태였다. 하지만 기즈 메리는 이미 루이 2세 사이에 아들이 한 명 있었기 때문에, 재혼으로 인한 스코틀랜드로의 이민을 원치 않았지만, 결국 그녀는 국왕의 명령을 따라야했다. 하지만 의외로 그녀의 제임스 5세와의 결혼 생활은 4년만에 끝 났다. 1542년 제임스 5세가 병으로 사망했기 때문이다. 이로써 기즈 메리 왕비의 섭정이 시작됐다. 제임스 5세와 기즈 메리 사이에 태어난 '메리 스튜어트 Mary Stewart(1542-1587)'는 불과 생후 5일 된 유아였다. 하지만 이미 맺어진 혼인동맹에 따라서, 메리 스튜어트는 다섯 살에 프랑스로 건너가 프랑수아 2세와 결혼했다. 그 후에도 잉글랜드의 헨리 8세는 자기 아들 에드워드 6세와 메리 스튜어트를 결혼시켜 혼인동맹을 맺고자 했다. 그러나 스코틀랜드 귀족들이 이를 반대하고 프랑스와의 동맹을 선택하자 헨리 8세는 분노하게 된다.

제임스 5세가 사망한 이후에도, 여전히 스코틀랜드는 프랑스와의 결혼 동맹을 유지하면서 잉글랜드의 위협에 대비하고자 하였다. 프랑스에서도 외교적으로나, 군사적인 측면에서나 스코틀랜드와의 동맹이 필요했을 뿐만 아니라 스코틀랜드 지역에 로마 가톨릭교회 체제가 유지되기를 희망하였다. 이에 프랑스인이었던 왕비 기즈 메리는 제임스 5세의 사망 직후인 1543년, 여왕 Queen of the Scots에 오르기 위해, 왕실의 섭정이던 비튼 추기경과 다른 영주들을 움직였다. 반면에 개신교 측에서는 개신교 측 대표이자, 섭정이던 아란 백작 제임스 해밀턴은 잉글랜드의 에드워드 6세 왕자가 메리 스튜어트의 결혼 상대가 되어야 한다고 맞섰다. 이것은 매우 중요한 정치적인 쟁점이었는데, 종교개혁의 조치들과 무관하지 않았다. 기즈 메리의 통치는 프랑스 군대의 지원으로 유지되었고 그녀의 종교정책은 철저한 로마 가톨릭 체계를 따르고 있었다. 반면에 잉글랜드에서는 타협적이며 중용적인 종교개혁을 추진했다. 헨리 8세의 딸이자 개신교에 우호적이었던 엘리자베스가 1558년부터 다시 성공회 체제로 복귀했기 때문에 잉글랜드는 스코틀랜드 개신교회보다 적극적으로 종교개혁을 전개했다. 반면에 스코틀랜드에서는 기즈 메리 왕비의 섭정 기간 동안 개신교회들과 설교자들이 점점 더 늘어났고, 신앙의 자유를 확보하려는 노력이 더 해 나갔다.

이런 변화의 소식이 들려오자, 12년여 동안을 해외에서 사역하던 녹스가 1559년 5월 2일, 스코틀랜드로 돌아갔다. 44세가 된 녹스가 스코틀랜드로 돌아온 후, 그야말로 엄청난 일들이 추진되고, 긴장 속에서 혁명과 변화가 일어났다. 녹스는 마치 열정적인 구약시대의 선지자처럼, 국가의 현실을 냉철하게 파헤쳤다. 1559년 7월 1일, 녹스는 에든버러의 성 자일스 교회 St. Giles Cathedral에서 설교하였는데, 그의 외침은 큰 반향을 불러일으켰다.

1559년 10월에, 개신교 지도자들이 여왕의 종교정책에 반기를 들자, 기즈 메리는 통치에 관한 주요 결정을 프랑스에 있던 남동생들과 협의했다.[22] 그들 중 두 명이 로마 가톨릭의 추기경이었는데, 그들은 프랑스인이면서도 스코틀랜드에 거주하면서 기즈 메리 대신 스코틀랜드를 통치하기도 했다. 게다가 기즈 메리가 프랑스 군대를 끌어들여 개신교 귀족들과 시민들을 제압하려 하자, 이에 맞서 스코틀랜드 개신교에 속

---

22 Pamela Ritchie, *Mary of Guise* (Tuckwell, 2002), 205-207.

한 지도자들은 잉글랜드 쪽에 도움을 요청했다. 그들이 똑같은 국왕의 핏줄에서 나온 스코틀랜드를 도와달라는 애국심에 호소하자, 엘리자베스 여왕이 잉글랜드 군대를 파견했다. 이런 일촉즉발의 첨예한 대치 상황에서, 1560년 6월 11일, 갑자기 기즈 메리 여왕이 8일 동안 앓다가 병으로 사망했다. 전혀 예측하지 못한 여왕의 급서로 인해서, 모든 일이 완전히 뒤바뀌고 말았다. 그보다 앞서 프랑스에서도 앙리 2세가 사망함으로 인해, 스코틀랜드의 종교개혁을 저지할 여력이 없었다. 프랑스 국왕 프랑수아 2세는 잉글랜드 엘리자베스와 균형을 맞추는 데 동의했기에, 4000여 명의 프랑스 군대와 잉글랜드의 군대는 '에든버러 조약'을 맺고 철군하였다. 이런 격동적인 사건들에 즈음하여, 녹스는 7월 19일을 국가 감사 예배를 거행하는 주일로 선포하였다.

스코틀랜드 혁명의 특이점은 혁명의 주도자들이 종교개혁자들이었다는 점이다.[23] 왜냐면, 당시 스코틀랜드에는 주도적인 인물들이 모여서 논의하는 특정한 지휘 본부나 사무실도 없었고, 그 이전 정부 고위 지도자들의 처형이나 급박한 인적 개편도 없었기 때문이다. 여왕의 사망 후에, 스코틀랜드의 모든 통치는 24인 최고회의에서 결정했는데, 17명은 귀족 중에서 선출되었고, 7명은 왕과 관

---

23 Michael Linch, "Calvinism in Scotland, 1559-1638," in *Insternational Calvinism, 1541-1715*, ed. Menna Prestwich(Oxford: Clarendon Press, 1985), 227-228.

련된 자들이었다.[24] 전체적으로 최고위층 귀족들이 다 참여해서 종교개혁에 대한 논의를 거듭했는데 당시 스코틀랜드 귀족들 대부분은 개신교에 우호적이었다. 예를 들면 가장 큰 권세를 발휘한 헌트리의 공작도 여전히 로마 가톨릭에 속해 있으면서도 개신교 회의에 참여하였다. 이처럼 개신교에 우호적인 최고위층 대부분은 국왕이 바뀌어도 여전히 지도자의 자리에 머물러 있었고, 각 교회의 주교들은 일반 성도들과 함께 새로운 변화를 받아들였다. 이로써 스코틀랜드는 잉글랜드와는 달리 새로운 통일령을 발표하지도 않았고, 새로운 종교로 개종할 것인가에 대해서 아무런 강제조항을 발표하지도 않았지만, 종교개혁의 흐름을 비교적 자연스럽게 받아들였다.

스코틀랜드 신앙고백서(The Scots Confession)

스코틀랜드 종교개혁자들은 국가의 최고 권세를 가진 추밀원에서 신앙고백서를 공포하도록 적극적으로 노력했다. 그렇지 않으면, 그들의 교리 선포는 이단이나 사교 집단으로 몰려서 비참한 탄

---

24 Eustace Percy Lord, *John Knox*(London: Hordder and Stoughton, 1938), 331.

압을 피할 수 없었기 때문이다.[25] 1560년 8월 27일, 추밀원에서 '스코틀랜드 신앙고백서'를 채택하였다.[26] 녹스가 주도적으로 작성한 이 고백서는 모두 다 존 John이라는 이름을 가진 6명이 만들었다. 존 더글러스 John Douglas와 존 윈램 John Winram은 1550년대에 줄곧 로마 가톨릭을 내부에서 개혁하려던 사람들이었고, 개신교로 회심한 후에도 각 지역 대학교의 개혁을 위해서 많은 지침을 발표하였다. 존 로우 John Row는 법률가로서 1558년까지는 로마에서 상주하였다. 나머지 세 사람 존 녹스, 존 월콕 John Willock, 존 스포티스우드 John Spottiswoode는 일찍이 종교개혁을 받아들인 목회자들이었는데, 각기 다른 배경과 성향을 지니고 있었다.

월콕은 1553년에 엠덴 Emden으로 피신했다가 츠빙글리의 개혁 정신을 수용하게 되었다. 그는 계속 해외에서 스코틀랜드 교회를 관리하고 조종하는 인물로 낙인이 찍혀 있었다. 그는 에든버러의 성자일스 교회에서 목회했는데, 잠시 섬겼던 녹스의 후임으로 활약했다. 예배순서도 잉글랜드에서 에드워드 국왕 시대에 채택한 바를 따랐다. 스포티스우드는 잉글랜드로 가서 크랜머 대주교에 의해서 성공회 목회자로 안수를 받았다. 이들 중 녹스 혼자만 유일하게 유럽

---

25 John Gray, "The Political Theory of John Knox", *Church History*, Cambridge University Press, 8 (2): 132-147.

26 G. Donaldson, *Scotland: James V to James VII* (Edinburgh: 1965), 92-102.

대륙의 흐름을 전체적으로 이해하고 있었고, 또 칼빈에게 많은 영향을 받아 고국으로 돌아왔다. 1560년 여름, 이렇게 형성된 개혁주의 신학 사상이 스코틀랜드 종교개혁의 원천이 되었다.

'스코틀랜드 신앙고백서'는 비슷한 시기에 작성된 다른 고백서들과 같이, 철저히 성경에 근거하였고 로마 가톨릭 교리의 모순을 교정하는 내용이 두드러진다. 총 25항목으로 구성된 고백서는 성경적 교훈을 열거하는 것인데, 런던에서 발표된 알래스코 John Alasco의 '교리요약서 Summa Doctrinae' 나오는 순서들과 거의 유사하다. 기독교의 정통교리를 주된 내용으로 다루고 있지만, 칼빈주의 신학과 개혁주의 사상에 근거한 문서이다.[27] 녹스가 기초적인 내용을 작성하였는데, 당대 유럽 최고의 신학자들, 칼빈이나 부써, 피터 마터 버미글리 Peter Martyr Vermigli(1499 – 1562), 불링거 등 당대 최고의 신학자들이 쓴 고백서들과 공유할 수 있는 기본적인 신앙의 교리들을 정리한 것이었다. 물론 '스코틀랜드 신앙고백서'는 녹스가 그 이전에 제네바에서 영어를 사용하는 회중을 목회할 때 사용했던 내용을 그대로 인용한 것은 아니다. 『기독교강요』를 기초로 하여 칼빈의 신학과 정신을 공유하고 있지만, 어떤 부분을 그대로 베낀 것도 아니다. 스코틀랜드에서는 유럽의 개혁신학자들이 세운 교리 체계를 수용하여 가르

---

27 J.H.S. Burleich, *A Church History of Scotland* (London: Oxford University Press, 1960), 135.

치는 것보다, 로마 가톨릭의 오류를 가르쳐 주어야 할 필요가 더 절실했다. 그래서 기독교의 개요를 요약하되, 로마 가톨릭의 '신인협력주의'를 깨우치고자 기본적인 내용을 더 정립해야만 했다.

> "사랑하는 형제들이여, 우리는 우리가 고백해 오면서 수치와 위협을 받아 오던 교리의 모든 내용을 만천하에 공포하려고 오랫동안 갈망해 왔었다 … 우리는 끝까지 이 신앙고백에 머물러 있기를 단호하게 선포한다."

위의 신앙고백서 서문은 모든 성도가 굳게 협력하여 로마 가톨릭교회를 개혁하자는 강한 의지를 호소하였다. 스코틀랜드 신앙고백서 각장의 간략한 내용은 다음과 같다.

제1장은 삼위일체 하나님과 그분의 전능하심과 절대성을 강조한다. 하나님이 모든 것을 창조하시고, 섭리하시며, 통치하시기에, 그 하나님의 영광을 위해서 모든 것이 존재한다고 고백한다. 제2장은 창조와 인간 타락과 구속의 약속을 다룬다. 제3장은 원죄, 제4장 약속의 계시, 제5장 교회의 영속·확장·보전, 제6장 예수 그리스도의 성육신, 제7장 한 위격 안에 2가지 본성들, 제8장 선택, 제9장 그리스도의 수난과 장사 됨, 제10장 부활, 제11장 승천, 제12장 성령 안에서 믿음, 제13장 선행의 원인, 제14장 하나님 앞에서 인정되는 선행, 제15장 율법의 완전함과 인간의 불완전함, 제16장 교회,

제17장 영혼의 불멸성, 제18장 참된 교회와 거짓 교회의 증거들, 제19장 성경의 권위, 제20장 총회, 권세와 권위, 소집의 원인, 제21장 성례들, 제22장 성례의 올바른 시행, 제23장 성례의 시행 대상(유아세례의 정당성 옹호), 제24장 세속 군주, 제25장 자유로이 교회에 주신 은사들이다.

지금까지 한국교회에서는 녹스의 스코틀랜드 고백서를 상세히 가르치지 않았다. 왜냐하면 그 후에 만들어진 웨스트민스터 신앙고백서가 더 자세하게 구성되어 있기에, 굳이 그것보다 80여 년 전에 만들어진 비슷한 고백서를 따로 가르칠 필요를 느끼지 않았기 때문이다. 하지만 각각의 신앙고백서마다 담긴 독특한 가르침들이 있기 때문에 세례반, 학습반, 새가족반 등에서 다양한 신앙고백서들이 신앙교육 자료로 사용되면 좋을 것이다.

스코틀랜드 고백서에는 다음과 같이 두드러진 내용 몇 가지가 있다.

첫째, 이 고백서는 로마 가톨릭과는 완전히 다른 구원론을 갖고 있다. 스코틀랜드 고백서는 오직 믿음으로 얻는 칭의에 대해서 강조하였다. 1560년의 이 고백서와 1647년에 채택된 웨스트민스터 신앙고백서를 비교해 보면, 무엇이 당대의 교회가 직면했던 문제였는지 파악할 수 있다. 녹스는 로마 가톨릭의 '공로주의'와 '성례주의'를 배척하면서, 믿음과 구원의 확신을 오직 성경에서 제시하고자 했다. 로마 가톨릭의 신인협력설은 소시니안주의, 알미니안주의와 같이, 자유의지의 선행에 따르는 것이라서, 성경에서 가르치는 칭의 교리를 왜곡한 것이기 때문이다.

　이와 관련해서, 선행에 관한 내용이 매우 논쟁적이었는데, 녹스는 그 어떤 공로 사상도 배제하였다. 선행은 하나님의 계명에 순종하는 것이요, 믿음으로 실천하는 것이지, 인간의 자유의지에서 나온 것이 아니다. "믿음으로 우리 안에 머물고 계신 그리스도의 영이 선한 행실을 가져온다"라고 고백하였다. 따라서, 자연스럽게 그는 모든 로마 가톨릭의 성례를 배척했다.

(스코틀랜드 신앙고백서) 제13장 선한 행위의 원인에 관하여

　"선한 행위의 원인에 관하여 우리는 그것이 자유의지에 있는 것이 아니고 주 예수 그리스도의 영에 있다고 고백한다. 그의 영은 참된 믿음에 의하여 우리 마음 안에 들어와 살며 우리가 그 안에서 걷도록 하나님이 준비하시는 대로 선한 일을 주신다. 그러므로 성화의 영이 없는 사람에게도 그리스도가 그 마음 안에 계신다고 말하는 것은 하나님을 모독하는 것이라고 우리는 굳게 믿는다(엡 2:10, 13, 요 15:5, 롬 8:9).

　그러므로 살인자, 억압자, 잔인한 박해자, 불륜한 자, 불신앙자, 우상숭배자, 술에 취하는 자, 도둑질하는 자, 불의를 행하는 자는 참된 신앙을 갖지 않으며, 그들이 악을 계속하여 행하는 한 예수의 영을 절대로 갖지 않은 것이다. 하나님이 선택하신 자녀들이 참된 신앙으로 받는 주 예수의 영은, 모든 사람의 '마음의 소유'가 되어서 그들을 새로 지으신다. 그리하여 그들은 전에 사랑했던 것을 미워하고 전에 미워했던 것을 사랑하게 된다. 이로써 하나님의 자녀들 안에서 영과 육 사이의 영원한 투쟁이 벌어진다. 하나님의 자녀들 안에 있는 죄성은 육적이며 자연적인 인간이 자기 자신의 타락으로 스스로 쾌락과 향락에 도취하여, 고난당할 때는 불평을 품으며 번영할 때는 의기양양하며, 언제나 하나님의 존엄을 파손하는 경향을 갖는다(롬 7:15-25, 갈 5:17).

그러나 우리가 하나님의 자녀들임을 우리의 영혼 안에서 증거하시는 하나님의 영에 의하여(롬 8:16) 우리는 불순한 쾌락에 저항하며, 이 타락의 속박으로부터 구출되기 위하여 하나님 앞에서 애통하여(롬 7:24, 8:22), 마침내 우리의 죽을 몸에서 왕 노릇 못하게 억누르고 궁극적 승리의 나팔을 불도록 한다(롬 6:12).

하나님의 영이 없는 육의 사람에게는 이러한 투쟁이 없고 탐욕을 품으면서도 회개하지 않고, 악마처럼 죄를 따른다. 또 그들의 타락한 욕망이 그들을 부패시킨다. 그러나 하나님의 자녀들은 위에서 말한 대로 죄와 싸우며 불의에 유혹되었음을 알면 크게 슬퍼한다. 만일 그들이 넘어지면 열심히 회개하여 다시 일어난다(딤후 2:26). 그들은 이러한 일을 자기 자신들의 힘으로

행하지 않고 주 예수의 힘으로 한다. 주 예수 없이는 아무 일도 해낼 수 없다(요 15:5).

녹스는 스코틀랜드에 다시 돌아온 후 첫 설교로부터 그의 마지막 설교에 이르기까지 하나님을 예배하는 기준은 오직 성경에 허용된 것만을 따라가야 한다고 강조했다. 이런 그의 견해는 칼빈의 예배 신학과 철저히 일치하는 것이다.

둘째, 스코틀랜드 신앙고백서에는 교회론과 관련된 성례론이 매우 탁월하게 요약되어 있다. 필자가 이 고백서를 읽고 분석하면서 전체적으로 확연히 느낄 수 있는 것은 녹스의 교회론이다. 그는 두 종류의 회중이 있음을 민감하게 인식하고 그 사실을 지적했다. 알곡과 가라지가 항상 뒤섞여 있어서, 일부는 전혀 하나님의 참된 자녀들이 아니기 때문에 혼란을 초래한다는 것이다.

녹스가 가장 길게 쓴 부분이 바로 18장 참된 교회와 거짓 교회의 구별에 대해서이다. 그는 참된 교회를 구별하기 위해 참된 교회의 3대 표지들을 선명하게 천명했는데, 교회의 표지 "첫째는 참된 말씀의 선포, 둘째는 성례의 합당한 집행, 셋째는 공정한 교회 치리의 시행"이었다. 여기에서 녹스는 참된 교회의 표지 중에서 세 번째, '권징'의 시행이 들어가야만 한다는 점을 가장 강력하게 공표하였다. 다음은 스코틀랜드 신앙고백서의 상징처럼 중요시되는 부분이다.

"마지막으로 말씀에 기록된 바와 같이, 교회의 권징이 정당하게 시행되어서, 그로 인해서 악이 훈계를 받고, 선을 격려해야 한다."

종교개혁 시대에 가장 중요한 교리논쟁은 성만찬에 대한 것이었다. 그런데 스코틀랜드 신앙고백서에서 녹스와 위원들은 유럽의 종교개혁자들이 논쟁하던 내용을 전혀 다루지 않았다. 1560년 이전에 성만찬 신학은 격렬한 논쟁을 거쳤다. 그러함에도 불구하고 이 고백서에는 칼빈의 '영적 임재설'이나 츠빙글리 '기념설' 등은 전혀 언급하지 않았다. 그보다 더 강조한 것은 바로, 오랫동안 로마 가톨릭의 성례와 왜곡된 관습에 젖어 있던 스코틀랜드 교회를 개혁하기 위해서, '성례의 시행은 합당한 목회자가 맡아야 함'을 역설하는 부분이다. 이로 보건데 가톨릭 교회를 배척하고, 드러난 혼란을 개혁하는 데 긴급히 필요한 내용에 집중하고 있음을 알 수 있다. 그리고 이후에 스코틀랜드 총회에서는 1566년에 나온 '제2 헬베틱 신앙고백서 the Second Helvetic Confession'를 채택했고, 잉글랜드에서는 1647년 웨스트민스터 신앙고백서 29장 7항과 대요리문답서 170번 문항을 통해 루터의 공재설을 확실하게 거부하였다. 왜냐하면 잉글랜드 성공회 내부에서는 로드 대주교의 권한으로 루터의 공재설을 두둔하였고, 가톨릭에서 내놓은 '트렌트 선언'과도 타협하고 있었기 때문이다.

안타깝게도 후대의 잉글랜드 국왕들인 찰스 2세와 그의 동생 제임스 시대를 거치면서, 과거의 신앙고백서들이 소환되기도 했는데, 이는 전혀 다른 목적을 위해서였다.

오늘날 영국 국교회의 성만찬 신학은 '성례전의 유효성과 효력'에 집중하고 있다. 구원은 '성령이 인印을 치심으로 일어난 중생'에 근거하여 새 언약의 백성인 자들에게 주어지는 것이고, 그리스도와 연합한 자에게는 그 혜택과 열매가 맺히는 것이다. 성례에 참여했기 때문에 어떤 변화가 일어나는 것이 결코 아니라, 이미 선물로 주신 믿음에 근거하여 생명을 공급해 주시는 것이다. 그러나 현대 성공회에서는 안타깝게도, 자신들이 개발하는 성례의 효력에 관한 교리를 입증하기 위해서 옛 고백서를 왜곡하고 있다.

다시 스코틀랜드 신앙고백서 이야기로 돌아와 보면, 훗날 1581년에도 제임스 왕 때에 존 크레이그John Craig(1512 - 1600)가 작성한 고백서에서 이 고백서를 인정한다고 언급하였다. 스코틀랜드에서는 1638년, 국가언약을 작성할 때까지 대부분의 교회가 이 고백서를 그대로 사용되다가, 1644년에 웨스트민스터 신앙고백서가 더 충분하고 광범위하게 교리를 정리하였기에 대체되었다.

제1치리서(First Book of Discipline, 1560)

1561년 1월 귀족회의에서는 어떻게 스코틀랜드 교회를 순수하고 거룩하게 세워나갈 것인가에 대한 지침을 마련하기로 했다. 스코틀랜드 교회의 완전한 재구성을 향한 진보가 순조롭게 진행되었다. 새로운 교회의 구성으로 인해서, 일반인 교육제도의 혁신도 따라왔다.

녹스가 주축이 되어 작성한 『제1치리서First Book of Discipline』(1560)가 토론을 거쳐서 1560년 5월 20일에 통과되었다.[28] 이 소책자에는 초기 종교개혁의 이념들이 담겨 있으며, 강점과 약점을 모두 다 보여주고 있는 인상적인 문서이다. 이 문서에는 교회 정치 체제를 새롭게 개혁하면서, 하나님의 성령에 의해서 부어지는 새로운 사회에 제시하는 비전을 포함하고 있다.

녹스는 귀족들의 협조를 매우 중요하게 강조하면서, 종교개혁에서 가장 중요한 기둥이라고 불렀다. 그러나 의회는 이 치리서에 담긴 제안에 따라 옛 교회 체제를 개혁하지 않으려 했다. 이 치리서에는 앞으로 지속될 개혁에서 '군주의 지위와 권위'에 대한 의심이 포함되어 있어서, 귀족들이 이를 거부한 것이다.

제1치리서가 의회를 통과하면서 모든 교회는 민주적이고, 독립적인 권한을 보장받았다. 각 교회는 목회자와 지도자, 장로와 집

---

28   J. K. Cameron, ed., *First Book of Discipline* (Edinburgh: 1972), 3-14.

사를 자체 내에서 자율적으로 선택하며, 목회자는 합당한 교육과 공적인 검증을 마친 사람이 맡는다. 한번 세워진 목회자와 장로는 해고당하지 않는다. 주교들은 10명의 최고 감독관 superintendents 으로 대체되었고, 이들이 국가적인 통일을 위해서 협의체를 구성하도록 했다. 각 지역 교구에 중심이 되는 교회에는 순회 목회자들이 배치되었다. 각 지역교회의 당회는 단순히 교회에 관련된 사항만이 아니라, 그 지역 대학교육과 가난한 자들을 구제하는 사업도 관장하도록 했다. 이런 조직을 운영하기 위해서, 각 지역 귀족에게 십일조 제도를 융통성 있게 부과하기로 하였다. 로마 가톨릭 고위 성직자들이 거주했던 건물들과 재산들은 각 지방 영주들에게 귀속되었는데, 대체로 그 지역의 학교에 필요한 교육시설로 개조되었다.

『제1치리서』 내용 중 두드러진 점은 교구 체제 개혁에 대한 항목인데, 이는 제1치리서보다 먼저 진행됐던 1550년대의 로마 가톨릭 갱신 운동과 확연히 차이가 있다.[29] 로마 가톨릭의 갱신 운동에 담긴 청사진에는 교회를 계속 개혁한다는 원칙은 담겨 있었지만, 효과적이고 구체적인 방법과 방향은 빠져 있었다. 예를 들면 '가난한 자들에 대한 구제를 허용함'에 있어서 각 지역 교회가 '하나님이 주시는 지혜'에 대해서 최대한 결정권을 갖는다는 내용이나, 또는 지역 교회마다 당회 혹은 지역 교회 최고위원회를 선출하는 자율성을

---

29   Michael Lynch, "Scotland 1559-1638," 233.

갖는다는 식의 내용들은 있으나 구체적인 방법은 없었다. 이에 반해 제1치리서가 작성될 때는 이미 1560년과 1561년에 시도됐던 개혁 운동에서 실패한 사람들이 교구 제도를 합당하게 재구성하여 10명 으로 구성된 지도위원회로 대체시키자고 제안했었다. 5명은 항상 임명되어 있었고, 그들은 1560년에 회심한 3명의 로마 가톨릭 주교 들과 협력할 방안을 모색하도록 규정되었다. 이처럼 여러 방면에서 1560년 이후로 지역마다 개혁의 진도가 진척되었다.

　이렇게 스코틀랜드 종교개혁이 하나님의 개입으로 순조롭게 진전되어가나 싶었지만, 프랑스가 가만히 있지 않았다. 제임스 5세 의 서거 이후로 왕권은 그의 유일한 딸에게 넘어갔지만, 그녀는 너 무 어렸고 그녀가 프랑스에서 성장하고 있는 동안에는 왕비와 로 마 가톨릭 추기경 비튼과 종교개혁 진영의 아란 공작이 섭정자들이 되어 통치하였다. 1561년 8월, 메리 스튜어트 여왕 Mary, Queen of the Scots(1561–1587)이 프랑스에서 귀국해서 1568년 잉글랜드로 피신 할 때까지 약 7년 동안에 숨 가쁜 다툼이 일어났다. 미사와 가톨릭 성례들이 그대로 진행되었고, 그에 반대하는 개혁운동가들은 국가 적 총회 모임을 불안함 속에서 개최하였다. 1563년에는 개신교회의 전국 '총회'가 인준을 받았고, 이런 상황 변화에 따라서 『제1치리서』 를 개정했다. 이 문서를 처음 기초했던 위원들은 개정안 작성에 전 혀 가담하지 않았다는 사실에 주의해야만 한다.

　엘리자베스 여왕은 그녀와 결혼 동맹을 맺고 싶어 하는 스코틀랜드 일부 귀족들을 선동했고, 랜돌프를 외교 대표로 에든버러에 파송하여 성공회 체제로 변형할 것을 강력히 요구했다. 스코틀랜드의 옛 교회, 로마 가톨릭의 13개 교구는 거의 죽어 있었다. 새로운 교회가 확고하게 자리 잡지 않으면, 교황 비오 4세의 책동으로 다시금 로마 가톨릭으로 회귀할 수밖에 없는 구조였다.

메리 스튜어트 여왕의 자멸과 녹스의 저항 신학

녹스가 스코틀랜드 종교개혁의 역사에 남긴 가장 중요한 공헌은 왕권신수설에 저항하고 성경과 하나님의 주권이 왕권보다 우위에 있음을 강력하게 표명했다는 점이다.[30] 이것은 절대왕정 제도의 모순을 극복하고 근대 민주주의라고 일컬어지는 공화주의 민주제도의 모습을 제시했다는 점에서 의미가 크다. 국민의 신뢰를 잃어버린 여왕과 왕실의 귀족들에 대해서 비판하고 저항하던 녹스의 주장은 스코틀랜드 전체에 큰 영향을 주었다. 그 덕분에 국가를 바르게 세

---

30 Donald Macleod, *Therefore the Truth I Speak: Scottish Theology 1500-1700* (Ross-shire: Mentor, 2020), 57.

우고자 하는 귀족들과 시민들의 저항 운동이 가능할 수 있었다.[31] 프랑스가 스코틀랜드를 지배하고 있는 상태에서 로마 가톨릭 체제를 거부하는 개신교회가 저항 운동을 하는 것이 합당하다는 게 녹스의 주장이었다. 이방인들의 학정으로부터 자신의 나라를 지키는 것이 옳다는 것이다. 하지만 물론 신앙의 자유가 완전히 주어지기 전까지는 왕의 명령에 반대하는 신학적 신념을 교회 안에서 선포할 수 없었다. 녹스의 저항 운동은 단순히 정치적인 투쟁이 아니라, 그의 신앙이자 영혼 속에 깃들어 있는 확고한 신념이었다.

녹스와 그의 지지자들은 마침내 스코틀랜드에서 종교개혁의 대원칙을 공식적으로 천명하는 추밀원의 결의를 받아냈다. 1560년 4월에 이르러는 모든 성당, 수도원, 학교, 지역 교구 교회당에서 미사를 전면 금지했다. 로마 가톨릭에서 사용하던 오르간과 십자가 형상들과 그 밖에 많은 것을 폐했다. 개혁된 교회의 가르침은 칼빈주의 신학을 따르도록 했고, 개혁주의 목회자들의 사역이 널리 퍼졌다. 하지만 승리의 기쁨 중에서도 녹스는 개인적인 아픔을 안고 가야만 했다. 1560년 12월, 녹스의 첫 번째 아내가 3살 반 된 아들과 2살 된 둘째 아들을 남기고 세상을 떠났다. 아내를 먼저 하늘나라에

---

31 Roderick Graham, *John Knox: Democrat* (London: Robert Hale, 2001), 254.
Richard C. Gamble, "The Christian and the Tyrant: Beza and Knox on Political Resistance Theory," *Westminster Theological Journal*, 46:1 (1984, Spring):125.

보냈던 칼빈은 녹스의 슬픔을 위로하는 편지를 보내왔다.[32]

1561년 부활절, 녹스가 집례하는 새로운 성만찬을 받으러 에든버러 예배당에 모인 숫자는 엄청났다. 그 도시 지역에 거주하던 성인 인구의 5분의 1이 예배당을 가득 메웠다. 수동적으로 미사에 참석하던 스코틀랜드 사람들은 스스로 교회에 나와서 변화된 예배에 참석했고, 모든 사회의 조직이 새롭게 움직이기 시작했다.

녹스가 스코틀랜드의 종교개혁을 정착시키기 위해서 투쟁하던 기간에 여왕으로 스코틀랜드를 통치한 메리 스튜어트는 제임스 5세와 프랑스 왕비 메리 기즈 사이에서 태어난 외동딸이었다. 그녀는 성장기에 철저히 로마 가톨릭의 영향 속에서 익숙해 있었으므로, 이전에 어머니가 시행하던 절대권력을 유지하려 했다. 그녀는 5살에 프랑스 궁전에 결혼 동맹에 따라서 보내졌고, 13년 동안 그곳에서 성장하였다. 그리고 프랑스 국왕 프랑수아 2세François II(1544-1560)와 결혼했지만, 남편이 1560년 12월 5일에 질병으로 사망했다. 미망인이지만 아직 18살이던 메리 스튜어트 여왕은 자신의 출생지로 되돌아오게 되었다. 1561년 8월 19일 메리 여왕은 스코틀랜드에 도착했고 닷새 후 미사에 참석했다.[33]

과연 정치적으로나 신앙적으로 잉글랜드와 프랑스 사이에서

---

32 MacGregor, *The Thundering Scot*, 148-152.

33 Jane Dawson, *John Knox* (New Haven: Yale University Press, 2015), 213.

위협을 받고 있던 스코틀랜드를 온실과 같은 궁정 안에서 곱게 자란 그녀가 능숙하게 이끌 수 있을까? 결론부터 말하자면, 메리 스튜어트는 스코틀랜드의 여왕이었지만, 최후에는 잉글랜드에서 교수형에 처할 정도로 파란만장한 생애를 보냈다. 그 모든 과정은 그녀 스스로 결정하고 선택한 바에 따른 것인데, 그야말로 자멸의 길을 택한 것이다. 한마디로, 스코틀랜드와 잉글랜드에서 그녀와 비슷한 경우를 찾아볼 수 없을 만큼, 비극적이었다. 그녀가 임명한 추밀원 회원 16명 중에서 가장 영향을 발휘하는 귀족들은 대부분 종교개혁을 지지하고 있었고, 4명만 로마 가톨릭에 속해 있었다. 그녀는 이런 정치인들의 대립과 음모, 야망을 분별하지 못했으니, 국가를 이끌어 나갈 준비가 되지 않은 상태에서 왕좌에 오른 것이었다. 더욱이 메리 여왕과 비교되는 다른 여왕이 이웃 나라 잉글랜드의 여왕으로 취임했는데, 그녀는 바로 헨리 8세의 둘째 딸 엘리자베스였다. 그녀는 1558년 11월 1일에 잉글랜드의 여왕이 되어서 나름대로 아주 영민하게 국가교회 체제를 정착시키고 있었다. 결혼하지 않아 친자녀가 없던 엘리자베스는 메리 스튜어트의 아들, 제임스 6세를 자신의 후계자로 삼아서 잉글랜드와 스코틀랜드 모두를 통치하게 하였다. 그가 바로 제임스 1세 국왕이며, 성경을 새롭게 영어로 번역하도록 조치하여 흠정역본 King James Version을 만든 사람이다.

　　이런 일련의 정치적 변화와 로마 가톨릭의 부활이 진행되는 상황에 대해서, 녹스는 강력한 경고를 담은 설교를 에든버러의 성 자일스 교회에서 했다. 그는 설교를 통해 여왕의 미사, 화려한 의복, 사교적인 춤 등을 비판했다. 이에 가만히 있을 수 없던 메리 여왕은 녹스를 소환했다. 여왕은 왕권에 도전하는 녹스를 고소했으나 세속 군주 여왕 앞에서 녹스는 조금도 주저하지 않았다. 그녀가 이 백성들을 바르게 지도하면 이에 기꺼이 복종하고 순응하지만, 그렇지 않은 경우는 따를 수 없다고 맞섰다.[34] 녹스가 여왕을 비판한 구체적인 내용은 첫째, 여자가 나라를 지배하는 것은 성경의 원리에 어긋난다는 점이었고, 둘째, 사도 바울 역시 네로의 부당한 통치 아래서 마냥 순응하면서 따르지 않았음을 상기하라는 것이다. 녹스는 설교시간에 조금도 주저하지 않고 자신이 확신하는 바를 선포했다.

1562년 총회에서 '공통 질서의 헌장 the Book of Common Order'을 채택하였다. 다양하게 시행되는 성례들에 대해 통일된 지침을 제정한 것이다. 상당히 많은 교회에서는 칼빈의 제네바 교회에서 사용되던 '교리문답서'를 활용하였다.

1563년 부활절에 몇 명의 신부들이 의회 법령을 어기고 미사를 집례했다. 이런 행동들은 의회의 법에 어긋나는 것이었다. 종교개혁을 추진하는 쪽에서는 잘됐다싶어 이 신부들을 체포해서 응징하려 했다. 이 사건으로 인해서 여왕은 세 번째 녹스를 소환했다. 여왕은 녹스를 향해 그의 지도력과 재량을 발휘하여 신부들에게 관용을 베풀라고 요청하였

---

34 Retha M. Warnicke, *Mary Queen of Scots* (New York: Routledge, 2006), 71.

다. 하지만 오히려 녹스는 종교개혁 진영을 옹호하면서 그녀를 향해 '여왕은 마땅히 교회의 법률을 지켜야 함'을 상기시켰다. 그리고 만일 여왕이 교회의 법을 지키지 않는다면 다른 사람들이 (여왕을 내쫓고) 법을 세워나갈 것이라고 경고했다. 결국 녹스의 강권 하에 여왕도 그 신부들이 법정에 세워져야만 한다는 데 동의하였다.

녹스가 여왕과의 면담에서 그녀를 향해 가장 극적으로 경고하는 상황은 1563년 6월 24일에 벌어졌다. 여왕은 녹스를 향해 '왜 자신의 결혼문제에 대해서 반대하느냐'라고 울면서 항변했다. 녹스는 자신이 평범한 시민의 한 사람으로서 국정에 염려스러운 부분이 있다면, 여왕이든 추밀원 의원들 앞에서든 언제든지 직설적으로 지적할 권리가 있는 것이라고 반박했다. 이 외에도 녹스는 여왕의 다른 문제 – 예를 들면 스페인 왕 필립 2세의 아들, 돈 카를로스와의 재혼 여부, 은밀하게 왕궁에서 드리는 미사, 교회의 개혁에 관한 일들–에 관해서도 주저하지 않고 비판했다. 녹스가 왕궁을 나오자, 추밀원의 귀족들은 녹스의 대역죄를 논의했으나 그것은 투표로 부결되었다.

어린 자녀들이 있던 녹스도 재혼했다. 오랜 친구 앤드루 스튜어트의 딸, 마거릿 스튜어트Margaret Stewart를 두 번째 아내로 맞았다. 여왕 메리 스튜어트의 먼 친척 되는 여인이었다. 녹스는 50세가 되었고, 새신부는 17세였다. 두 번째 결혼에서 녹스는 마사, 마거릿, 엘리자베스 등 3명의 딸을 낳았다.

1564년 6월, 교회의 총회에서 녹스는 윌리엄 메이틀랜드William

Maitland(1525-1573)와 세속 정부의 권위 문제로 논쟁을 벌였다. 메이틀랜드는 루터와 칼빈도 세속 군주의 권위에 복종한다고 주장했다. 이에 맞서서 녹스는 이스라엘 백성이 불법을 범하는 왕들을 따르다가 하나님의 저주를 받았다는 성경의 사례들을 제시했다. 또한 유럽 대륙에서 과격한 재세례파 Anabaptist가 그 어떤 형태의 정부 권세라도 전면 부정한다는 사실을 상기시키면서, 자신은 그런 입장은 아니라고 항변했다. 이 논쟁은 절대 왕권을 정당화하면서, 여왕을 계속해서 지지하려는 다수의 귀족이 녹스의 반대편에 있었기에 그에게는 불리한 논쟁이었다. 이는, 교회의 개혁에서는 녹스의 주장이 받아들여졌지만, 정치적인 사안에 관하여 녹스의 영향력이 큰 힘을 발휘하지 못하고 있었음을 보여준다.[35]

1565년 7월 29일, 메리 여왕은 종교개혁을 지지하던 귀족 중에 헨리 스튜어트 단리Henry Stuart, Lord Darnley(1546-1567)와 재혼했다. 그러나 녹스는 강단에서 메리의 남편이 국왕으로서의 권위를 행사하는 일에 반대하는 내용의 설교를 했다. 이날 설교 본문은 이사야 26:13-21이었는데, 경건치 못한 자가 정의를 행사하는 자리에 앉아 있는 나라는 하나님의 심판을 받는다고 외쳤다.[36] 녹스는 왕과 왕비의 합법성은 혈통과 출생에서나, 군대의 힘으로나, 본성의 탁월

---

35 Reid, *Trumpeter of God*, 233-235.

36 *Works of John Knox*, 6:221-73.

성에서 나오는 것이 아니라고 주장했다.[37] 그들이 통치하는 백성들의 유익과 위로를 위해서 왕권이 발휘되어야만 하는 것이지, 자신들만 즐겁기 위해서 권세를 발휘하는 것은 하나님의 말씀으로 금지되어 있다고 지적했다. 단리 경은 녹스가 설교하는 중에 분노가 치밀어서 예배당을 떠났고, 궁정에 돌아가서 저녁 식사도 거부했다. 그날 오후에 추밀원에 즉각적으로 소환된 녹스에게는 더는 에든버러 왕궁에서 설교하지 못한다는 금지령이 내렸다.

녹스는 도시의 혁명을 주도한다거나, 절대 군주의 권력을 제한시켜야 한다는 등의 정치적인 행동을 한 게 아니다. 여왕을 지지하는 쪽에서는 여왕이나 군주가 믿는 종교를 그가 통치하는 나라의 모든 백성이 복종하고 따라서 섬겨야 한다는 주장이 나왔다. 그러나 녹스는 이집트에 거류하던 이스라엘 백성들의 사례, 느부갓네살 왕의 시대에 바빌로니아에 살았던 다니엘의 사례, 로마 황제의 시대에 살았던 사도 등 여러 사례를 들면서 반론을 전개했다.[38] 여기서 중요한 점은 하나님께서 피지배자인 그들에게 군대의 힘을 사용하도록 허용하지는 않았다는 점이다. 성경의 위인들은 포로 시절, 무력을 사용한 혁명이 아닌 말과 글과 같은 평화로운 수단만을 이용하여

---

37 Jane Dawson, "Trumpeting Resistance: Christopher Goodman and Knox," in *John Knox and the British Reformations* (Aldershot: Ashgate, 1998), 130-53.

38 Knox's *History of Scottish Reformation*, II:16.

저항했다는 것이다. 따라서, 녹스는 실제로도 군대를 모아서 전투하는 '능동적 저항운동 active resistance'이 아닌, '수동적 저항운동 passive resistance'을 몸소 실천하였다. 여기에 대해서는 아직 명쾌하게 이 두 가지 입장 중에서 어떤 것이 옳은가 단정할 수 없을 것이다. 녹스는 처음부터, 특히 정치적인 문제에 대해서는 현실적으로 소극적인(말이나 글을 통한) 저항 밖에는 할 수 있는 게 없었다. 녹스에게는 군대 조직이나 무기가 없었기 때문이다. 그럼에도 불구하고 녹스가 확고한 신념을 가질 수 있었던 것은 국왕이나 귀족들의 권력 남용에 대해서 질타하고 책임을 강조했던 존 칼빈에게서 깊은 영향을 받았기 때문이다.[39]

하지만, 녹스는 혁명이 아니고서는 종교개혁에 한계가 있다는 점을 잘 알고 있었다. 프랑스 군대의 힘을 빌려, 로마 가톨릭교회와 주교체제를 다스리고 있던 여왕을 이겨낼 방법이 전혀 없었기 때문이다. 녹스는 현대 시대에 등장한 체 게바라나 마오쩌둥과 같은 급진파가 아니었고 칼 마르크스와 같은 계급혁명가도 아니었다. 하지만 스코틀랜드 종교개혁의 역사 속에서 최초로 시민들의 저항권을 확실하게 주장하여 영향을 끼친 점은 높이 평가를 받고 있다. 그의 뒤를 이어서, 『국가언약』을 쓴 알렉산더 헨더슨, 『법이 왕이다(Lex

---

39 Dawson, "Trumpeting Resistance: Christopher Goodman and Knox," 64. Calvin, *Institutes of the Christian Religion*, IV.xx.31.

Rex)』를 쓴 사무엘 러더포드, 리처드 카메론 Richard Cameron(1648−1680) 등 후대에 많은 시민 민주주의 사상가들이 나오게 되었다.[40]

녹스의 저항권 주장과 시민 저항 운동은 훗날 사회적 정의와 시민민주주의 운동의 시작으로 간주 된다. 여왕이 하나님을 거역하고 우상숭배를 강요하기에, 녹스는 그녀의 통치에 저항한다는 것이다. 녹스가 여왕의 오만과 학정에 대해서 도전하는 이유는 로마서 13장의 지침이라고 했다. 그 당시의 기준으로 볼 때, 과연 녹스의 저항 운동이 과격했던가? 아니다. 그와는 반대로, 여왕과 귀족들의 극심한 박해와 탄압이 더 교활했고, 잔인무도했었다. 녹스는 조지 위샤트의 호위무사로 자원했었고, 위샤트가 화형을 당한 후에는 12년 동안 해외로 떠돌아야만 했었다. 녹스는 자신이 목격한 폭정에 대해서 지적했던 것이고, 여왕의 우상숭배를 비판했다.

녹스를 제압한 스코틀랜드의 왕궁은 추문과 방탕과 치정으로 얼룩지고 말았다. 1566년 3월 9일, 메리의 개인 비서였던 데이비드

---

40 리처드 카메론은 열렬한 언약도이자, 설교자였다. 1680년 6월, 자신의 지지자들과 함께 찰스 2세에 대한 충성을 거부했고, 7월 Airdsmoss에서 벌어진 전투에서 살해당했다. John Brown, *An Apologetical Relation of the Particular Sufferings of the Faithful Ministers and Professors of the Church of Scotland since August 1660* (Rotterdam, 1665; reprinted in *The Presbyterian's Armoury* (Edinbugh: Ogle and Oliver, 1846), vol. 3. James Renwic, *An Informatory Vindication* (Utrecht: 1687); Alexander Shields, *A Hind Let Loose: An Historical Representation of the Testimonies of the Church of Scotland* (Utrecht: 1687).

리치오가 살해당했는데, 그는 이탈리아 출신 음악가였다. 메리의 남편 단리 경이 리치오를 가리켜 '여왕과의 불륜을 저지른 방탕아'라고 단죄하고 살해한 것이다. 여기에는 종교개혁을 지지하는 군주들의 협조가 있었다.

혼돈된 정치적 상황 속에서 메리 여왕은 자멸의 길에 빠져들었다. 1567년 초, 이번에는 여왕이 남편인 단리 경에게 보복을 가했다. 그녀와 단리와의 사이에서 제임스 6세가 태어나고 8개월이 되던 달, 1567년 2월 단리가 살해당했다. 그 일을 주도한 개신교도 보스웰James Hepburn, Lord Bothwell은 두 번째 결혼에서 부정을 범해서 이혼한 지 엿새 만에 메리 여왕의 세 번째 배우자가 되었다. 이런 추문과 결혼은 개혁주의자들로서는 용납할 수 없는 일이었다.

더구나 1567년 6월 15일, 메리 여왕은 로마 가톨릭을 지지하는 군주들과 군대를 동원하여 개혁주의자들을 상대로 무력 충돌을 감행했으나, 메리 여왕을 지지하던 귀족들의 군대가 패배하고 말았다. 메리 여왕의 세 번째 배우자 보스웰은 덴마크 코펜하겐으로 피신했다 체포되어 10년 동안 감옥살이를 하다 죽었다. 체포된 메리 여왕이 보스웰과 주고받은 편지들이 증거물로 발각되었다. 그 편지들의 원본은 프랑스어로 쓰여 있었으나 후에 메리의 아들 제임스 왕이 그것을 없애버려서, 지금 남아 있는 여러 번역본도 확신할 문서들은 아니다.[41] 메리 여왕이 에든버러로 압송되던 날, 그녀가 지나가는 대로변에 성난 군중들이 몰려나와서 "살인자요 간음한 여자"라고 외쳤다. 녹스는 1567년 7월 29일, 제임스 6세의 대관식 설교를 맡았다. 녹스는 여왕의 악행에 대해서 강력하게 비판하며 설교했다. 1568년 잉글랜드 성으로 탈출한 메리 여왕은 멀리서 정치적으로 스코틀랜드를 관리하려던 엘리자베스 여왕의 조사와 감시 속에서 살다가, 1587년 2월 8일, 교수형을 당했다.[42]

41 Alison Weir, *Mary, Queen of Scots and the Murder of Lord Darnley* (London: Random House 2008), 466-467.

42 Alison Plowden, *Elizabeth I* (London: Sutton Publishing, 2004),

4　녹스의 신학과
　　신앙의 유산들

　　현대 교회는 이미 녹스가 개혁한 바에 따라서 이전에 상상할 수 없었던 많은 혜택을 누리고 있다. 하지만 녹스가 그토록 싫어하고 거부했던 낡은 종교, 형식적인 체제의 거짓된 것들이 다 청산된 것은 아니다. 또한 현대 교회라 하더라도 지난 500여 년을 지나오면서, 청산해야 할 오류들이 새롭게 쌓여있음을 부인할 수 없다.

지도자의 기도

　　수많은 종교개혁자 중에서도, 녹스의 성취와 투쟁은 매우 독특한 점이 있다. 그는 가장 선두에 서서 로마 가톨릭을 완전히 제거하고 보다 철저한 교회의 개혁을 단행해 나갔다. 그의 이런 주장은 수많은 사람과의 대립을 빚었고, 그의 주변에는 갈등과 부당한 간섭이 끊이지 않았다. 그러나 녹스는 로마 가톨릭의 형식이라면 그 어떤 것이라도 거부하였다. 그는 오직 복음만을 선포하는 교회를 회복해야 한다고 주장했다. 청교도의 지휘관 같은 녹스의 모습은 많은 사람에게 깊은 인상을 남겼다. 그는 어떻게 여왕과 대적자들을 설득하고, 정치적 대혼란 속에서도 흔들림 없이 장로교회 국가체제를 건설할 수 있었을까?

녹스는 기도의 사람이었다.[43] 기도는 "하나님과 진솔하면서도 친근하게 대화하는 것"이라고 녹스는 설명했다. 그러나 기도가 쉽지는 않다. 우리는 자신의 무기력함을 자인하고, 우리 내면의 나쁜 생각을 정화하게 해 주는 기도를 배워야 한다. 녹스는 특히 '약한 것들로부터 강한 것이 나온다'라는 성경 말씀을 신뢰했다. 고난 속에서 더 강해진다는 말씀이 녹스에게는 매우 특별한 약속이 되었다. 그는 잉글랜드에서 메리 여왕의 박해가 커지자, 1554년 『무엇이 참된 기도인가, 우리가 어떻게 기도해야 하는가, 우리가 무엇을 위해 기도해야 하나』라는 책자를 출간했다.[44]

무엇을 하든지 간에, 녹스는 먼저 기도를 실천하는 사람이었다. 심지어 녹스는 이미, 로마 가톨릭 중에서도 '기도하는 사람'으로 인정을 받고 있었다. 그는 생사의 갈림길에서 기도 응답을 받은 적도 있다. 녹스가 프랑스 군인들에 포로로 잡혀가, 노예의 신분으로 배에서 노를 젓고 있을 때, 바다에 극심한 풍랑이 몰아쳤다. 다급해진 선장은 살 희망이 보이지 않자, 녹스에게 달려와서 모두가 살아

---

43 Iain H. Murray, *A Scottish Christian Heritage* (Edinburgh: Banner of Truth, 2006), 13.

44 *Works of John Knox*, ed., David Laing, vol. 3 (Edinburgh: 1895), 439.

남을 수 있도록 기도 해달라고 간청했다. 이처럼 녹스는 하나님께 철저히 의존하는 삶을 터득하면서 미래의 모든 일도 기도 가운데서 준비하고 처리했다.

기도는 하나님에 대한 신뢰이자, 하나님을 아는 지식에 근거한다. 녹스는 기도에 응답하시는 하나님을 신뢰했다. 하나님은 자유로운 섭리 가운데서 자신의 목적을 이루고자 악을 선으로 바꾸시는 분이시다.[45] 녹스는 프랑스 노예선에서 죽음의 문턱을 오가며 노역을 감당해야만 했지만, 그것도 하나님이 하신 일이라고 받아들였다. 기독교 신자는 자신의 불행과 억울한 일에 대해서조차 불평을 할 수 없다는 것이 녹스의 섭리 신학이었다. 하나님이 뜻하신 바를 펼치시고 있기에, 그 안에서 살아가는 성도들에게는 위대한 위로를 베풀어 주신다. 녹스가 수많은 일에 대해서 논증하는 것들 속에는 하나님의 뜻을 헤아리는 기도가 뒷받침하고 있었다. 기도자의 비밀이 함께 있던 것이다.[46]

---

45 *Works of John Knox*, 2:35, 172, 350.

46 Thomas F. Torrance, *Scottish Theology: From Knox to John Mcleod Campbell* (Edinburgh: T&T Clark, 1996), 10.

독창적인 포용성과 성숙함

우리는 현재 잘 정립된 기독교의 전통 속에서 각자 소속된 교단, 교파의 신념들과 교리들을 갖추고 있다. 그러나 녹스 시대의 스코틀랜드에서는 개신교 신앙을 전혀 인정하려 하지 않았고, 또한 해외에서 들어온 종교개혁의 신학과 예배조항들이 다양하고, 국제적으로도 정해진 신학적인 규정들이 통일되지 않았다. 녹스는 지엽적인 차이를 뛰어넘는 큰 안목을 강조하였고, 사소한 내용에 대해서는 폭넓게 용인하는 유연성을 발휘했다.

그는 아주 단순한 신앙의 개요를 좋아했다. 녹스의 생애 동안에 드러난 그의 모든 설교와 강조들은 다음과 같이 단순하게 요약할 수 있다. 녹스는 원칙과 그 적용의 유연성을 갖추고 있었다. 먼저 그의 신학 원리는 다음과 같이 간추려 볼 수 있다.

첫째, 우리는 하나님의 영광을 위해서 존재한다. 따라서 하나님을 높이고 경외하는 열정이 있어야 하는데, 그 기초가 참된 경건이다. 반대는 하나님을 속이고 경멸하는 것이다. 녹스가 로마 가톨릭에 대해서 거부하는 마음을 갖게 된 것은 인간의 전적 타락을 부정하고, 종교적인 행위를 강조하기 때문이었다. 미사는 단순히 잘못된 성례의 하나가 아니라, 그 속에서 빵이 그리스도가 된다고 가르치는 바, 이것은 우상숭배라고 생각했다.

둘째, 모든 그리스도인은 하나님의 말씀에 대해서 일반적인 순종을 할 의무가 있다. 아무리 많은 희생을 치르더라도, 그 결과가 어떻게 되는지 간에, 오직 성경에 규정된 가르침 속에서 순종의 규칙들을 제시해야만 한다.

셋째, 참된 교회는 거짓 교회로부터 구별되어야 한다. 거짓 교회와 구별되는 참된 교회의 특징은 예수 그리스도를 교회의 살아있는 머리로 섬긴다는 점이다. 참된 교회는 말씀을 통해 그리스도의 음성을 듣고 그분을 따르며 그분 외에는 아무것도 따르거나 경배하지 않는다. 또한 참된 교회에서는 회중의 신실한 믿음 생활을 장려하기 위해서 권징이 시행되어야 한다. 교회에 나오는 회원들이라도, 선한 사람들이 악한 자들에게서 나쁜 영향을 받지 않도록 지켜나가야 한다.

여기에서 우리가 잊지 말아야 할 것은 바로, 딱딱하고 엄격하며 호통을 치듯 설교하는 녹스의 모습이 아니라 모든 방식을 포용하고 수용해서 결국에는 성도를 진리로 이끌고자 하는 그의 독창적인 포용성이다.

녹스의 포용성은 고난의 체험을 통해서 형성된 것이다. 그는 가톨릭의 핍박을 피해서 피난자로서 살아가는 동안에, 고향에서 사용하던 사투리도 잊어버렸다고 한다. 그에게는 자신의 고향 땅에서 강렬하게 작동하고 있었던 "스코틀랜드인의 정신"에 대한 집착이나 우월의식이나 고집스러움을 찾아볼 수 없다. 그는 잉글랜드 사람들과 미묘한 갈등을 겪던 상황 속에서도 잉글랜드 출신의 여인을 사랑하여 아내로 맞이했다. 그는 그녀와 함께 잉글랜드에서 결혼하여

1559년 함께 스코틀랜드로 돌아갔다. 모든 잉글랜드의 조치에 분노하는 스코틀랜드 사람들에게, 녹스는 두 나라의 사랑과 공의를 말할 수 있었다. 녹스는 이미, 적대적인 두 나라 사이의 정치적, 종교적 충돌이 잘못되었다는 점을 간파하고 있었기에, 스코틀랜드 제일주의에 빠지지 않을 수 있었고, 하나 된 교회로 개혁을 성취해 나가자고 역설할 수 있던 것이다.

성도가 견고한 믿음 안에서 역사를 주관하시는 하나님의 개입과 섭리를 확신하고 살아간다고 하더라도, 실제 생활은 어려움이 많을 수도 있다. 기독교 신자이지만 가난 속에서 허덕이는 이들도 많고, 선한 사람들이 죽임을 당하기도 한다. 녹스는 12년 동안 해외로 망명하였기에 목숨을 보전할 수 있었다. 박해의 폭풍이 성도들을 사방으로 뿔뿔이 흩어버린 상황 속에서 하나님께서는 그것을 통해 복음의 확산을 이루게 하셨다. 만일 녹스가 잉글랜드와 제네바로 피신하지 않았더라면, 그는 많은 동료 신학자와 목회자들을 만날 수 없었을 것이며, 넓은 신앙의 안목을 갖출 수 없었을 것이다.

녹스가 제네바에서 칼빈의 도움을 받고, 그곳에서 출판된 '제네바 성경'을 갖고서 스코틀랜드로 돌아갔기에, 그 후로 수백 년 동안 장로교회가 그것을 유익하게 사용할 수 있었다. 제네바에서 보낸 세월 동안, 녹스는 종교개혁자로서 성숙했다.

1560년에 최고 권위기관인 추밀원의 선포로 종교개혁이 스코틀랜드에서 전면적으로 시행되었지만, 현장에서는 로마 가톨릭의 재산, 성상, 관습, 잔재가 뒤섞여 있었다. 녹스는 고향인 스코틀랜드로 돌아와서도 12년 동안 한시도 안심할 수 없었던 이유는, 이렇게 성경의 가르침을 벗어난 참담한 상황들을 목격했기 때문이다. 내부적으로 갈등하며 투쟁해야 했고, 여왕의 권위와 미사의 회복을 시도하는 왕권주의자, 전통주의자, 스코틀랜드 제일주의자와 맞서야만 했다. 종교개혁에 가세한 목회자들은 절반 정도였으며, 나머지는 가톨릭주의자였는데, 이들을 개신교로 교화시켜야만 했다.[47] 더구나 이들 로마 가톨릭 측에 속하는 평신도는 의식주 문제를 로마 가톨릭 교회에 속한 농지, 건물, 부속 재산 등에서 얻고 있던 상황이었다.

　　녹스는 매사 깊이 생각하는 사람이었다. 그는 교회의 생활에 혁신적인 생각과 참신한 사례들을 제공하였다. 구원에 관한 진리는 반드시 참된 규정들을 따라가야만 하고 그 밖의 영역에 대해서도 역시 통일된 규칙을 세우는 것이 개혁자들의 과제였다. 그러나 훗날 교회가 '성경의 규정된 원칙 regulative principle of Scripture'이라고 주장하는 것들에 대해서 녹스는 강조하지 않았다.[48]

　　녹스가 그토록 중요시했던 권징의 시행에서도 그는 결코 목회자의 권위를 내세우지 않았다. 당시 권징을 시행하는 것은, 학식이

47　Gordon Donaldson, *The Scottish Reformation* (Cambridge: University Press, 1960), 85.

48　I. Murray, "John Knox and 'the Battle'," 24.

높은 목회자들이 처리하는 게 이상적이라고 간주 되고 있었으나, 오히려 녹스는 교회 내 모든 사람이 양심의 자유를 가지고 발언하고 질문할 수 있도록 했다. 그는 고린도전서 14장을 실현하고자 했다. 당회의 치리 방식에 관해서는 자세한 규정이란 게 없고 성경 그 어디에서도 찾아볼 수 없으므로, 각자의 은사에 따라서 교회를 섬길 수 있다는 것이 녹스의 주장이다.

녹스의 창의적 포용성은 여기서 멈추지 않았다. 이것은 그가 유럽 대륙에서 넓은 시야를 갖추고 돌아왔기에 가능한 것으로 여겨진다. 그 당시에 스코틀랜드 교회를 치리하는 최고의 권위기관은 '최고위원들Superintendents'로 구성되어 있었는데 녹스는 모든 권한을 그들에게 내어주었다. 그의 이런 결정이 파격적인 것은, 녹스는 당시 최고회의 위원들보다 성경을 훨씬 더 많이 알고 있었고, 개신교 귀족들과도 친분이 깊었으며, 스코틀랜드 종교개혁의 역사에서 중요한 지도자로 활약하고 있었음에도 불구하고, 그는 최고위원회에 들어가지 않았다. 물론 이런 결정에는 그가 귀족 출신이 아니기에 정치적 위상과 신분의 한계가 있었던 것도 사실이지만 말이다.

녹스는 에든버러 궁전에서 여왕과 그의 남편, 최고위층을 상대로 싸웠던 지도자였다. 그러나 자신이 가장 앞장서서 싸우면서 모든 정황을 가장 잘 파악하고 있었는데도, 녹스는 최종 결정권을 행사하지 않았다. 추밀원, 최고위원회 회의, 전국 교회의 총회 등에서 객관적인 논의를 거쳐서 모든 권위가 행사되도록 했다. 이를 한국교회와 비교하자면, 녹스는 전국 장로교회 총회를 구성하는 데 앞장선 것이라 할 수 있는데, 오히려 그는 노회장, 총회장, 총회 임원, 총장 중 어느 것 하나도 맡은 바가 없는 것과 같은 행보였다. 그는 감독처럼 지휘하지도 않았고, 대표 감독으로 권위를 내세운 것도 아니며, 감독 회원은 더더욱 아니었다. 녹스는 단지 한 사람의 설교자로서 거짓들과 싸우며, 묵묵히 새로운 교회들을 세워나갔다.

격려하는 목회자

지금 남겨진 녹스의 저서와 설교들을 상세히 살펴보면, 박해가 극심한 가운데서 살아남은 목회자로서의 면모가 드러난다. 뜻밖인 점은, 녹스가 격려의 목회를 지속했다는 점이다.

메리 튜더 여왕의 박해 속에서 고난 받는 자들이나, 심지어 순교를 앞에 두고 있는 목회자들도 녹스는 주저 없이 격려하였다. 녹스는 그들에게 예수 그리스도가 십자가에서 죽임을 당한 후, 갈릴리 호수로 돌아가서 머물던 제자들의 상태에 관해 설명하였다. 예수님의 제자들도 역시 처참하게 낙담하고 있었고, 확실한 소망의 근거들을 갖고 있지 못했다. 그는 사람들을 향해, 낙심하고 있었던 제자들에게 찾아가신 예수님에 대해서 생각하여 보라고 격려했다. 주님은 동정심과 긍휼히 여기는 마음이 풍성하시며, 상심한 자에게 권능과 은혜를 베푸신다.

녹스는 믿음의 확신이 부족한 성도들에게 친근하고 따뜻하게 복음을 안내하였다. 그의 장모인 보우스 부인Mrs. Bowes에게는 편지를 통하여 "귀하의 불완전함으로 인해 형벌에 이르지 않을 것입니다"라고 격려했다. "왜냐하면 그리스도의 완전함을 믿음에 의해서 귀하의 일로 간주해 주시기 때문입니다. 그것이 지금 귀하가 피 안에 가지고 있는 것입니다"라고 위로했다.[49] 하나님께서는 자신의 유일한 독생자의 십자가에서 우리들의 죄악에 대한 보상을 이미 받으셨다. 그것이 아니고는 우리의 죄를 보상할 만한 것이란 없으며, 그 어떤 만족이나 대가를 치르고 정당성을 보장받을 수 없다.

녹스가 청중들에게 자주 강조한 적용점은 그의 생애 동안에 계속 언급되고 있다. "하나님께서는 그의 성령을 그 풍성한 가운데서 사람들에게 주신다"라는 아주 단순한 진리이다.[50] 녹스의 설교를 읽으면, 믿음의 확신이 지극히 적은 자라도 하나님의 말씀 안에서 위대하신 권능을 발견하게 된다. 그는 불신앙이 우리에게 매우 큰 영향력을 발휘하고 있음을 지적했다.

현대 교회는 녹스가 고린도후서 4:13을 통해서 격려하고, 하나님의 넘치는 은혜에 감격하도록 강조한 부분을 들어야만 한다. 예

---

49 *Works of John Knox*, VI:519.

50 *Works of John Knox*, I:101.

수님의 죽음에 이어서 부활의 생명이 역사하듯이, 우리도 그와 동일한 부활 생명을 받아 하나님 앞에 서게 될 것이다. "우리가 같은 믿음의 마음을 가졌기에, 나는 말할 수 있다. 우리가 믿기 때문에, 우리는 말할 수 있다."

강력한 설교자

녹스가 스코틀랜드 종교개혁이 성공하는 데 가장 결정적으로 공헌한 부분은 성경에 근거한 설교를 통해서였다. 로마 가톨릭 주교들은 어떤 특정한 상황이나, 예식에서 간헐적으로 설교를 했었다. 그러나 개신교 교회에서는 성도들을 일깨우는 메시지가 주일마다 선포되었다.

글래스고의 주교, 개빈 던바 Gavin Dunbar도 이런 설교를 시도했으나 자기 능력으로 할 수 없다는 상황을 파악한 후, 자신의 부족함을 회중들 앞에서 사과했다.[51]

이안 머레이가 수집한 자료들을 살펴보면, 녹스를 직접 만나본 사람들은 한결같이 녹스를 '강력한 설교자'라고 평가하였다.[52] 이안

---

51 G.N.M. Collins, "Konx and the Scottish Reformation," in *Puritan Papers*, vol. 2 (1960-1962), ed. J.I. Packer (Phillipsburg: P&R, 2001), 57.

52 I. Murray, "John Knox and 'the Battle'," 30.

머리 역시 현대 교회의 목회자들이 녹스에게서 강력한 설교를 배워야 한다고 촉구한다. 강단에 선 설교자 녹스는, 마치 하늘에서 쏟아지는 "천둥 번개"와 같이 손을 높이 들었다 내려친다고 한다. 그러나 사실 그런 외적인 모습보다 중요한 녹스의 특징은 그의 설교가 듣는 사람들의 심장을 깊이 파고든다는 점이다. 녹스가 남긴 여러 설교문의 내용과 그 상황에 대한 기록은, 모두 스코틀랜드 종교개혁사에 길이 빛나는 기념비적인 것이다.

1) 참된 신앙이 무엇인지를 밝히는 설교

1552년 10월 12일, 런던에서 녹스의 설교를 들은 사람이 취리히의 불링거에게 보낸 편지가 현재 남아 있다. 이 편지에 의하면, 녹스의 설교는 모든 청중을 사로잡았다. 당시 런던에서 로마 가톨릭과 대립 중이던 상황에서 중요한 쟁점과 사안들에 대한 반론을 (종교개혁 진영의 입장에서) 정확히 제시했기 때문이다.

"주교들이 모인 가운데서, 요사이 며칠 동안에 몇 가지 논쟁들이 있었습니다. 그리고 저는 노섬벌랜드(Northumberland)의 공작으로부터 어떤 경건한 설교자의 결론을 전해 듣게 되었습니다. 그는 왕과 최고위원들 앞에서 감히 선포했습니다. 성만찬상에서 무릎을 꿇는 행위는 매우 가증한 것이요, 양심의 자유를 짓밟는 것이라고 강력히 비난했습니다. 여기서는 아직도 영국 사람들이 그렇게 하고 있습니다. 이 선한 사람은, 스코틀랜드에서 온 분인데, 많은 사람의 마음에 매우 강하게 새겨놓았습니다. 그로 인해서 우리는 교회에 좋은 것들이 발생하리라는 희망을 얻게 되었습니다."[53]

스코틀랜드 종교개혁의 매우 중요한 순간에 녹스의 설교가 미친 영향은 이것뿐만이 아니었다. 조국의 종교개혁을 기도하던 녹스가 제네바로부터 귀국하던 1559년 여름, 동부 해안에 있는 세인트앤드루스로 가자, 곧바로 주교가 그에게 찾아와서 그 다음 주일에 설교하지 말라는 경고를 했다. 만일 그가 강대상으로 올라가려 한다면, 12명의 소총수들이 그의 얼굴에 사격할 것이라고 엄포를 놓은 것이다. 그의 가까운 친구들도 당분간 설교를 자제하라고 조언했다.

그러나 녹스는 이에 굴하지 않고 꿋꿋이 강대상 앞으로 나아갔다. 그날 녹스가 택한 본문은 혁명적이었다. 설교 내용은 예수님께서 돈 바꾸는 자들과 물건 파는 자들을 성전에서 쫓아낸 사건에 대한 것이었다. 이날이 바로 6월 11일이었고, 녹스의 설교는 스코틀랜드의 역사를 바꾸는 전환점이자, 새로운 역사의 출발점이 되었다. 그 설교로 인해 수많은 로마 가톨릭 신부들과 귀족들이 참된 신앙을 고백하게 된 것이다. 훗날에, 화가 윌키Sir David Wilkie가 이 역사적 장

---

53   H. Brown, *John Knox, A Biography*, I:126.

면들을 거대한 화폭에 그려 담아 놓았다.

화가 윌키(Sir David Wilk)의 작품으로서, 1559년 6월 11일에 파격적인 설교를
하는 존 녹스.
유화 형태로 그린 이 그림은 현재 스코틀랜드의 국립 미술관에 소장되어 있다.

2) 참변의 위협 속에서도 흔들리지 않는 설교

또 다른 기념비적인 순간에 녹스의 설교가 빛을 발했다. 녹스
는 급박한 참사의 위기에 처한 종교개혁의 군대와 가족들에게 매우
큰 힘을 불어넣었다. 1559년 11월 8일, 수요일 스털링에서 종교개
혁을 지지하는 귀족들이 모였는데, 이 모임을 저지하고자 에든버러
외곽에 프랑스 군대가 1560년 1월에 도착했다. 주변에서 모여든 여
성도들과 아이들도 이 모임에 합류했는데, 군대로부터 심각한 위협

을 당하자 더이상 소망이 없다고 판단한 이들은 개혁 신앙을 배신하는 매우 부도덕한 행위를 했다.

그런 와중에서도 녹스는 시편 80:3을 폈다. 그리고 그들을 향해 하나님의 보호하심을 굳게 믿고 나아가자고 격려했다.

"하나님이여 우리를 돌이키시고 주의 얼굴빛을 비추사 우리가 구원을 얻게 하소서."

하나님께서 이런 급박한 상황에서 어떻게 응답하셨는가를 우리는 이미 앞에서 살펴본 바 있다. 마찬가지로 이 사건을 통해서도 하나님이 어떻게 스코틀랜드 종교개혁의 역사에 깊이 간섭하시고 돌보시는지를 확인할 수 있다. 이로 보건데 하나님께서는 모든 사람과 사건과 역사에 개입하시고 지배하심을 알 수 있는 것이다.

프랑스 군대가 개신교도들을 위협하는 급박한 상황에서, 일부 개신교 귀족들은 자신들을 은밀하게 지원하던 엘리자베스 여왕에게 지원요청을 했다. 그렇게 잉글랜드와 프랑스 군대가 대치하는 일촉즉발의 상황이 발생하였다. 마침 스코틀랜드의 여왕 메리 기즈가 이런 상황 속에서 갑자기 병에 걸려서 1560년 6월 11일 사망했는데, 죽기 전 평소 여왕은 자신이 녹스 때문에 골치 아픈 병에 걸린 것이라며 그의 탓을 하고, 국민의 희망을 살피는 정치에는 도무지 관심이 없었다. 그리하여 양쪽의 외국군대는 "에든버러 조약"을 맺고 철수하게 되었다. 다행히 이런 무시무시한 전쟁의 소용돌이 속에서 종교개혁에 가담한 사람 중 무고한 희생을 당한 사람은 단 한 사람도 없었다.

그 후로 오고 오는 세월 동안 수많은 사람이, 그날 밤 녹스가 했던 설교가 얼마나 큰 영향을 끼쳤는가를 계속 되풀이하며 말하고 있다. 설교를 들은 회중은 마치 죽음에서 다시 돌아온 것처럼 영적인 소생을 체험했다. 당시 스코틀랜드에 주재하던 잉글랜드의 외교관은 그날의 설교에 대해 다음과 같이 전했다.

> "한 사람의 목사가 한 시간 동안 우리들의 영혼에 생명을 회복시켰는데, 500명의 나팔수가 우리들의 귀에 연주한 것보다 훨씬 더 강력했다."[54]

3) 적용을 통해 청중을 사로잡는 설교

1571년 7월, 여왕과 그를 지원하는 귀족들이 권세를 갖고 있을 때, 왕권을 비난했다는 이유로 녹스는 에든버러에서 추방당하여, 13개월 동안 세인트앤드루스로 격리 조치되었다. 그 당시에 세인트앤드루스 St. Andrews 대학교에 재학 중이던 15세의 소년 제임스 멜빌 James Melville(1556-1614)이 녹스의 설교를 들었다. 그의 삼촌이 유

---

54 A. Taylor Innes, *John Knox* (Edinburgh: Oliphant, 1896), 90.

명한 종교개혁자이자, 스코틀랜드 장로교회의 최고 신학자로 존경을 받는 앤드루 멜빌 Andrew Melville(1545-1622)이다. 소년 제임스 멜빌이 직접 들었던 녹스의 설교에 대한 소감을 들어보자.

"내가 그해 세인트앤드루스에서 누린 모든 특권 중에서, 최고의 순간은 가장 잘 알려진 설교자이자, 우리나라의 사도이신 존 녹스의 설교를 들은 것이다. … 나는 거기에서 여름과 겨울로 이어지는 다니엘 선지자에 대한 강의를 들었다. 나는 내 펜과 작은 수첩을 가지고 있었는데, 내가 이해한 것들을 옮겨 적었다. 그는 본문 말씀을 펴서 한 시간 반 동안에 설명해 내려갔다. 그러나 적용 부분에 들어갔을 때, 그는 나로 전율을 느끼게 했고, 벌벌 떨게 하였다. 그래서 나는 도저히 펜으로 글씨를 쓸 수 없었다."[55]

이처럼 녹스의 설교와 강의는 듣는 이들에게 강렬하게 작용했다. 과연 그는 설교자로서 어떤 기본적인 의식과 배경을 가지고 있었을까? 그의 설교 중 무엇이 이처럼 특별한 감동을 주는 요인을 작동하게 했을까? 이처럼 역동적이며, 열광적인 연설을 할 수 있었던

---

55 *The Autobiography and Diary of James Merlvile*, ed. Robert Pitcairn (Edinburgh: Wodrow Soc., 1842), 26.

힘은 과연 어디에서 나오는 것일까? 그것은 아마도 그의 고난과 오랜 준비 과정 덕분이라고 본다. 왜냐하면 녹스를 열정적인 설교자로 만든 것은 그의 성품이나, 깊은 학식 때문이 아니라, 깊은 중심에서 나오는 요인이 더 크기 때문이다.

즉, 녹스는 오직 하나님만을 기쁘시게 하려는 마음으로 가득 차 있었다. 녹스의 권위 있는 설교가 가능했던 것은 그 순간 자신이 하나님의 사역에 임하고 있다는 확신이 분명했기 때문이다. 그가 강단에서 전달하는 내용은 모두 다 자기 말이 아니라 하나님의 말씀이요, 성령이 그것을 보증한다고 믿었다. 그는 이런 것에 대해서 단순하고도 견고한 확신이 있었다. 그는 한순간도 말씀을 의심하지 않았다. 그 어떤 두렵고 떨리는 상황 속에서도, 녹스는 성령으로 충만케 되어서 듣는 이의 심령 속에 변혁을 추구하였다.

사람을 두려워하지 않았던 설교자: 종교적 저항운동에서 근대 민주제도로의 발전

지속되는 종교개혁의 위기 상황 속에서 녹스의 설교는 왕실이나 귀족, 일반인들의 사고와 판단에 절대적인 지침이 되었다. 녹스의 설교가 여러 가지 방면에서 부도덕하고 타락한 인간에 대해서 바른 판단을 이끈 것이다. 녹스는 자멸을 택한 여왕과 교활한 단리 경을 정죄하였다.

한 가지 사례를 살펴보자. 이사야 26:13-21을 본문으로 하는 녹스의 설교가 출판되었다. 이 설교는 1565년 8월 19일, 성 자일스 St. Giles교회당에서 선포한 것이다. 그 전달에 단리 경과 메리 스튜어트가 혼례를 치렀는데, 양쪽 다 재혼이었다. 그런데 단리 경이 여왕과 결혼했다는 이유만으로 왕실에서 그를 왕으로 추대했다. 단리는 귀족으로 살아가는 동안 기회주의자로 처신했는데 그는 교회에 관련된 사항들에 있어서는 두 얼굴을 가진 자였다. 그는 궁정 안에서는 로마 가톨릭의 미사에 참석하기도 했고, 왕국 밖으로 나와서는 때때로 성 자일스 교회에 나와서 개신교회의 진영에 속한 사람처럼 행동하기도 했다.

설교 중에 녹스는 자신의 바로 앞에 앉아 있는 단리 경의 이름을 직접적으로 지목하지는 않았지만, 그의 설교는 단리 경을 격노케 만들고 말았다. 그리고 즉각 추밀원에서녹스를 소환했고, 추밀원은 여왕과 왕이 에든버러 궁정에 있을 동안 녹스의 설교를 금지시켰다. 녹스의 설교 전체가 다 남아 있게 되었는지는 확실하지 않지만, 결론 부분에는 다음과 같은 녹스의 경이로운 소망과 불멸의 확신들이 담겨있다.

"우리 모두 다 하나님 앞에서, 마음속 깊은 곳으로부터 스스로 겸비하여야 합니다. 성령의 권능으로 하나님께서 우리를

도우시도록 기도합시다…우리가 보기에는 그의 교회가 매우 초
라하고 소멸하는 것처럼 보일지라도, 또 어느 날 진멸을 당하게
되더라도, 우리는 우리의 하나님께서 그곳에 계시며, 권능과 의
지로 그의 택한 백성을 퍼뜨려서, 이 땅 위에 거류하는 모든 사
람에게 퍼져나갈 것임을 확신해야 합니다.”

그리고 마지막 부분에 첨가된 기도가 인쇄된 책에 남았다.

"주님이시여, 나의 영혼을 당신의 손에 맡기나이다. 총포
소리가 요란하고, 무기들의 부딪치는 잡음들이 우리를 공포 속
에 빠뜨리고, 내 심장을 찌르며, 나의 영혼이 떠나갈 듯이 마르
나이다. 이 설교문은 제가 1565년 8월 19일 일요일에 대중 앞
에서 한 설교 내용을, 8월말 오후 4시쯤 기억을 더듬어 사실대
로 적은 것인데, 그 날을 생각하다보니 속이 불편해진 상태로
적었습니다.”[56]

지난 인류의 역사 속에서 근대 민주주의 정치와 삼권분립이 영
국에서 크게 발전되었고, 영국이 전 세계의 정치적 변화를 주도했다
고 해도 과언이 아니다. 영국으로부터 근대 시민 주권 의식이 확산

---

56   *Works of John Knox*, 6:273.

되었고, 왕정 체제를 폐지하고 민주주의 공화정을 채택하도록 영향을 받았다. 절대군주제의 허구성과 왕권신수설의 폭정을 만천하에 드러내는 저항과 투쟁이 녹스의 종교개혁을 통해서 이러한 공화정의 정초定礎를 제공한 것이다.

프랑스와 로마 가톨릭의 지배에서 벗어나려는 스코틀랜드의 독립투쟁이 바로 녹스의 개혁운동이었다. 프랑스 국왕의 폭정과 탄압에서 벗어나서 스코틀랜드가 국가의 독립성을 획득해 나가는 과정이 종교개혁이고, 단순히 교회 내부의 조직이나 갱신만이 아니라 사회 각계, 각층에도 큰 영향을 끼쳤다.[57] 오랫동안 프랑스와 로마 가톨릭의 지배에서 벗어나서, 국민이 원하는 열망을 실현해 나가는 시민사회의 기초를 개신교 교회가 제시하고 종교개혁이 실현하였다. 스코틀랜드에서는 왕권신수설에 근거하여 세습된 절대 왕권과 그 주변의 귀족들만 정치에 참여할 수 있었고, 중세 시대로부터 내려온 봉건제도는 일반 대중을 철저히 지배하고 있었다. 이런 체제에서는 왕이나 귀족들이 바뀌어도, 일반인들의 삶에는 거의 변화가 없었다. 이처럼 외면당했던 사람들이 교회의 개혁을 통해서 왕정 독재에 항거하였다. 그것은 교회의 개혁을 통해서 모든 성도가 다 왕 같은 제사장이라는 의식이 퍼져나갔기 때문이다.

---

57 John MacLeod, *Scottish Theology in relation to Church History* (Edinburgh: Reformed Academic Press, 1995), 3.

지방에서는 귀족들의 고용인처럼 처신했던 로마 가톨릭 성당의 성직자들이 토지를 대부분 차지하고 있었다. 그들은 느긋하고 여유롭게 생활하며 모든 계층의 사람들에게 무관심했고, 그 영향이 널리 퍼지고 있었다. 이처럼 나라의 상황이 그야말로 종교개혁을 절실히 필요로 하는 상황이었다. 삶의 순결함을 지키고 인간의 도덕성을 함양할 수 있는 곳은 교회밖에 없었다. 사람과 멀리 떨어져 있는 잘 보이지 않는 장소에서 강력한 종교개혁의 물결이 솟구치고 있던 것이다.

때마침 녹스의 종교개혁이 일어나자, 스코틀랜드 국가가 독립성을 쟁취하는 부가적인 효과가 일어났다. 그 이전에 스코틀랜드는 전혀 가능성도 없고 가치가 매우 적은 나라였는데, 이제 스코틀랜드는 잉글랜드로부터 독립한 나라이자 튜더 왕가의 지배로부터 벗어난 나라가 된 것이다. 예수 그리스도의 몸 된 교회의 자유와 복음의 자유를 주장하는 이들이 시민들의 저항 운동을 주도하였다. 이런 변화의 선봉장이 바로 존 녹스였다.

스코틀랜드의 종교개혁은 1560년에 다 이뤄진 것이 아니었다. 그 후로 로마 가톨릭과 개신교 교회를 지지하는 양측 진영 사이에 수십 년 동안 내전이 지속되었다. 1570년 1월, 종교개혁의 지도자들이 다수 살해당했고, 모든 개신교도는 에든버러를 떠나라는 명령이 내려졌다. 녹스도 세인트앤드루스로 가서, 설교, 강의, 저술 작업을 수행했다. 1572년 7월, 다시 에든버러의 성 자일스 교회로 복귀했다가, 후임에게 맡기고

11월에는 마지막으로 고향을 방문했다.

1572년 11월 24일, 월요일 그는 부축을 받고 일어나, 옷을 차려입었다. 자신의 육체적 고통을 이겨내고자, 고린도전서 15장을 큰 소리로 읽어달라고 부탁했다. "이것이야말로 위로해 주는 장이 아니더냐?" 밤 11시 경에, 그는 평안히 하나님의 품으로 돌아갔다. 이 장면을 지켜본 그의 조수 리처드 반나타인Richard Bannatyne이 다음과 같이 증언했다.

"이런 방식으로 스코틀랜드의 빛, 하나님의 사람이 떠나 갔다. 그는 교회의 위로였고, 경건의 거울이었으며, 모든 참된 목회자들의 사표師表이자, 표상이었다."

성 자일스 교회에서 거행된 그의 장례식에서, 제임스 더글러스 James Douglas(1498 – 1578)는 한마디로 압축했다.

"여기에 그 어떤 사람도 두려워하지 않았던 분이 누워 있다." [58]

---

58   "Here lies one who never feared any flesh.", Ridley, John Knox, 518.

리처드 백스터

존 오웬

제 4 장

불꽃처럼 빛나던
존 오웬의 성공과 패배:
청교도 신학의 최고 집대성

1 청교도 신학의 최고 집대성

새로운 교회로의 개혁운동은
영국과 세상을 크게 바꿔놓았다.

존 위클리프와 윌리엄 틴들 등 수많은 순교자들이 열망했던 종교개혁은 스코틀랜드에서 존 녹스가 전국적인 장로교회를 구축함으로써 보다 확고히 정착되었다. 그 후로 잉글랜드에서는 케임브지리 대학을 중심으로 토마스 카트라이트와 월터 트래버스가 장로교회를 확산시켰고, 온건한 청교도 윌리엄 퍼킨스는 칼빈주의 신학을 재구성했다. 청교도들이 쟁취하고자 했던 신앙적인 자유와 성경적인 교회의 모습은 존 오웬의 세대에 이르러서 모든 분야로 크게 확산되었다. 청교도 최고의 신학자로 평가 받는 존 오웬(1616–1683)의 생애와 사역은 모든 면에서 남달랐다. 불꽃처럼 빛나던 그의 영향력은 특별했다.

150여 년간 쌓아온 청교도 사상이 오웬에 이르러서 크게 빛을 발휘했고 신학적인 내용들도 풍성하게 집대성되었다. 오웬이 청교도 개혁주의 신학 사상을 집대성하게 된 이유는, 로마 가톨릭만이 아니라 알미니안주의, 소시니안주의, 퀘이커주의, 율법폐기주의 등 모든 비성경적인 것들을 비판했기 때문이다. 오웬이 제시한 조언과 지침들은 잉글랜드 국가를 이끌어 나가는 중심적인 과제가 되었다. 그가 제시하는 교회의 지침들은 청교도들이 혁명적인 전쟁과 정치적 대립의 상황에서 순수한 판단을 하도록 큰 영향력을 발휘했다.

1650년대 영국에는 3,500여 교회가 청교도 혁명의 주축으로 큰 영향력을 발휘했다. 이들 교회들 중에는 여전히 성공회도 있었고, 이단들도 많았음에도 오웬과 장로교회 목회자 리처드 백스터가 상당히 큰 영향을 끼치고 있었다. 이들 두 사람은 서로 간에 문서로 교환했으며, 교회 지도자들의 정책토론회에서 한 번 만났다. 오웬은 회중교회 소속으로 옥스퍼드 교수로 활약했는데, 백스터는 중서부 우스터셔주 키더민스터에서 장로교회의 목사로 한 지역 교구에서만 활동했다.

오웬은 자신의 생각이나 가정에 관한 사적인 기록을 거의 남기지 않았다. 오웬을 연구하는 후대 학자들에게는 어려움이 크다. 오웬은 인간의 부패성과 죄악됨을 철저히 깨달았기에, 심지어 자신에 관한 것들까지도 의도적으로 감춰버리고 없애버린 것이다.[1] 반면에 백스터는 철저히 신율법주의를 추구하면서, 자신에 관하여 온갖 사

---

1 Tim Cooper, *John Owen, Richard Baxter and the Formation of Nonconformity* (Farham: Ashgate, 2011), 4.

소한 것들까지도 기록으로 남겼다.[2] 또한 이와 유사한 것이 오웬이 존경했던 칼빈 역시도 자신의 개인생활에 관해서 전혀 기록하지 않았는데, 이와 대조적으로 루터는 자신의 개인 생활과 판단을 거의 대부분 문서에 기록하였고 출판했다.

청교도들은 교회의 정치체제 문제로 끊임없는 불안한 갈등 속에서 지내야 했고, 오웬도 거의 모든 순간을 고뇌해야만 했다. 결국 오웬은 국교회에서 성공회 신부로 안수를 받은 후, 장로교회 소속의 교회를 담임하여 짧은 기간 목회하다가, 회중교회의 지도자로 나섰다. 하지만 그는 다시 찰스 2세가 왕으로 복귀한 후, 생애의 마지막 시기에는 비서명파가 되어서 왕의 명령에 불복종하는 처지에서 법을 어긴 교회가 되고 말았다. 그의 노년기에는 청교도 시대의 교회가 겪어야만 하는 모든 박해의 참상들을 직접 몸으로 감내하였다. 오웬은 가장 탁월한 청교도 신학자요, 대학교를 돌보았던 최고 지도자였지만, 정치적 권세 앞에서는 수난을 당할 수 밖에 없었다. 그는 항상 논쟁과 갈등 속에서 자신의 입장을 정해야만 했다.

오웬은 잉글랜드에서 가장 존경받던 설교자였고, 최고의 성경 주석가로서 칼빈주의 신학을 철저히 옹호하였다. 오웬은 자신에게 상당한 권세가 주어져 있을 때에도, 매우 관용적인 자세로 교회의 민감한 문제들을 다뤘다. 이처럼 그의 남다른 지혜와 관용, 영적 체

---

2 김재성, 『청교도, 사상과 경건의 역사』 (서울: 세움북스, 2020), 534-553.

험들, 학문적인 성취들, 탁월한 설교를 통해서 펼쳐진 국가적인 영향력 등을 살펴볼 때, 지금까지 영국 역사에서 가장 뛰어난 신학자라고 하는 평가를 받기에 합당하다.[3]

특히, 오웬이 남긴 저서의 영향력은 타의 추종을 불허한다. 그는 칼빈주의 신학을 새롭고 섬세한 접근방식으로 재구성하였다. 결코 그저 칼빈이나 다른 사람의 책에 나오는 문장들을 그냥 복사한 것이 아니다. 오웬이 남긴 저서는 무려 80여권에 이를 정도로 엄청난 분량이었는데, 성경 주석을 비롯하여 방대한 주제들을 다뤘다. 그 중에 1668년부터 1684년까지 출간된 히브리서 주석은 최고의 업적으로 평가받고 있다.

대학 시절부터 그는 하루에 4시간 정도만 수면을 취하면서, 항상 연구에 힘을 기울였는데, 그가 노년에 이르러서야 그는 자신이 너무나 몸을 혹사했다는 것을 후회했을 정도였다. 컴퓨터가 없었고 전기 시설도 없던 시대에, 그는 글자 수로 850만자를 직접 손으로 썼다.[4] 필자는 오웬 저작전집을 대할 때마다, "하나님의 선하심

---

3 J. I. Packer, *A Quest for Godliness: The Puritan Vision of the Christian Life* (Wheaton: Crossway, 1990), 22. Peter Toon, *God's Statesman: The Life and Work of John Owen: Pastor, Educator, Theologian* (Exeter: Paternoster, 1971), 162.

4 Crawford Gribben, *An Introduction to John Owen: A Christian Vision for Every Stage of Life* (Wheaton; Crossway, 2022), 73.

과 은총을 찬양하기 위해서" 저술 작업에 임했다는 그의 말을 기억하게 된다. 이처럼 오웬은 청교도 최고의 학자로서 성경주석과 설교 등에서 뛰어난 통찰력을 발휘하여, 전체 기독교 교회에 지대한 영향을 끼쳤다.[5]

그는 자신의 저서를 읽는 독자들이나 설교를 듣는 성도들이 남다른 삶을 살아가기를 희망했다.[6] 오웬은 **하나님께서 "우리에게 요구하는 것을 이뤄낼 수 있는 충분한 시간을 주셨다고 판단"**했기 때문이다. 우리들의 삶은 하나님의 섭리로 짜 맞춰져 있기 때문에, 그리스도인들은 "영적 체험이 있는 삶"을 이뤄내는 것이 가능할 것이라고 확신했었다.[7]

영적인 삶의 특징들

오웬의 생애는 청교도의 승리와 실패의 역사를 압축해 놓았다고 볼 수 있다. 그는 하나님의 백성들이 거룩한 삶을 살아가도록 하

---

5 Sinclair B. Ferguson, *Some Pastors and Teachers: Reflecting a Biblical Vision of What Every Minister is Called To Be* (Edinburgh: Banner of Truth, 2017), 263.

6 김재성, 『청교도, 사상과 경건의 역사』 (서울: 세움북스, 2020), 492-533.

7 John Owen, *The Works of John Owen*. ed. William H. Goold. 24 vols. (Edinburgh: Johnstone and Hunter, 1850-1855), 13:224.

는 일에 최선을 다하였다. 그가 걸어간 여정에는 "영적인 삶"(spiritual life)에 대한 교훈들이 풍성하게 담겨져 있다. 오웬은 하나님의 종으로 봉사하면서 체험적으로 느낀 것들을 정확하게 글로 표현하였고 설교로 선포했다. 그가 경험하며 살아간 구체적인 생활 현장 속에서 그가 독자들에게 남겨준 그리스도인의 삶에 관한 교훈들은 생생한 감동을 준다.

1) 절망과 실패 속에서 인내하다

오웬의 일생을 한마디로 하자면 그는 개인적으로나 시대적으로나 고난이 많은 인생을 살았다. 그는 죽음의 의미가 무엇인가를 수없이 체험하고 살아야만 했었다. 그러나 오웬은 수 많은 죽음들 앞에서 무너지지 않았다. 그리스도인들은 "죽음"속에서도 "빛"을 찾을 수 있다고 오웬은 말했다.[8] 그의 영적인 삶은 그리스도와의 교제 속에서 이뤄졌다.

> "우리 사랑스러운 주 예수의 은혜와 사랑, 뛰어남, 바람직함 등에 대해서 깊이 묵상하는 가운데서, 자신의 순례길에서 몇 날이 되지 않으면서도 사악한 날들을 찌꺼기같이 보내려 노력

---

8 Owen, *Works*, II;137.

했었다."[9]

그는 "순례자의 길"에서 마주친 "사악한 날들"을 그리스도와의 교통하면서 통과했다면서, **"불행한 세상이 지속적으로 더 깊은 영적인 삶 가운데로 나아가게 했고, 죽음을 뛰어넘는 은혜의 체험들로 변혁됐다"라고 고백했다.**

오웬은 청교도 신학자이자 목회자로서 엄청난 성취와 성공을 이루었음에도 불구하고, 그의 개인적 삶에서의 연속되는 비극들은 너무나도 가혹할 정도였다. 무엇보다도 가장 안타깝고 가슴이 아픈 것은 1647년부터 1682년까지, 첫 아내로부터 얻은 열한 명의 자녀들을 모두 다 잃었다는 사실이다. 또한 오웬 자신도 34세 때, 추운 겨울 날씨, 전염병, 런던의 대화재 등으로 인해 죽을 것과 같은 질병을 앓았고, 그 후로 생을 마감할 때까지 오랜 동안 담석증, 천식 등 많은 질병으로 고통받아야 했다. 첫 아내 메리도 1677년에 사망하였다. 유일하게 생존하여 결혼을 했던 딸도 어려움이 많아서 부모 곁으로 돌아와 있다가 폐결핵으로 사망했다. 또한 오웬은 자신의 교회에 출석하던 도리시 도일리와 재혼했지만 그의 교회는 핍박 속에 있었다. 또한 그는 노년에 왕의 조치에 반대하던 비서명파였기에 법률상으로 국가의 보호를 받지 못했던만큼 그는 평안하지 못한 노년

---

9   Owen, *Works*, II:154.

기를 보냈다.

오웬은 목회자로 사역에 나설 때, 처음부터 위대한 신학자가 되려는 야심을 가진 사람이 아니었다. 다만 그는 살아계신 하나님의 자녀이자, 참된 그리스도인이 되려는 열망을 갖고 있었다. 그는 자신의 마음 속에서 하나님이 받으시는 것들이 무엇인가에 대해서 연구하고, 발전시켜보려는 관심과 열성을 갖고 있었다. 그리고 결국 그의 그런 노력들이 빛을 발휘했다. 가장 위대한 청교도 신학자로 손꼽히는 존 오웬은 남다른 업적을 남겼는데, 그의 설교와 성경주석에 담겨진 통찰력은 깊고 풍성하면서도, 보배처럼 빛이 났다. 오웬의 신학사상은 전세계적으로도 엄청난 영향력을 발휘했었다. 오웬은 칼빈 이후에 가장 방대한 신학 저서를 집필한 신학자이자 영적 거장이었고, 옥스퍼드 대학교의 최고 신학자였다. **그는 하나님의 은혜에 의해서 유지되는 삶을 철저히 인식했으며, 그러한 상황 인식 속에서 걸어간 자취 속에서 영적인 삶의 교훈들을 남겼다.** 최근에 그의 전생애와 저서들에 대한 연구가 활발하게 진행되면서 새롭게 주목을 받고 있다.[10] 그리벤 교수는 교회와 정치 문제들 속에서 오웬이 수많은 "패배"를 맛보았다고 강조하였다. 오웬의 생애는 숱한 실망과 절망들로 점철되었는데, 그런 처참한 환경에 맞서서 싸워나가

---

10 Matthew Barrett & Michael A.G. Hayin, *Owen on the Christian Life* (Wheaton: Crossway, 2015), 18.

면서 동시에 크고 작은 환희와 기대를 품고 살았다.[11]

2) 존 오웬의 유년기부터 대학시절까지의 삶

오웬은 1616년 옥스퍼드 대학교 근처 스태드햄튼에서 청교도 목사 헨리 오웬의 둘째 아들로 태어났다. 같은 해에 영국의 대문호 윌리엄 세익스피어가 죽었는데, 당시 청교도 설교자들은 유혹을 조심하고 시간을 아껴 사용하며 선한 일에 힘쓰도록 가르침으로써, 세익스피어보다 더 인기가 많았다.[12]

오웬이 12살이 되던 1628년, 그는 옥스퍼드 대학교 퀸즈 칼리지 예비반에 들어갔고, 그 후로 모든 단계들을 거치면서 도합 9년 동안을 수학했다. 그는 먼저 1631년부터 다음 해까지 문학사 과정을 마쳤고, 이어서 1635년 4월에는, 문학석사 과정을 졸업했으며, 그 다음 신학 과정에 진학해서 모두 7년의 과정으로 편성된 수업을 받으면서 최고의 신학자로 성장할 수 있었다.

오웬의 형제자매들은 다음과 같다. 친형, 윌리엄 오웬는 옥스퍼드 대학교를 졸업한 후에 그 근처에서 목회했으며 1660년 48세

---

11 Crawford Gribben, *An Introduction to John Owen: A Christian Vision for Every Stage of Life* (Wheaton; Crossway, 2022), 13.

12 Richard Snoddy, "A Display of Learning? Citations and Shortcuts in John Owen's *A Display of Arminianisme* (1643)," *Westminster Theological Journal*, 82:2 (2020): 319-336.

에 사망했다. 또한 오웬에게는 청교도 군인으로 가담한 두 명의 남동생들이 있었는데, 둘째 동생 빌레몬은 1649년 아일랜드 전투에서 사망했다. 막내 여동생은 목회자와 결혼하였다.

　오웬이 청교도 신학 사상을 집대성한 최고 신학자로 영향력을 발휘하게 된 것은 이처럼 그가 옥스퍼드 대학교에서 성실하게 학문을 터득하며 준비하는 과정을 거쳤기 때문이다. 그의 학창 시절에 있었던 그의 학문이 성장하고 신학이 성숙하는 과정에 대해서는 잘 알려져 있지 않았지만, 그는 그 과정으로 탄탄한 기초 학문을 터득할 수 있었다.[13] 옥스퍼드 대학교 신학부는 오직 성공회 목회자가 되려거나, 왕의 선언문에 서명한 자들만 수학하던 곳이었다. 1620년대와 1630년대의 옥스퍼드 대학교는 국교회를 지탱하는데 기여하던 교수진들이 주로 가르쳤기 때문에, 옥스퍼드 대학교 안에서는 종교개혁의 소용돌이 속에서 논쟁과 갈등이 심했었다. 그 시기는 영국 교계가 개혁신학의 체계로 개편되는 전환기였기 때문에, 서로 다른 견해들이 충돌하고 있었고 대단히 소란스러웠다. 그래서 찰스 1세는 1628년부터 예정론, 선택교리 등 성공회 체계에 도전적인 신학 사상에 대해서 논쟁적인 토론을 하지 못하도록 금지시켰다.

　오웬은 1637년에 자신의 청교도 개혁주의 신앙과 마찰을 빚

13　Sinclair B. Ferguson, *John Owen on Christian Life* (Edinburgh: Banner of Truth, 1987), 2.

고 있던 교수진들이 지배하던 옥스퍼드 대학교를 떠났다. 성공회 국교회 체제를 고수하던 옥스퍼드 대학교에서는 더 이상 학자로서의 꿈을 포기할 수 밖에 없었다. 그는 기꺼이 아버지와 같이 청교도 신앙을 따르고자 했던 것이다.

3) 청년 오웬의 회심사 : 구원과 은혜의 확신

오웬은 대학교를 졸업하고 성공회 사제로 서품을 받은 후, 왕당파 귀족(Mr. Richard LoveLace)의 가정교사이자 목회자로 5년 동안 사역했다. 그러나 그 귀족 집안이 찰스 1세를 지지하고 있었기에, 의회파를 지지하던 오웬은 청교도 전쟁이 일어나자 더 이상 그 집에 머물러 있을 수가 없었다.

찰스 1세의 통치기간 동안에 잉글랜드 모든 청교도들의 앞날이 암울했다.[14] 오웬을 포함하여 모든 청교도들의 처지는 매우 곤혹스러운 상황이었다. 오웬이 런던에서 머물고 있던 시기에, 제1차 청교도 전쟁이 발발하였다. 영국의 최고 권력자들 사이에서 갈등이 폭발한 것이다. 그 원인은 법정과 교회의 예식에서 로마 가톨릭의 영향이 더욱 더 거세지자, 의회의 귀족들과 청교도들이 거부하였기 때문이다. 또한 청교도 혁명이라는 불리는 전쟁이 발발하게 된 원인에

---

14 Michael P. Winship, *Hot Protestants: A History of Puritanism in England and America* (New Haven: Yale University Press, 2018), 130. John Morrill, *The Nature of English Revolution* (London: Routledge, 1993), 6.

는 국왕의 실정이 거듭되었기 때문도 있다. 1625년 국왕이 된 찰스 1세는 잉글랜드 교회를 지배하려는 강력한 조치들을 시행했다. 더구나 찰스 1세의 왕비도 로마 가톨릭이 주류였던 프랑스의 국왕 앙리 4세의 딸이었기에, 로마 가톨릭적인 예식서 준수와 알미니안주의 신학을 강요하던 윌리엄 로드 대주교에 대항했던 청교도들은 박해를 당하고 있었다. 무엇보다도 청교도들은 성경적인 예배를 추구했기에, 대주교가 강요하는 예식서를 따르지 않았다.[15]

찰스 1세는 1639년 스코틀랜드에서 주교제도를 복원시키려다가 제1차 주교전쟁에서 패퇴했고, 다시 1640년 제2차 주교전쟁도 패배했다. 따라서 청교도 설교자들은 찰스 1세를 적그리스도라고 불렀다. 오웬은 이미 옥스퍼드 대학에서부터 수학하던 시기에 찰스 1세와 캔터베리 대주교 윌리엄 로드가 확산시키고 있던 알미니안주의를 따르지 않기로 결심했었다.

1642년 봄, 오웬은 런던에서 처음으로 놀라운 하나님의 은혜를 체험하였고, 구원의 확신을 갖게 되었다. 이 사건은 오웬의 생애에 놀라운 영향을 끼치는 일대 사건이었다. 그동안 오웬은 개혁주의 신학에 대한 확신을 가지고 있었지만, 신학 지식만으로는 개인적인 회심과 구원의 확신에는 아직 이르지는 못하고 있었다. 그는 개혁신학을 따라가기로 하면서 상당히 값비싼 댓가를 치르게 되었다. 오웬

---

15 김재성, 『청교도, 사상과 경건의 역사』, 343-354.

은 훗날 젊은 날의 결단에 대해서 회고하면서, "복음의 첫번째 교훈은 그리스도를 얻기 위해서 모든 다른 것들은 다 포기해야만 한다"라고 강조했다.[16] 세상에서 쟁취하려던 야심을 포기하는 것이 복음을 받아들이는 첫 단계라고 가르쳤다. 먼저 세상에 속한 자랑과 욕망을 내버려야만 더 높고 깊은 영적인 단계로 나갈 수 있는 것이다.

처음 런던에 머무는 동안에 오웬은 여러 가지로 깊은 인상을 받았다. 그곳에서 벌어지고 있는 불확실한 정치적 소용돌이 대한 안목을 갖출 수 있었다. 헨리 8세의 종교개혁이 진행된 이후로, 청교도들은 국왕과 대주교 로드에게 탄압을 받고, 엄청난 희생을 치르면서도 개혁주의 신학과 칼빈주의를 지키고자 노력했었다.[17] 1640년대 런던의 설교자들은 대부분이 장로교회에 소속된 청교도들이었다.[18] 그러나 오웬은 옥스퍼드 대학교를 떠날 때까지, 학교에서 받은 수업이나 설교 말씀을 가지고는 신중하고도 철저한 청교도 사상을 배울 수 없었다. 그에게는 아무런 회심의 체험이 없었다.

그러나 아무도 아는 사람이 없는 런던에서 오웬에게 주어진 하나님의 은혜는 놀라웠다. 우선 오웬은 대학 친구, 스콧(Scot)의 가정

---

16 Owen, *Works*, II:137.

17 Patrick Collinson, *The Religion of Protestants: The Church in English Society, 1559-1625* (Oxford: Clarendon Press, 1982), 151-152.

18 Polly Ha, *English Presbyterianism, 1590-1640* (Standford: Sanford University Press, 2011), 144.

에 머물면서, 새로운 교우관계를 맺어나갔다.[19] 오웬은 런던 켄트에 있던 대학교 친구의 집에서 머물고 있는 동안에, 다소 우울한 시기를 보냈다고 할 수 있다. 그는 1642년 11월에서 12월 사이에, 그리고 다시 1643년 초에, 두 차례 친구의 집에서 머물렀다.

은혜와 구원의 체험을 어떻게 런던에서 체험했는지에 대하여 오웬은 자세하게 기록해 놓았다. 그는 이러한 회심 체험과 상황에 대해서 기록해 놓았지만, 출판하지는 않았다.[20] 당시 런던에서 최고의 설교자로 알려진 장로교회 목회자 에드먼드 캘러미 (Edmund Calamy, 1600-1666)의 설교를 들으러 "알더맨버리"에 있던 "성 마리아 교회"(St. Mary Church, Aldermanbury)에 사촌과 함께 참석하였다. 주일 오전에 교회에 도착했는데, 마침 그날 캘러미 목사는 다른 곳에 설교하러 갔고, 시골에서 사역하고 있던 어떤 목회자가 설교를 하였다. 이날 동행했던 오웬의 사촌은 거기서 멀지 않은 성 미가엘 장로교회로 가서 또 다른 저명한 청교도 설교자, 아더 잭슨 목사(Arthur Jackson, 1593-1666)의 설교를 듣자고 했다. 그러나 오웬은 그냥 성 마

---

19 오웬은 『목회자들과 구별된 성도의 의무들에 관하여』(1644)의 머리말에서 이 책을
      스콧의 가정에 헌정하며 깊은 감사를 표했다. Owen, *Works*, XIII:49. C. Gribben,
      John Owen and English Puritanism, 41.

20 Owen, *Works*, XIII:2, 18.

리아 교회에서 예배에 참석했다.[21]

　그렇게 오웬은 어느 시골에서 온 설교자의 말씀을 들었다. 그날 성경 본문은 마태복음 8장 26절, "믿음이 적은 자여, 어찌하여 그대는 두려워하는가"였다. 그날의 설교자가 누구였는지는 오웬은 훗날까지도 정확히 기억해 낼 수 없다고 했지만, 그날의 설교는 오묘하신 하나님의 섭리 가운데서 절박한 상황에 놓여있던 오웬이 꼭 들어야 할 말씀이었다.

　청년 오웬은 설교를 들으면서 자신의 영혼을 향한 하나님의 계획을 다시금 깨닫게 되었다.[22] 그는 하나님의 자녀로서 세상이 창조되기 전에, 그리스도 안에서 선택을 받았다는 깊은 내적인 확신을 갖게 되었다. 하나님께서는 그를 사랑하시며, 자신의 생애에 대해서 사랑의 계획을 갖고 있음을 느끼게 되었다. 오웬은 하나님이 참된 분시며, 진정으로 살아계시다는 것과 자신의 영혼에게 평안을 주시려는 것임을 깨닫게 된 것이다.

　그리고 오웬은 그동안 마음에 품고 있던 모든 불안감과 의심들이 완전히 제거되는 축복을 느꼈다. 그렇게 오웬 안에는 앞으로 평생 동안에 항상 즐겁게 생애를 영위해 나갈 수 있다는 "위로와 견고

21　Matthew Barret & Michael A. G. Haykin, *Owen on the Christian Life* (Wheaton: Crossway, 2015), 26.

22　Peter Toon, *God's Statesman: The Life and Work of John Owen*: *Pastor, Educator, Theologian* (Exeter: Paternoster, 1971), 13.

한 평안"의 기초가 놓여졌다.[23] 그는 열심히 성경을 탐구하여 왔었지만, 이러한 하나님의 역사하심과 보호하심에 대한 지식은 갖지 못하고 있었던 것이다. 이 날 그에게 주어진 구원의 확신은 참으로 놀라운 것이었다. 훗날 오웬은 이를 토대로 구원의 확신에 관한 교리를 저술하였다.[24]

그가 옥스퍼드 대학교에서 배운 것을 가지고 잘 활용한다면 아마도 무난한 신학자가 될 수 있었을 것이다. 그러나 런던에서 갖게 된 체험은 그로 하여금 참된 신자들을 거짓된 교수들과는 확실히 다르다는 사실을 깨닫게 해 주었다.[25] 그들이 무엇을 알고 있느냐 정도가 아니라, 어떻게 그것들을 알게 되었느냐 그리고 그런 지식들로 인해서 성도들에게 어떤 감동을 줄 수 있느냐에 있어서 큰 차이가 있었던 것이다.

훗날 오웬은 옥스퍼드 시절을 회고하면서, 옥스퍼드 대학교의 교수들을 "공허한 교수들(emty professors)"이라고 평가했다. 오웬은 다음과 같이 말했다. "영혼의 열매가 없는 옥스퍼드 대학교의 교수들로부터 아무런 영적 교훈들을 얻을 수 없었다. 그들은 교수직이라는

---

23 John Asty, "Memoirs of the Life of John Owen, D.D." in *A complete Collection of the sermons of John Owen* (1721), 5. C. Gribben, *John Owen and English Puritanism*, 42.

24 Owen, "A Practical Exposition upon Psalm 130," in *Works*, VI:324-648.

25 C. Gribben, *An Introduction to John Owen*, 77.

외적인 특권들을 즐기면서 그저 가르치는 직업만을 의무적으로 수행하고 있었을 뿐, 대부분 위선자들이었다."[26] 또한 "그들은 하나님을 아는 지식을 그저 문자로만 갖고 있을 뿐, 우리를 구원에 이르게 할 수는 없다. .... 책 속의 문자로만 성경의 교리를 이해하는 것과 참으로 그리스도의 마음을 아는 것과는 엄청난 차이가 있다."[27]

오웬은 복음에 대해서 의지적이며, 감동적인 반응들이 결정적으로 중요하다는 점을 깨달았다. 참된 회심은 의지와 가슴만이 아니라 마음까지도 포함하기 때문이다. 오웬의 이러한 체험은 성령의 사역에 대한 관심을 갖게 하였고, 30년 후 그의 기념비적인 저서,『성령론』의 출판으로 결실을 맺었을 뿐만 아니라 그의 목회에서도 엄청난 변혁을 초래했다. 그는 이로써 복음의 지식들이 단순히 학문적으로 가르치는 것이 아니라는 것을 확실하게 터득하게 된 것이다.

오웬은 여러 신학적인 주제들을 발전시켜 나갈 수 있었다. 그리스도의 사역에 대해서 개혁주의 신학의 관점에서 방대한 저서를 남겼는데, 알미니안주의, 소시니안주의, 로마 가톨릭의 문제점과 오류들을 비판했다.

---

26 Owen, *Works*, II:39.

27 Owen, *Works*, II:108, 120.

4) 오웬의 고민: 성공회, 장로교회, 회중교회

오웬이 젊은 나이에 체험한 것들의 내용과 상황에 대해서 별로 주목하지 않는 분들이 많다. 그 이유는 오웬을 너무나 존경하기 때문에, 그의 젊은 날에 별로 자랑스럽지 못했던 기록들에 대해서는 그냥 넘어가려고 하기 때문이고, 침묵하려는 의도가 있기 때문이다.[28] 그러나 오웬의 사상을 이해하기 위해서는 그가 젊었을 때의 체험들을 잘 살펴봐야만 한다.

젊은 날의 오웬은 잉글랜드 종교개혁의 소용돌이 속에서 갖가지 경험을 했다. 정치와 전쟁, 성공과 패배라는 여러 가지 굴곡을 맛보았다. 여기서 필자가 주목하는 것은 목회자 오웬이 성공회, 장로교회, 독립적 회중교회 사이에서 교회의 신학과 정치와 목회에 대해서 심각하게 고뇌를 거듭하던 시기가 있었다는 사실이다. 그는 대학교를 졸업한 후에, 정치와 교회의 소용돌이 속에서 깊은 우울함과 좌절을 경험하는 시기를 보냈다. 오웬이 장로교회와 회중교회를 경험한 것은 그의 할아버지와 아버지가 이미 국교회를 거부하던 청교도 목회자였기 때문이다. 오웬은 비서명파 청교도 목회자이면서도 비교적 온건했던 아버지 헨리 오웬의 영향을 받았다.

오웬은 1638년 12월, 22세 나이로 옥스퍼드 주교 존 밴크로

---

28 Gribben, *John Owen and English Puritanism: Experience of Defeat* (Oxford: Oxford University Press, 2016), 37.

프트(John Bancroft, 1574-1641)에게 성공회 소속으로 성직자로 안수를 받았다. 오웬은 그 당시 성공회 교회 안에서 성행하던 알미니안주의 가르침에 조금도 타협하지 않았고, 로드 대주교를 비롯한 성공회의 고위 성직자들에게 복종하지도 않았다. 여기서 드는 의문점은 "어떻게 알미니안주의를 따르던 밴크로프트가 알미니안주의를 반대하던 오웬에게 안수를 줄 수 있었는가?"이다. 밴크로프트는 캔터베리 대주교 윌리엄 로드의 친구이자 지지자였기에, 옥스퍼드 대학교에서 알미니안주의를 반대하던 헨리 윌킨슨 (Henry Wilkinson, 1610-75)과는 반목하고 있었다. 밴크로프트가 어떤 관계에서 오웬을 성공회 목회자로 안수하기에 이르렀는지 정확하게 알려진 바는 없지만, 아마도 자신의 길을 따라오고 있는 제자의 한사람이라고 기대했던 것 같다.[29]

또한 존 오웬의 친형 윌리엄 오웬이 이미 옥스퍼드 대학교를 졸업한 후, 1635년 5월 밴크로프트로부터 국교회 소속 성직자로 사제 서품을 받았었다. 그러기에 밴크로프트는 그의 동생, 오웬도 역시 비슷한 길로 가리라는 기대를 가졌을 것이다.

1624년 3월, 오웬은 저술가로서 첫 작품을 출판했는데, 그는 이 책에서 당대 뜨겁게 거론되던 주제를 다뤘다. 그건 바로 『알미니

---

29 Gribben, *John Owen and English Puritanism*, 37.

안주의 해부』(A Display of Arminianism)라는 책이다. 이 당시는 제1차 시민전쟁이 발생해서 왕당파와 의회파가 격렬하게 대립하던 시기였는데, 오웬은 자신에게 남아있던 신학적인 의심들을 걸러내고 칼빈주의를 확실하게 붙잡았다.

이 책에 담긴 오웬의 사상을 놓고 여러 가지 해석들이 있다. 왜냐하면 이 책에서 오웬이 사용한 스콜라주의적 방법론이 과연 개혁파 정통신학이었는지 문제가 제기되기도 했기 때문이다. 그러나 이는 논쟁점이 아니다. 왜냐하면 17세기 신학자들은 중세 후기 스콜라적인 방법론을 사용하면서도, 교리의 핵심 내용은 종교개혁자들처럼 성경에 절대 의존했기 때문이다.[30] 무엇보다도 오웬은 자신을 영국의 청교도라고 인식했다. 그는 하나님의 절대주권과 인간의 자유의지가 서로 양립할 수 없음을 지적했다. 이는 당시에 잉글랜드에서 가장 논쟁이 됐던 주제였는데, 오웬은 위 책을 통해 다른 이들에게 자신의 신학을 강력하게 피력하는 인상을 남겼다. 이 때까지만

---

30 Ryan M. McGraw, *A Heavenly directory: Trinitarian piety, Public Worship and a Resssesment of John Owne's Theology* (Bristol: Vandenoeck & Ruprecht, 2014), 13-14. 일부 교수들은 오웬이나 알미니우스나 이들의 논리와 방법들이 개신교 스콜라주의라고 간주한다. Richar A. Muller, "Arminius and the Scholastic Tradition," *Calvin Theologial Journal* 24 (1989), 263-277. Carl R. Truman, *John Owen: Reformed Catholic, Renaissance Man* (Aldershot, UK: Ashgate, 2007), 5-6. Christopher Cleveland, *Thomis in John Owen* (Farnham, UK: Ashgate, 2013), 5-11. Carl R. Trueman and R. S. Clark, *Protestant Scholasticism* (Carlisle, UK: Paternoster, 1999), xiv.

해도 오웬은 온건한 장로교회 목회자로서, 하나님에 대항해서 자유의지를 주장하는 자들과 싸우고자 했음을 알 수 있다. 또한 이 시기에 오웬은 회중교회의 무정부주의에 대해서도 비판적이었다.

왜 이처럼 오웬이 논쟁적인 주제를 다루게 되었으며, 어떻게 런던에서 출판 비용을 조달했는가에 대해서는 자세히 알 수는 없다. 한 가지 분명한 것은 당시 잉글랜드 의회의 "신앙위원회"가 모든 목회자들의 신학사상에 대해서 점검하는 일을 하고 있던 때였으므로, 오웬이 그들에게 자신의 개혁주의 신학을 인정을 받기 위해 저술했을 것이라는 점이다.[31] 그리고 실제로 오웬은 이 책을 통해 개혁주의 신학에 대해서 확신이 없는 목회자들을 걸러내고 있었던 포드햄 노회로부터 인정을 받았다.

오웬이 『알미니안주의 해부』를 출판한 후에, 1643년 여름에 에식스에 있는 포드햄 근처의 지역교회에서 청빙을 받았다.[32] 안수 받은지 5년이 지난 후에, 시골에 있는 교구의 목회자가 된 것이다. 그 교회의 전임 목회자 중에는 메리 여왕의 박해 기간에 피신을 갔다가 돌아와 교회당 유리창의 성화들을 제거했던 열렬한 청교도, 토마스 업쳐(Thomas Upcher)같은 사람도 있던 반면에 로드 대주교의 지

---

31 Stephen C Taylor, Grant Tapsell, eds., *The Nature of the English Revolution Revisited*: *Essays in Honour of John Morrill*. Studies in Early Modern Cultural, Political and Social History, 18 (BOYE6, 2013).

32 Gribben, *John Owen and English Puritanism*, 54.

지자였던 존 앨솝(John Alsop)같은 사람도 있었는데 그는 오웬의 전임
자였다.

오웬이 포드햄에서 첫 교구 목회자 사역을 시작할 무렵,
1643년 7월에 웨스트민스터 총회가 소집되었다. 오웬은 이처럼 역
사적으로 중요한 신학자들의 총회에 초대를 받지 못했는데, 그 이유
는 아마도 오웬이 그 당시에는 그렇게 유명하지 않았기 때문이다.
특히 그가 너무 어린 목회자였기에 초청대상이 아니었던 것으로 보
인다.[33]

1643년 말경, 오웬의 나이 27세 때에 메리 루크(Mary Rooke)와
결혼하였다. 그녀는 오웬의 고향인 포드햄에서 5마일 정도 떨어진
콕게살에서 의복제조업을 하던 윌리엄 루트의 딸이었다. 이 두 사람
은 11명의 자녀를 낳았지만, 1677년에 메리는 건강 악화로 사망하
였다.

오웬은 시골 목회자로 생활하면서 무질서하고 혼란스러운 지
역교회의 문제들을 해결하는 대안을 작성했다. 1644년 초, 오웬
은『목회자와 구별된 성도들의 임무』(The Duty of Pastors and People Distin-
guished)이라는 소책자를 출판했다.[34] 오웬은 당시 잉글랜드 교회가

---

33 Robert Letham, *The Westminster Assembly*: *Reading its Theology in Historical Context* (Phillipsburg: P&R, 2009), 235.

34 Owen, *Works*, XIII:3.

로마 가톨릭보다 더 나쁜 상태라고 진단했다. 그는 진단하길, 윌리엄 로드가 대주교로 임명된 1628년 이후로 잉글랜드 교회는 가장 기본적인 기독교 진리마저도 변질시켰고 책임을 감당하지 못하고 있다고 진단했다. 이 책에 담긴 내용들은, 동시대에 소집된 가장 중요한 웨스트민스터 총회가 표방하는 개혁주의 장로교회의 신학사상이었고, 교회정치와 교리문답서로 정리됐다.

아마도 오웬이 『목회자와 구별된 성도들의 임무』를 저술하면서 염두에 두었을 것으로 추정되는 책은 영국 성공회에서 시행하는 예배예식을 옹호하는 안내서였을 것이다.[35] 오웬의 반론은 주로 이 책에 대한 비판이었다. 오웬은 예배에서 설교의 중요성과 개인적인 해석의 의무를 강조했다. 하나님의 백성들인 성도들은 자유함이 있지만 동시에, 설교를 통해서 진리를 맛보아야만 균형을 유지할 수 있다고 역설했다. 다만 그는 이 책에는 전통적인 주교의 역할에 대해서 비판하지도 않았고, 평신도의 설교를 허용해야 한다고 주장하는 등 오웬의 초기 교회론은 평화주의에 기울어 있음을 보여준다.[36]

1643년 7월 초에 소집된 웨스트민스터 총회에서는 장로교회와 독립적인 회중교회 지도자들이 교회조직을 놓고서 팽팽하게 대

---

35 추정되는 안내서 Herbert Thorndike, *Of Religious Assemblies, and the Public Service of God*, 1642

36 Owen, *Works*, XIII:5.

립하였다.[37] 왜냐하면 이는 영국 내 교회를 하나로 통일하기 위한 목적 때문이었다. 그러나 새롭게 등장한 독립적인 회중교회 목회자들은 각 교회의 자율성을 침해할 수 있으므로, 국가적인 조직체의 결성을 반대했다. 회중교회의 지도자 토마스 굿윈과 필립 나이(Philip Nye)는 웨스트민스터 총회의 토론에 영향을 주려는 의도에서, 미국으로 건너간 존 코튼의 『천국의 열쇠들』(Keyes of the Kingdom of God)을 출판했다. 그리고 오웬은 잉글랜드 국가 전체 내의 모든 교회를 하나로 묶는 조직을 구성하도록 하는 청원서에 서명하지도 않았다. 물론 그는 후에도 이런 교단의 조직을 지지하지도 않았다.[38]

바로 이런 논쟁의 과정을 주시하면서, 오웬은 점차 장로교회보다는 회중교회를 지지하게 되었다. 당시 소용돌이치던 정치적인 상황 속에서, 청교도 군대들의 승리와 희생을 목격하면서 많은 변화를 느꼈기 때문일 것이다. 오웬은 공개적으로 장로교회에서 회중교회로 입장을 바꾸게 되었는데, 여기에 대해서는 좀 더 면밀히 내용을

---

37 Donald Macleod, "The Significance of the Westminster Confession," in *The History of Scottish Theology*, Vol., II: From the Early Enlightenment to the Late Victorian Era. eds., David Fergusson and Mark Elliott (Oxford: Oxford University Press, 2019), 6-13.

38 Owen, *Works*, XIII:45-46.

살펴볼 필요가 있다.[39]

　오웬은 온건한 장로교회 제도를 유지하던 비서명파 청교도 교회를 목양하던 아버지 밑에서 성장하였다. 또한 그는 옥스퍼드 대학교에서 목격했던 알미니안주의를 방지하고자 했기에, 목회 초년병 시기에는 장로교회 제도를 옹호했었다.[40] 그러나 위에서 살펴본 바와 같이, 오웬은 이미 1643년 초에 런던을 방문하여 회심 체험을 하면서, 목회자로서 새롭게 눈을 뜬 것인데 이로써 그는 청교도 목회자로 다시 태어난 것이다. 오웬에게 일어난 가장 큰 변화는 독립적인 회중교회 체제를 더 확신하는 쪽으로 마음을 바꾸게 된 것이다.

　그렇게 마음을 바꾸게 된 결정적인 요인은 그가 존 코튼(John Cotton, 1584-1652)의 회중교회 조직에 관한 책, 『천국의 열쇠들』(The Keys of the Kingdom of Haven, 1642)을 읽게 된 것이다. 이로써 오웬은 개별 교회의 자율성에 대한 확신을 갖게 되었고, 전국 총회나 권위로부터 간섭을 받지 않는 회중교회 제도를 옹호하게 되었다. 물론, 장로교회에 대해서도 여전히 관용적인 태도를 취하긴 했다.[41]

39　Francis Lee, *John Owen represbyterianized* (Edmonton, Canada: Still Waters Revival Books, 2000). Stephen P. Westcott, *By the Bible alone! John Owen's theology for today's church* (Fellsmere, FL: Reformation Media & Press, 2010), 518-37.

40　Gribben, *John Owen and English Puritanism*, 57.

41　Gribben, *John Owen and English Puritanism*, 176-177.

오웬은 『분열에 대한 논쟁의 변호』(A Vindication of the Treatise on Schism)에서 왜 자신이 회중교회로 마음을 바꿨는가에 대한 이유와, 자신이 젊은 날에 쓴 책에 대한 회고를 남겼다.

그때 나 스스로 생각할 때에, 젊은이로서 아마 스물 여섯 혹은 스물 일곱이었을 때였다. 독립파와 장로교회 사이의 논쟁도 역시 초기 단계였고, 그 논쟁을 스스로 충분히 이해하지 못하고 있었다.

나는 논쟁에서 제시된 것들이 어느 한 쪽도 적합하지 않다고 생각했으면서도, 회중교회 쪽에 서 있었다.

... 나는 회중교회 방식에 대해서 전혀 알지 못하고 있었고, 나는 반대편에 속하는 고백을 하고 있다고 스스로 생각했었다. 그러나, 논쟁에 제시된 것들을 검토한 후에, 나의 원리들이 장로교회보다는 회중교회의 판단과 고백에 더 적합하다고 생각하게 되었고, 나는 성공회와 그 예식서들에 대해서 반대하게 됐다. ...

나는 논쟁에서 제기된 문제들이 온 나라를 심각하게 흔들어 놓고 있는 것에 대해 심각하게 탐구하고 연구하기로 결심했다. 나는 그동안 회중교회의 방식에 대하여 전혀 몰랐다. 그 당시엔 목회자나 평신도나 이에 대해 전혀 아는 사람이 한 사람도 없었다. 나의 지식은 오직 장로교회의 방식을 따르는 사람들과 목회자들과 나누는 것이 전부였다.

그러나 양쪽에서 갖가지 책들을 출판했기에, 나는 하나님께서 내게 주신 능력을 발휘하여, 성경과 그것들을 하나씩 대조해 보았다. …

나를 설득한 것은 존 코튼의 "천국의 열쇠들" 이란 책이었다. 그의 검증과 논증이 나에게 특별한 만족을 주었고, 나는 그 내용을 열심히 그리고 신실하게 탐구했다. 내 기대와는 상당히 다르게, 나는 이 저서의 경륜과 목적을 받아들이기로 설득을 당했고, 그 반대되는 원리들은 정리하였다.[42]

이처럼 회중교회 방식을 받아들이기로 납득하게 된 오웬은 장로교회를 떠났다. 1646년, 8km 남쪽에 있는 콕케샬(Coggeshall)에서 새로운 회중교회를 섬기게 되었다. 아내의 고향 마을에 세워진 교회에는 매 주일 날 2천여 명이 오웬의 설교를 들으러 몰려왔다.[43]

여기서 우리는 오웬이 받아들인 회중교회가 오늘날 잉글랜드 및 미국의 회중교회와 똑같다고 생각해서는 절대로 안된다. 오웬 당시의 회중교회에서는 교회의 권징이 철저히 시행되었고, 칼빈주의 개혁신학을 채택했었다.

---

42 Owen, *Works*, XIII:222-223.

43 Matthew Barrett & Michael A.G. Haykin, *Owen on the Christian Life* (Wheaton: Crossway, 26-27.

회중교회 제도를 지지하게 된 오웬은 잉글랜드 의회가 각 지역 교회에 장로의 명단을 제출하라는 요구서를 보냈을 때에 이것을 일종의 권리침해로 간주했다. 의회에서는 국가 전체적으로 장로교회의 지역별 노회 조직을 시도하였던 것이다.[44] 물론 당시 많은 교회들이 명단을 제출하지 않았는데, 그렇다고해서 의회는 그러한 교회나 교구에 대해서 강제적인 조치를 취하지는 않았다. 어쨌든 오웬은 회중교회 방식을 수용하면서 목회자로서 그의 생애는 완전히 바뀌었는데, 회중교회에 속한 올리버 크롬웰의 승리하게 되고, 의회파가 다수를 차지하면서 새로운 세상을 맛보게 된 것이다.

5) 크롬웰의 조언자

영국 역사를 바꾸는 청교도 전쟁이 연속되는 가운데 오웬의 역할은 중요했다. 당시 정치는 교회와 서로 긴밀히 연결되어 있었다. 오늘날처럼 모든 사람들이 동등한 자유를 행사하던 시대는 아니였음에도 불구하고, 절대 왕권의 시퍼런 칼날 앞에 신앙적인 "자유"를 외치면서 교회의 개혁운동을 일으키는 청교도들의 열정은 뜨겁기만 했다. 그런 가운데서, 32살이 된 오웬의 생애에서 일대 전환점이 되는 격동적인 사건들이 연이어 벌어졌다.

청교도 혁명에서 성공한 올리버 크롬웰과 의회파 정치가들은

---

44 Gribben, *John Owen and English Puritanism*, 81.

중대 결단을 내렸다. 1649년 1월 30일, 국왕 찰스 1세를 처형한 것이다. 영국을 24년간 다스렸던 찰스 1세는 살인자요 폭군이며, 하나님의 뜻을 거역한 죄로 공개 처형되었다. 잉글랜드 역사에서 "시민혁명"(Civil Revolution)이라고 명명된 내전의 결말은 이렇게 청교도의 승리로 끝이 났다. 위와 같이 찰스 1세의 처형이 불가피했던 이유 첫 번째는 그가 여러 차례 교회에 대해서 과도한 탄압을 자행하여 너무나 많은 사람들의 피를 흘렸기 때문이다.

그럼에도 불구하고 찰스 1세는 또 다시 스코틀랜드를 침공했는데, 그 이유는 스코틀랜드의 교회들이 주교제도를 거부한다는 이유 때문이었다. 당시 스코틀랜드는 이미 존 녹스의 지도하에 1560년부터 종교개혁을 받아들이고 장로교회를 정착시켰기 때문에, 국교회 체제를 철저히 거부했다. 그럼에도 불구하고 찰스 1세는 또 다시 주교 제도 하에서 국왕의 절대적인 지배권을 행사하려고 스코틀랜드를 침공을 했다. 찰스 1세가 1639년과 1640년에 걸쳐서 두 차례 스코틀랜드를 침략한 전쟁을 "주교전쟁" 이라고 부르는데, 이는 찰스 1세가 주교체제를 복구하려고 시도했기 때문이다. 그러나 스코틀랜드의 장로교회를 지지하는 지역 귀족들과 교회 지도자들이 이를 저지시킨 것이다.

그리고 그 다음 1642년에 앞서 언급된 "시민전쟁"이 일어났는데, 이 전쟁은 찰스 1세가 잉글랜드에서도 왕권에 도전하는 의회파 귀족들을 장악하고자 전쟁을 시작했다. 하지만 이 전쟁에서는 의회파의 지도자 올리버 크롬웰 장군이 이끄는 군대가 승리했다.

그리고 크롬웰의 청교도 군대는 이어서 1649년에 아일랜드로 향했다. 그 이유는 로마 가톨릭 군주들이 더블린의 개신교도들을 무자비하게 학살했기 때문인데, 더블린의 개신교도들을 보호하고 지키기 위해서였다.[45] 아일랜드는 가톨릭과 성공회의 영향력이 컸는데, 지금도 아일랜드 북쪽 지역의 교회들은 성공회 제도를 따르고 있고, 남쪽 지방은 로마 가톨릭에 속해 있다. 그 결과 청교도와 가톨릭 양쪽에서는 수많은 사람들이 무고한 피를 흘렸다.

그리고 또 다시 세 번째 전쟁이 일어났는데, 1650년 여름 크롬웰의 군대는 일부 스코틀랜드의 귀족들 중에 왕당파를 제압하기 위해서 출정했다. 이렇듯이 십 여년에 걸친 내전이 지속되었고 크롬웰과 청교도 군대가 백전백승을 했지만 25만 여명이 희생되었고, 찰스 1세가 스코틀랜드를 침공해서 벌어진 두 차례 "주교전쟁"에서만 19만명이 사망했다.[46] 당시 세 나라의 총인구는 약 500만 명으로 추산되는 걸로 볼 때 상당한 인원이 사망한 것을 알 수 있다.

그 결과 언제 전쟁이 끝이 날 것이며, 그 후에는 어떻게 될 것이고, 과연 누가 권세를 장악할 것인지에 대하여 불안과 공포가 확

---

45 Crawfold Gribben, *The Irish Puritans*: *Jame Ussher and the Reformation of the Church* (Darlington: Evangelical Press, 2003), 91-115.

46 Charles Carlton, *The Experience of the British Civil Wars* (London: Routledge, 1992), 211.

산되었다. 1649년 1월 31일, 오웬은 런던에 소집된 의회에서 예레미야 15장 19-20절을 본문으로 "하나님의 보호하심에 의해서 격려를 받는 의로운 열정"이라는 제목으로 설교를 하였다.[47] 바로 그 전날, 1월 30일 찰스 1세가 의회파의 응징을 받았다. 그처럼 엄청난 정치적 소용돌이 가운데서, 의회의 강단에 올라간 오웬은 그 전날의 사건에 대해서는 단 한마디 언급하지 않으면서도, **"남용과 과용과 불법을 저지르는 자들은 하나님의 진노와 정의를 피할 수 없다"**고 선포했다.[48] 이날 오웬의 설교는 가장 어려운 상황에서 선포된 매우 적절한 내용을 담고 있었다. 이 설교를 들은 당시 영국의 운명을 놓고서 쟁투하던 귀족들, 의회원들, 목회자들, 군인들은, 비록 나이는 젊지만 비상한 시국을 향해서 영적인 지혜와 지침을 제시하는 목회자에 대해서 존경과 관심을 갖지 않을 수 없었다.

그 후 4월에, 오웬은 또다시 의회의 초청을 받아서 설교했다. 히브리서 12장 27절을 근거로 한 "하늘과 땅을 흔들림과 변화됨"이라는 제목이었다. 묵시적인 해석을 담은 설교였는데, 하늘과 땅은 영국의 권세를 비유적으로 지적한 것이었다.[49]

---

47 Gribben, *John Owen and English Puritanism*, 98-102.

48 Sarah Gibbard Cook, "A Political Biography of a Religious Independent: John Owen, 1616-1683," (Ph.D. diss., Harvard University, 1972).

49 Owen, *Works*, VIII:244ff.

이 날 오웬의 설교를 경청했던 크롬웰은 오웬의 예리한 통찰력에 놀랐다. 그리고 곧바로 자신의 부대를 위한 군목이 되어 도와달라고 오웬에게 요청했고 오웬은 청교도 군대를 격려하고자 함께 아일랜드로 갔다.[50] 찰스 1세를 처형한 직후, 크롬웰이 후속 조치를 취할 때마다 아일랜드 가톨릭 진영과 스코틀랜드 장로교회가 서로 격돌하였다. 그리고 오웬은 기회가 있을 때마다 하나님의 도우심으로 군사작전에서 승리하여 평화를 쟁취할 것이라고 격려하는 설교를 했다. 오웬이 크롬웰의 군목으로 전쟁에 참가하게 되면서, 오웬의 설교는 잉글랜드의 정치와 전체 국민들에게 주는 새로운 메시지가 되었다.

6) 옥스퍼드 대학교를 개혁하다

1651년 3월 중순, 35살 오웬은 승리자의 고귀한 신분이 되었다. 그리고 그는 다시 그의 학문적인 활동무대로 돌아갔다. 1652년에 오웬은 옥스퍼드 대학교의 부총장(vice chancellor)이 되었고, 여러 대학 중의 하나인 "크라이스트 처치"(Christ Church)에서 교무처장이라는 중요한 직책을 부여받았는데, 이는 웨스트민스터 의회의 투표를 거쳐서 임명된 것이다. 형식상으로는 올리버 크롬웰이 대학교의 총장

---

50 Antonia Fraser, *Cromwell: Our Chief of Men* (London: Weidenfeld & Nicolson, 1973), 392, 452, 470.

이었으므로, 자연히 학교의 모든 실제적인 통솔권은 오웬에게 주어졌다. 이제 오웬은 성공회의 중심부를 개혁신학으로 바꿔야만 하는 막중한 책임을 맡게 되었는데, 옥스퍼드 대학교는 그때까지만해도 여전히 라틴어로 기도를 드리고 있었고, 국왕 찰스 1세에게 충성하던 보수적인 학풍을 그대로 유지하고 있었다.

그래서 옥스퍼드 대학교를 청교도 장로교회의 신학으로 완전히 바꾸려 했던 레이놀즈(Edward Reynolds)는 엄청난 저항에 부딪혔다. 그는 오웬의 직전 부총장이었는데, 그는 웨스트민스터 신앙고백서 작성에 참여했던 신학자들 중에 한사람이었고, 스코틀랜드 장로교회가 제시한 "엄숙동맹과 언약"을 지지했었다.[51] 옥스퍼드 대학교 안에는 다양한 신학적 흐름들이 공존하고 있었고, 국가교회를 지지하는 입장과 거부하는 청교도들의 견해 차가 극명하게 갈라졌다. 개인적인 충성의 대상도 확연하게 나눠져 있어서, 레이놀즈는 종교개혁의 신학을 정착시키려는 작업을 성공적으로 완수하지 못했다. 오웬은 이미 한 세대 전에 옥스퍼드 대학교에 와서 퀸즈 칼리지를 졸업했었는데, 그 후로도 옥스퍼드 내의 분위기는 거의 변화가 없었다. 여전히 그곳은 왕당파 교수들과 성공회의 지지자들과 왕권 복귀를 꿈꾸는 음모론자들이 머물고 있었던 도피처와 같았다.

---

51   김재성, 『청교도, 사상과 경건의 역사』, 14장, "청교도 언약 사상의 꽃: 엄숙동맹과 언약," 418-440.

이런 상황에 부총장으로 부임한 오웬은 자신의 권한을 활용하되 관용과 지혜를 발휘해서 학생들의 변화를 이끌어내고자 노력했다. 다른 한편으로는 저술 작업에 집중해서 여러 권의 중요한 신학 서적들을 출판했다. 1655년에는 소시니안주의자들에 대해서 비판하는 책, 『복음의 이의신청』(Vindiciae Evangeliae)이라는 600쪽이 넘는 대작을 출판했다.[52] 이어서 최고의 명저로 꼽히는 『믿는 자들 속에서 죄의 죽임에 대하여』(Of the Mortification of Sin in Believers, 1656)[53] 와 『하나님과의 교통』(Of the Communion with God, 1657)을 연속해서 발표했다.[54] 이 책들은 대학교 학생들에게 설교한 것을 기초로 하여, 청교도 신앙의 진수를 풀어낸 것들이다. 저술 작업 뿐만아니라 오웬은 옥스퍼드 대학교를 대표하여 정치적인 자문을 하기 위해서 의회에도 출석했다.

　　오웬이 부총장으로 재직하던 시기 옥스퍼드 대학교에는 은하계에 빛나는 별과 같은 교수들이 포진하고 있었다. 신학자로는 토마스 굿윈, 스티븐 차녹이 있었고, 목회자들로는 크리스토퍼 위렌, 윌리엄 펜, 존 로크가 있었다. 이들은 당대의 신학도들에게만이 아니라, 교회사에 길이 남을 별과 같은 존재들이었다. 오웬의 노력으로

52　Owen, *Works*, XII:6ff.

53　Owen, *Works*, IV:3ff.

54　Owen, *Works*, II:3ff.

옥스퍼드 대학은 수 년 동안 교수들이 받지 못했던 월급을 지급할 수 있었는데 이처럼 학교 재정만 넉넉하게 확보된 것뿐만 아니라 모든 면에서 존경과 신뢰를 받는 최고의 교육기관으로 회복되었다.

그러나 영국의 정치적 전망은 점차 더 어두워졌다. 무엇보다도 크롬웰의 정치적 전망이 흔들렸다. 절대 다수의 의회원들은 크롬웰에게 왕으로 취임하여 왕좌에 올라가야 한다고 강권했다. 그러나 크롬웰은 이 문제에 대해서 고민했고, 이를 오웬에게 자문을 구했지만, 오웬은 그가 왕이 되는 것을 단호히 반대했다. 오웬은 왕족의 신분으로 태어나지 않은 크롬웰이 왕좌에 올라가서는 안된다고 주장했고, 오히려 그는 군인들과 함께 이런 일이 발생하지 않도록 거부하자는 바람을 일으켰다.[55]

필자는 오웬이 순수한 학자이자 목회자였기 때문에, 당시 복합한 외교, 군사, 정치적 상황들에 대처하는 방안들을 제시할 수 없었다고 보고, 또한 신학자로서 저술활동에 집중하던 그는 복잡한 국내 정치에 대해 교과서적인 판단을 내린 것이라고 평가한다. 그는 정치인이 아니었으므로, 크롬웰이 왕으로 추대되는 대관식을 가로막지 말았어야 했다. 만일 크롬웰이 왕이 되었다면, 왕권을 숭배하던 매우 전통적인 상황 하에서, 청교도의 교회 개혁운동이 훨씬 더 견고

---

55 Antonia Fraser, *Cromwell Our Chief of Men* (London: 1973), 612. Gribben, *John Owen and English Puritanism*, 170.

하게 지지를 얻었을 것이고, 찰스 1세와 로드 대주교의 박해를 피해서 수많은 피난민들이 뉴잉글랜드로 건너가지도 않았을 것이다.

하지만 결국에는 압박을 벗어나고자 새로운 나라로 떠난 청교도들이 건설한 신대륙에서 민주주의가 발전하게 되었다는 것은 역설을 뛰어넘는 하나님의 반전이다. 청교도들이 이민을 가서 세운 미국의 탄생과 독립은 초월적인 하나님의 섭리였다.

크롬웰은 거의 반 년 동안 고뇌한 끝에, 그는 결국 왕관을 쓰지 않기로 결정했다. 왕의 대관식에 준하는 성대한 취임식을 웨스트민스터 홀에서 개최하고, "호국경"(the Lord Protector)라는 명예를 받았다. 그러나 그 자리에 오웬은 손님으로 초대받지 못했다. 그때까지만 해도, 오웬은 잉글랜드의 최고 권세자 크롬웰에게 설교도 하고 자문을 했었지만, 그것으로 끝이었다. 신학을 전공한 교수였기에, 오웬의 정치적 판단은 순진하기 그지 없었다. 학교와 교회에 속한 목회자 오웬은 정치적으로 승리와 성취보다는 수없는 좌절과 패배를 더 많이 체험하였다.

그리고 뜻밖에도 최고 지도자, 올리버 크롬웰이 사망했다. 1658년 9월 3일, 크롬웰은 던바와 워씨스터 전투에서 자신의 위대한 승리를 기념하는 날에, 말라리아에 감염되어 갑작스럽게 소천하였다. 이는 오웬뿐만 아니라 그 누구도 예상하지 못한 일이었다. 이로써 더 이상 오웬의 조언과 충고가 국가의 통치에 반영될 수도 없게 되었다. 크롬웰의 권좌는 그의 장남 리처드에게 물려졌다. 하지만 크롬웰은 왕이 아니었기 때문에 그의 아들에게 물려진 권세는 각 지역 왕족들과 귀족들로부터 존경과 권위를 인정받지 못하였다. 장남 리처드는 전쟁의 영웅이던 아버지와는 달리 혼란스러운 나라를 이끌어 나가기에는 부족했다.

그리고 결국 1660년에 왕정복고라는 대사변이 일어나고 말았다. 무정부 상태의 혼란을 급복하기 위해서, 재빨리 왕당파가 프랑스에 피신해 있던 찰스 2세를 복위시켰다. 그리고 프랑스에 피신했던 찰스 2세는 왕좌에 복귀하자마자 "통일령"(the Acts of Uniformity)을 공포했다. 이로써 이 포고문에 찬성하여 서명한 국교회 목회자들만 설교할 수 있었다. 결국 비서명파 오웬은 더 이상 자신이 일생동안 소명으로 간직해온 목회자로 하나님의 백성들과 교회를 섬기는 일에 제한을 받게 된 것이다.

7) 패배한 개혁자

청교도 운동이 꽃을 피운 지 불과 십여년 만에, 이를 뒷받침하던 절대 권력이 무너졌다. 영국과 스코틀랜드의 교회는 다시 국교회 체제로 되돌아가고 말았다. 청교도들은 잠시 잠깐 혁명의 성공을 맛봤지만 결국 모든 것을 다 잃어버렸다. 찰스 2세의 통일령에 서명을 거부한 2천 여명의 목회자들과 함께, 오웬도 교회 설교자의 직위를 잃었다. "비서명파" 교회가 예배에서 성공회의 지침을 따르지 않았기 때문이다. 이 무렵에 대략 3,500개 정도의 교회가 있었다고 하는

데, 그곳에서 목회하던 청교도 혁명 세대의 설교자들은 몰락하고 말았다.

오웬은 처절한 시민전쟁의 전투 현장에서 병사들을 독려하면서, 직접 승리의 기쁨을 체험한 적이 있었다. 국왕의 왕당파 군대를 제압하기 위해서 일어선 의회파 군대가 치열하게 격돌하였고, 청교도들은 그런 정치적인 대결 상황을 간섭하시는 하나님의 정의를 확신했었다. 잉글랜드 교회에는 왕을 따르는 국교회주의자들도 있었지만, 이에 맞선 청교도들은 장로교회와 회중교회를 견고히 지켜나갔다.

그러나 청교도 운동이 쇠퇴하게 되자, 오웬은 비통함을 금치 못했다. 그토록 활기차던 설교자들이 잠시 동안에만 행복했던 것인가? 격동의 시대 속에 살아가면서 용기를 내어 불의에 저항했었지만, 역사의 무대에서 사라져가고 있었다. 다시 돌아올 수 없는 청교도 시대의 자유함에 대해서 안타까워하며 오웬은 탄식했다.

1660년, 모든 것을 잃어버린 오웬은 고향 스태드햄톤으로 돌아갔다. 그는 자신의 집에서 독립적인 회중교회를 시작했다. 청교도들은 신학적으로나 정치적으로나 철저히 탄압을 받아서 붕괴하고 말았다. 정부 당국자들은 비서명파 목회자들이 모이는 예배를 철저히 조사하여 해체시켰다. 낮에는 들에서, 밤에는 산에서 소수의 성도들이 비밀리에 청교도 설교자들에게 말씀을 들었고, 비서명파의 자녀들은 대학교에 진학할 수 없는 불이익을 받았다. 오웬은 패배의

잿더미 속에서, 이런 일련의 정치적인 사건들을 차분하게 하나님의 심판으로 받아들였다.

오웬의 삶을 추적한 그리븐 교수는 상당히 냉정하게 평가했다. 한마디로 압축하자면, 오웬의 생애는 "패배"의 체험이었다는 것이다. 청교도 지도자 크롬웰의 사망과 동시에, 자신의 모든 것을 잃어버리는 절망을 맛보았다. 그는 수많은 성취를 이뤘지만, 동시에 절망과 좌절도 수없이 경험했다. 일생동안 왕권 통치 하에서 정치적 패배를 견뎌야만 했었고, 신학적인 순수함을 인정받았지만 또 다시 최고의 권위를 잃어버렸다. 그 모든 것이 하나님의 섭리라는 것을 깨달았다.[56]

오웬은 잉글랜드에서 가장 중요한 역할을 했던 최고의 신학자였음에도 불구하고, 비서명파로 낙인찍히고 난 이후의 오웬의 노년은 우울했다. 추운 겨울 날씨 속에서 전염병, 기근, 흉년, 굶주림, 전쟁의 공포 등으로 힘든 나날을 보냈다. 일반 지역 주민들이 고통을 당하는 것처럼, 그도 모든 슬픔을 견뎌내야만 했었다. 여러 번 지적한 바와 같이, 가장 비통했던 것은 11명의 자녀를 모두 다 잃었을 때였다. 1677년에는 첫 번째 아내 매리가 사망했고 오웬의 동생도 청교도 전쟁에 나가서 전사했다.

---

56 Crawford Gribben, *John Owen and English Puritanism: Experiences of Defeat* (Oxford: Oxford University Press, 2016),18

오웬은 노년기에 쓴 『하나님께 대한 예배에서 간략한 지침』 (1667년)에서 지역교회에 대한 자신의 열망을 드러냈다. 또한 『관용에 관한 에세이』에서는 런던에서 작은 회중들을 상대로 매주 "모든 사람으로 더불어 화평하라"(히 12:14)는 말씀을 강조하였다. 오웬은 히브리서 주석을 비롯하여 여러 저술과 목양에 전념하다가 치열하게 추구하던 영적인 삶을 조용히 마쳤다. 그러나 "세상이 그를 싫어했을지라도, 하나님께서는 그를 사랑하였다."[57] 오웬은 마지막 순간까지도 저술에 몰두하다가 1683년 8월 말, 천식과 담석증, 고열 등 건강 악화로 결국 67세에 사망했다.

---

57   Samuel Clarke, *The Lives of Thirty-Two English Divines* (London: 1677), 184.

2 교회에 관한 조언들

오웬이 살던 시대는 교회의 분열이 극심했다. 국왕의 지배 하에 있던 성공회와 개혁주의 교회들은 첨예하게 대립했다. 청교도 개혁운동의 절정기에 교회의 체제를 놓고서 성공회와 장로교회와 회중교회 사이에는 긴장과 갈등이 있었다.

1646년과 1647년 사이에, 오웬은 자신의 교구에서 주변의 목회자들과 교회 정치제도에 관한 논쟁을 하게 되었다. 런던의 장로교회 목회자들은 자신의 주장을 1647년 1월에『교회통치에 관한 신적 법령』(Jus divinum regiminis ecclesiastici) 소책자로 출판했다. 1647년 3월 말경에, 오웬은 동료 목회자 요셀린과 강단교류를 원했었다. 그러나 장로교회 신봉자였던 요셀린은 오웬의 제안을 거절했다.

잉글랜드 목회자들은 계속해서 교회 체제에 대해서 논쟁을 거듭했는데, 그 결과 1648년 의회는『교회 정치체제와 목회자들의 안수에 관하여』(Concerning church –government and ordination of ministers)를 채택했다. 이에 따라, 각 교회마다 회중들의 동의로 선출된 "장로"의 명단을 의회에 제출하도록 하는 법률이 공포되었다.[58] 이 법률에는

---

58 Shaw, *A History of the English Church during the Civil Wars and under the Commonwealth*, 2:13-15.

장로교회의 체제에 따라서 전국 교회를 재정비한다는 의미가 담겨 있었다. 그러나 지역 교구에서는 장로의 명단을 제출하기를 주저하는 교회들이 많았다.

또한 "엄숙동맹과 언약"이 의회에서 작성되면서 각 지역 교회의 장로로 선출된 자는 "엄숙동맹과 언약" 문서에 서명해야만 한다는 권고사항을 발표했다. 이 문서는 스코틀랜드에서 헨더슨 목사가 작성했는데 여기에는 강력한 장로교회의 신학사상이 담겨 있다. 청교도들은 목숨을 걸고 교회를 지키고자 다짐하는 의미에서 이 문서에 서약했다. 이 문서는 청교도 혁명의 승리에 결정적인 지원군을 참전시킨 쪽에서 동일한 신앙을 고백하자자고 요청했던 것이므로, 웨스트민스터 신앙고백서 작성자들과 잉글랜드 의회에서도 받아들였다. 하지만 "엄숙동맹과 언약"에는 교회체제에 관한 언급은 없었다.

잉글랜드에 있던 교회들은 오랫동안 로마 가톨릭의 교구 조직과 동일하게, 각 지역마다 주교를 세우고 그 휘하에서 통일된 예배의식과 교회운영을 지도해 나가고 있었다. 성공회는 국가의 통일된 교회제도로 규정한 왕의 명령서에 따르고 있었기 때문에, 청교도들은 이런 제도와 예배지침을 완전히 거부하였다. 그렇다면 순수한 교회를 세우고자 한다면 과연 어떤 제도로 운영할 것인가? 이에 대해서는 서로 간에 합의하기가 어려웠다. 청교도 내부적으로도 목회자들마다 각자 가장 순수한 교회의 운영과 치리권을 놓고서 논쟁을 거듭했는데, 장로교회와 회중교회는 각각 서로의 입장을 양보하지 않았다.[59] 다만 양측은 서로 비난하지 않으려 자제했고, 신중하게 접근하였다.

지역 교회마다 장로교회 체제를 받아들일 것인가를 놓고서 논쟁하고 있을 바로 이 때에, 오웬은 1647년 말에 집필을 완료하고 그 다음 해 늦은 봄에 『에스골』[60]이라는 제목으로 소책자를 출판했다. 이 책에서 오웬은 회중제도를 옹호했다.[61] 그리고 오웬은 당시 지나친 논쟁으로 인해 피곤해졌을 독자들을 고려하여

스콜라적인 형태와 논쟁적인 분위기를 배제하고 성도들에게 경건과 윤리적인 갱신을 촉구했다. 하나님과 사람을 향한 기본적인 임무는 사랑임을 강조하였다.

이 책을 발간하던 시기에 오웬은 에식스 지역의 "콕게살"(Coggeshall)에서 회중교회를 활발하게 섬기던 중이었다. 청교도 전쟁이 촉발되던 시기에 목회자들은 안팎으로부터 압박을 받고 있었다. 교회 밖으로는 정치적 박해로 고통을 겪었고, 교회 내부적으로

---

59 Gribben, *John Owen and English Puritanism*, 164-171, 246-254.

60 *Eshcol: A Cluster of the Fruit of Cannan; brought to the borders, for the encouragement of the saints, travelling thither-ward, with their faces towards Syon*

61 Owen, *The Works of John Owen*, ed. William H. Goold. 24 vols. (Edinburgh: Johnstone & Hunter, 1850-55), 13:53-78.

는 성도들의 미약한 헌신으로 인해 어려움을 당하고 있었다. 오웬은 이 책에서 독립적인 회중교회를 설립하는 것을 격려하면서, 사도들이 시행한 것을 따라가도록 촉구하였다. 그렇다고해 그는 장로교회에 대해서는 전혀 비판하지 않았다.

오웬의 교회론은 결코 과격하거나, 파괴적이지 않았다.[62] 그는 찰스 1세가 처형된 후에, 『관용에 관한 강의』(1649)을 출판하였다. 이 책에서 오웬은 의회파가 득세했다고하여 청교도 교회가 다른 교파들을 탄압하지 말아야 한다고 주장했다. 어떤 한 가지 교회제도만으로 독주를 해서는 안된다는 것이 오웬의 생각이었다. 『관용에 관한 강의』를 출판한 이유가 바로 그것이다. 그는 급진적인 청교도들이 범하는 죄에 대해서도 하나님의 진노가 있을 것이라고 환기시키며, 약간의 차이가 있는 장로교회와 회중교회에 대해서도 정부가 보호를 해야만 한다고 주장했다.

이처럼 오웬이 주장하던 과감한 "관용"의 정신은 "웨스트민스터 신앙고백서"를 작성할 때에도 발휘되었다. 웨스트민스터 신앙고백서와 표준문서들에는 장로교회라는 단어가 전혀 나오지 않는다. 당시 양측에 속한 수 만 명이 함께 동지가 되어서 국왕과 왕당파, 국

---

62 John Coffey, "John Owen and the Puritan Toleration Controversy, 1646-49," in *The Ashgate research companion to John Owen's Theology*, eds., Kelly M. Kapic and Mark Jones (Farnahm, UK: Ashgate, 2012), 231.

교회주의자들에 맞서 싸웠기 때문에 서로 간의 차이점을 이해하려고 노력했었다. 더구나 교회 정치제도에 관련한 차이는 아주 지엽적인 사항이라서, 장로교회와 회중교회 양측이 주도권 다툼을 벌인 것도 아니었다. 이처럼 오웬은 웨스트민스터 총회에서 서로 간에 큰 차이점이 드러났지만, 그는 장로교회 체제를 구체적으로 주장함으로써 회중교회를 자극하지 않으려는 것이다.

오웬은 교회의 분열에 반대하는 설교와 논문을 여러 차례 발표했다. 그는 교회의 본질이 무엇인가를 깊이 생각하고 있었다. 옥스퍼드 대학교 부총장으로 있던 1656년, 『분열에 대하여』[63]라는 글을 발표했다. 처음에는 장로교회와 회중교회는 청교도 전쟁 중에는 성공회주의자들에게 맞서는 동지로 단결했었지만, 점차 대립적인 입장으로 나눠지고 있었다. 오웬은 교회의 갈등을 성경으로 돌아가서 해답을 찾고자 하였다. 자신의 동료들을 향해서 "교회의 분열"을 신중하게 생각하라고 권고하였다. 『분열에 대하여』는 누구에 헌정한다는 인사말도 없고, 이 저서의 시대적 정황들을 알려주는 서문도 없다. 또한 독자에 대한 안내도 없으며, 어느 특정한 신학자나 어떤 저서에 대해서 응수하는 것도 아니었다.

오웬은 단지 교회가 정치체제로 인해서 서로 분열되는 것에 가

---

63 *Of Schism: the true nature of it discovered, and considered with reference to the present differences in region*

습이 아팠다. 그래서 교회의 분열이라는 것이 얼마나 심각한 죄악인가를 지적하면서, "우리 안에 연합을 받아들이기를 거부하는 사람들 때문에, 우리는 분열주의자라고 정죄를 당하고 있다"고 주의를 촉구했다.[64] 그리고 그는 모든 교회의 개혁은 오직 성경만을 따라가야 하고, 초대교회가 500년 동안 신앙고백을 준수해야만 한다고 주장했다.

1657년에 오웬은 청교도 운동을 옹호하는 책을 발표했다. 로마 가톨릭이 종교개혁자들을 향해서 분열주의자라고 비판하는 것처럼, 영국 국가교회 쪽에서도 장로교회와 회중교회를 향해 분열주의자라고 비난하는 것은 옳지 않다고 주장했다.[65] 당시에 청교도 주류를 이루고 있던 지도자들 사이에서는 국가교회인 성공회에 맞서서, 오직 장로교회와 회중교회만을 허용해야 한다는 주장이 강력한 지지를 얻고 있었다. 하지만 세부적으로 들어가서 각자의 입장을 살펴보면 양측이 서로 달랐다. 독립적인 회중교회는 국교회 주교의 치리권은 거부하지만 오직 노회의 치리에 따르도록 해야 한다는 장로교회의 입장을 거부하고 있었다. 왜냐하면 그들은 개교회의 자율적인 독립성을 훼손할 우려가 크다는 이유에서 노회와 전국총회 제도를 거부한 것이다.

---

64 Owen, *Works*, 13:94.

65 Gribben, *John Owen and English Puritanism*, 164-171.

크롬웰의 승리에 크게 기여한 독립파 회중교회 목회자들은 자신들의 교회 제도를 전국조직으로 구성하여 확고하게 인정을 받고자 하였다. 그 이유는 그 무렵에 "퀘이커파"의 무분별한 모임들이 나타나서 어려움을 초래하고 있었기에 그들과는 확실하게 구별하고자 했던 것이다. 1658년 9월에 회중교회가 전국가적으로 조직을 구성하고자 했는데, 오웬은 이러한 움직임을 적극 후원했다. 그는 교회 일에 대해서 국가가 간섭하는 것을 극구 반대했지만, 교회가 서로 교류하고 자문하는 것은 필요하다고 생각했다. 그 일환으로 런던의 주교관으로 사용되었던 '사보이'(Savoy)에서 10월 초, 2 주간의 회합이 개최되었다. 각 지역에서 파송된 200여명의 대표들이 모였고, 오웬과 토마스 굿윈은 중요한 역할을 맡았다. 이들의 회의는 매우 진지하고 경건한 분위기를 유지하고 있었고, 장로교회와 회중교회 사이의 차이점에 대해서 논의하면서 다 같이 그리스도의 교회를 섬기는 봉사자들이라고 하는 인식에 공감했다. 그리고 그들은 오웬이 기조를 세운 새로운 "선언서"를 채택했다.[66]

'사보이' 총회에서는 비록 교회 정치체제와 교회의 제도를 서

---

66 "사보이 선언서"(*A declaration of the faith and order owned and practised in the Congregational Churches in England: agreed upon and consented unto by their elders and messengers in their meeting at the Savoy, October 12, 1658*) 작성에 참여한 주요 신학자들은 다음과 같다. John Owen, Thomas Goodwin, Philip Nye, William Bridge, William Greenhill, Joseph Caryl 등.

로 다르게 설명하고 있더라도 장로교회와 상호 간에 대화해야만 하며, 교류하는 것이 마땅하다고 보았다. 교회의 통일성을 강조하는 선언문이 발표되자, 각 지역에 있던 독립파 회중교회들에게 큰 영향을 끼치게 되었다.

1661년에 다시 소집된 '사보이 총회'는 오웬이 기대하던 것과는 달랐다. 전혀 다른 방향으로 흐르고 있음을 간파했던 오웬은 이에 『분열의 참된 본질에 대한 고찰』(A Review of the true nature of Schism)을 집필했다. 이 책에서 오웬은 회중교회들을 비판하는 사람들이 회중교단의 분립만을 가지고 억지로 그들을 분열주의자로 몰아세워서는 안된다고 주장했다. 왜냐하면 당시 성공회주의자 스틸링프리트(Edward Stillingfleet, 1635-1699)가 오웬을 공격하면서 분열주의자라고 비난했기 때문이다. 이에 오웬은 『분리가 이성적이 아니라는 스틸링프리트 박사에 대한 답변』[67]으로 응수했다. 이 책에서 오웬은 교회의 분열 문제를 다루면서, 보편적으로 어떤 조직체를 이루는 곳에서 교회를 분리해 나간 후에 자신들을 정당화 하려는 자들이 범하는 오류를 지적하였고, 또한 기존의 교단에는 개혁에 비협조적이고 폭정하는 자들이 많기 때문에 어쩔 수 없었다고 말하는 것도 타당성이 없다고 보았다. 이처럼 오웬은 스틸링프리트의 비판과는 달리, 그도 분열 자체에 대해 부정적인 견해를 갖고 있었음을 확인할 수 있다.

67 *An Answer to Dr Stillingfleet's Book of the Unresonableness of Separation*

일찍이 오웬이 장로교회에서 독립적인 회중교회로 옮기게 된 것은 당시의 정치적 상황 속에서 내린 판단이었다. 물론 이 판단은 성경적인 교회 제도를 추구하던 끝에 내린 결론이기도 했다. 또한 오웬은 뉴잉글랜드로 건너가 회중교회를 지도하던 존 코튼의 저서들을 읽고 난 후에, 독립파 회중교회에 대한 확신을 더욱 갖게 되었다. 하지만 그렇다고 해서 오웬은 회중교회 쪽으로 편향되지는 않았다. 왕정복고 후에, 오웬은 코튼이 목회하고 있던 "보스톤 제일 회중교회"에서 이곳으로 건너오라고 초청을 받았지만 오웬은 거절했다. 오웬은 장로교회와 회중교회가 서로 다투고 분열하기보다는 연합할 것을 강조했다.

교회를 분열하는 것은 그리스도의 권위를 무시하는 것이다. 주님의 지혜에 도전하는 것이다. 그 지혜로 분열과 분쟁을 방지하도록 교회 안에서 모든 것을 시행하라고 하셨다. 그들은 그것을 무시한 것이다. 세번째는 그리스도의 은총과 선하심이 역시 무시 당하고 도전을 받았다는 점이다. ... 분열은 연합을 찢어버리는 것이요, ... 연합은 주 예수 그리스도의 지시를 따라가는 것이다.[68]

장로교회 목회자들은 청교도 운동 초창기에는 회중교회 제도

<hr />

68 Owen, "Union among Protestants," in *Works*, XIV: 519ff. D.M. Lloyd-Jones, *The Puritans: Their Origins and Successors: Address Delivered at the Puritans and Westminster Conferences, 1959-1978* (Edinburgh: Banner of Truth, 1987), 79.

에 대해서 크게 문제삼지 않았다. 그러나 올리버 크롬웰이 속한 회중교회가 정치적인 문제와 관련해서는 목소리를 크게 높이는 것을 보면서 장로교 목회자들은 목소리를 내기 시작했다. 그 이전 엘리자베스 여왕의 통치시기에 청교도 운동은 주교 제도를 철저히 거부하던 장로교회가 주도를 했었다. 그 당시에는 회중교회를 따로 크게 구별할 필요가 없었다.[69] 하지만 연속된 전쟁을 치르면서, 특히 호국경 크롬웰과 그의 병사들이 독립된 회중교회를 지지하면서 회중교회 세력은 급증하기 시작했다. 왕권에 맞서서 싸우던 이들은 국가의 지배를 받기보다는 더 자유롭고 독립적인 교회를 세워야 한다고 생각했기 때문이다.

장로교회 신학자들과 목회자들은 오웬보다 훨씬 더 심각한 염려를 하게 되었다. 오웬은 장로교회와 회중교회가 연합을 유지할 수 있을 것으로 판단했지만, 잉글랜드의 정치적 상황은 그렇게 흘러가지 않았다. 물론 뉴잉글랜드로 건너간 청교도들은 존 코튼이 지도력을 발휘하던 초창기에는 장로교회와 회중교회 양쪽 진영이 서로 존중하면서 연합을 도모했다. 초기 미국 청교도 교회에서는 양 진영의 목회자들을 상호 간에 목회자 청빙을 했었고, 급기야 1801년에는 한 교단으로 연합의 계획(plan of union)에 따라서 대통합을 달성하기

---

69 Willem Nijenhuis, "The Controversy between Presbyterianism and Episcopalism surrounding and during the Synod of Dordrecht, 1618-1619," in *Ecclesia Reformata: Studies on the Reformation* (Leiden: E.J. Brill, 1972), 207-220.

에 이르렀다.

웨스트민스터 신앙고백서의 작성에 참여했던 장로교회 목회자들과 신학자들은 오웬이 회중교회 체제를 지지하는 쪽으로 기운 것에 대해서 불만을 품게 되었다. 대표적으로 로버트 카드리(Robert Cawdrey, 1588-1644)가 오웬의 개별 교회의 독립된 주장에 대해서 단호히 비판하면서 이의를 제기했다. 카드리를 비롯한 장로교회 지도자들은 토마스 카트라이트의 영향을 받았고, 일찍이 월터 트래버스가 확고하게 장로교회 제도를 유지하는 것만이 교회의 권징을 되살려 낼 수 있음을 기억하고 있었다.[70] 장로교회 청교도들은 1570년대에 출판된 토마스 카트라이트와 월터 트래버스의 저서들을 장로교회의 핵심 두뇌에 해당하는 것으로 존경했다.

특히, 웨스트민스터 신앙고백서 작성에 참여했던 장로교회 목회자들과 신학자들은 교회의 개혁을 단지 도덕적이며 신학적인 것에만 그칠 것이 아니라, 정치제도까지 정착시켜야 한다고 주장했다. 그리고 그들은 당회의 주도하에 권징으로 통해서 성도들의 영적인 변화를 도모할 수 있다고 역설했다. 장로교회 청교도들은 내적이며 자기 관찰적인 경건생활에 역점을 두었기에, 죄악을 다스리는 방법을 바꿔서는 안된다고 주장했다. 참고로 칼빈도 제네바 교회에서 시

---

70 Polly Ha, *English Presbyterianism, 1590-1640* (Stanford; Stanford University Press, 2011), 66.

행했던 가장 중요한 방법이 권징 제도였다.[71]

　　그러나 오늘날 영국과 미국의 회중교회들은 오웬의 신학사상과 교회 운영과 예배 규범과는 완전히 다르다.[72] 17세기 독립파 회중교회는 대부분 칼빈주의 신학을 갖고 있었고, 다만 교회의 정치체제에서 보다 개별 교회의 자유를 확보해야 한다는 입장이었다. 다시 말하지만, 17세기 잉글랜드 회중교회는 개혁주의 신학사상을 근간으로 삼고 있었고, 고난 속에서 복음을 지키려는 열정으로 가득 차 있었기에 결국 장로교회와 연합하게 되었다. 1801년 "연합계획"(Plan of Union)을 뉴잉글랜드 회중교회가 채택하여 미국 장로교회와 통합하였고, 장로교회의 정치제도를 받아들였다.[73]

　　현대 회중교회는 개혁주의 정통 신학을 변질시킨 현대주의에 물들고 말았다. 더구나 수많은 교파들이 분열과 통합을 거듭하면서, 그들은 1825년에 설립된 "유니테리안주의 연합단체"에 가담했

71　김재성, 『현대개혁주의 교회론』, 1:918. 2:518-567.

72　김재성, 『반율법주의와 웨스트민스터 총회』 (고양: 언약, 2024), 제 4장, "청교도 교회론: 장로교회와 회중교회," 229-271.

73　Bradley J. Longfield, *Presbyterians and American Culture: A History* (Louisville, Kentucky: Westminster Johh Knox Press, 2013), 4-5.

다.[74] 이 단체에는 다양한 신학적인 입장과 자유주의 신학을 수용한 교회들이 가입했는데, 여기에는 성부 유일신론에 빠져서 성 삼위일체 하나님을 거부하는 유니테리안주의를 신봉하는 교회들도 소속되어 있다. 이처럼 현대 회중교회는 계몽주의 영향을 받은 후, 오웬의 회중교회가 가졌던 개혁주의 신학과 교회 조직, 예배와 목양을 변질시켰다.

---

74 Jeremy Goring and Rosemary Goring, *The Unitarians* (1984), 23. Grayson M. Ditchfield, "Anti-trinitarianism and Toleration in Late Eighteenth Century British Politics: the Unitarian Petition of 1792," *Journal of Ecclesiastical History*, vol., 42.1 (1991): 39-67. Knud Haakonssen, ed. *Enlightenment and religion*: *rational dissent in eighteenth- century Britain* (Cambridge University Press, 1996). Geoffrey Rowell, "The origins and history of Universalist societies in Britain, 1750-1850," *Journal of Ecclesiastical History*, vol., 22.1 (1971): 35-56.

3 경건에 관한 교훈들

오웬은 하나님 앞에서 경건을 강조했는데, 이는 청교도 신학의 핵심이다. 경건에 관한 지침들은 성도가 도달해야 할 영적인 성숙함을 가르쳐 준다. 그리스도인의 삶은 그리스도 안에서 하나님의 영광을 위하여 거룩하게 살아가야만 한다. 오웬에게 있어서, 성도의 경건은 본질적으로 성령의 성화 사역의 열매이다. 다른 말로 하면, 경건은 믿음의 순종이자, 영적인 삶의 실천이다. 경건은 하나님의 자녀들의 인생 속에다가 신적인 거룩성의 씨앗을 심어서 그것이 자라나서 열매가 맺혀진 것이다. 이는 구원의 형태에 의해서, 신자의 생애 속에서 창출되어 나오는 삶의 유형이다.

사실상, 보편화된 신학적 격언으로 표현할 수 있는 진리가 있다. 즉, 크든지 작든지 간에 어느 정도까지 모든 기독교인들의 생활 속에는 그 자신이 바라보는 삶에 대한 견해가 나타나게 마련이다. 오웬에 의하면, 기독교 신자의 생활에서 드러나는 경건이란, 구속 역사의 본질에 대해서 그가 얼마나 이해했느냐가 반영되어 있다는 것이다. 구원의 전체 드라마가 성경 속에 상세히 설명되어 있는데, 신자는 그 큰 전망을 반영하여서 각 개인의 삶 속에서 체험한다는 것이다. 오웬 자신이 그렇게 살아갔다고 말할 수 있다.

오웬이 구속의 역사에 대해서 가진 전망은 하나님께서 인간에게 4가지 언약들을 통해서 관계성을 구축하였다는 것이다. 행위언약과 은혜 언약의 배경에는 구속언약이 있고, 그리고 시내산 언약이다. 오웬은 시내산 언약은 은혜언약이라고 간주하지 않고, 행위 언약의 재발행이라고 보았다. 곧 시내산 언약은 그 자체로서는 은혜언약이 아니다. 오웬은 언약신학의 체계 속에서 자신의 신학체계를 논리적으로 구축하였고, 기독교 신자의 삶과 경건에 관한 교훈들도 이런 언약신학의 구조 아래서 설명하였다.

오웬에 따르면, 기독교 신자가 일상 생활 속에서 가장 중요하게 생각할 교훈은 성화이다. 그는 신자 안에 성령에 의해서 인침을 받은 거룩함의 원리들이 작동하고 있다고 보았다. 여기에서 기독교인의 경건의 열매가 생산된다. "경건은 하나님을 향한 거룩한 순종의 의무들과 행위들 속에서 실천되기 때문이다."[75] 경건의 씨앗은 하나님의 형상으로 중생하는데서 출발하고 "예수 그리스도의 생애와 죽음을 통해서 성취한 덕행의 모범에 의해 성장하는데, 결국 이 씨앗을 언약의 용어들과 취지를 따라 해석하면, 영적이며 습관적인 은혜의 원리로부터 하나님께 순종하도록 사람들에게 힘을 불어넣는 것이다."[76]

첫째로, 오웬은 기독교 신자의 삶이라는 것은 기본적으로 언

---

75 Owen, *Works*, III:370.

76 Owen, *Works*, III:386.

약신학에 기초하고 있다고 보았다. 즉, 하나님의 은혜가 주권적으로 그리고 자유롭게 사람을 구원한다는 것이다. 오웬은 사람에게 부과되는 모든 순종의 조건들도 바로 은혜로부터 흘러나온다고 보았다. 이것은 진리의 선언(직설법)에서 행동지침(명령법)으로 교훈을 이끌어내는 구조이다.[77]

둘째로, 예수 그리스도가 우리의 죄로 인해서 십자가에서 죽음을 당하셨는데, 하나님과의 교제와 새로운 생명의 부활로 일으켜 세움을 받으셨다. 이와 마찬가지로, 오웬은 성도의 신앙체험도 공식화했다. 다시 말해 성도들은 다양한 차원의 죄악들을 범하여서 죽음에 처해진다. 그 자체로서는 그리스도와 마찬가지로 부정적이다. 그러나 성도는 그리스도와의 연합과 영적인 부활의 교통 가운데서 은혜의 수용자가 된다. 이로써 성도는 다시 긍정적으로 살아갈 수 있다. 오웬의 사상은 이처럼 항상 부정적인 면에서 긍정적인 해답을 찾아내는 방식으로 전개된다.

---

77 S. Ferguson, "John Owen on Christian Piety," in *Some Pastors and Some Teachers*, 265, "indicative-imperative"

경건의 기초

기독교 신자의 생활에 대한 오웬의 교훈들 속에 핵심적인 사항은 『하나님과의 교통』(Of Communion with God, 1657)이라는 그의 저서에 상세히 담겨있다. 오웬은 요한일서 1장 3절을 해석하며 우리와 하나님 아버지와의 사귐을 중요시했는데, 그리스도와의 사귐을 누리고 살아감을 지적했다. 이 책은 오웬의 저서들 중에서 가장 중요하고 가장 위대하고 가장 뛰어난 최고의 작품으로, 청교도 개혁주의 신학의 이해와 확산에 큰 기여를 했다. 그리스도인으로 살아가는 생활을 슬기롭게 영위하기 위해서는 반드시 읽어야 할 명저인데, 지금까지도 지속적으로 영향을 끼치고 있다. 이 책에서, 오웬은 우리가 하나님과 사귐을 가질 수 있는 것은 곧 하나님이 사랑이시기 때문이라는 점을 밝혔다(요일 4:8).[78] 그리고 하나님은 그리스도 자신의 사역 가운데서 사랑을 실천했다. 이 책에 담긴 구원과 경건에 관한 설명들은 칼빈주의 신학사상에서 한치도 벗어나지 않으면서도 정교하며 날카롭고 예리하다.[79]

오웬은 그리스도와의 연합이야말로 "모든 영적인 즐거움과 기

78　Owen, *Works*, II:42.

79　Matthew Barrett & Michael A. G. Haykin, *Owen on the Christian Life* (Wheaton: Crossway, 2015), 61. Gribben, *An Introduction to John Owen*, 87.

대의 원리이자 척도가 된다"라고 강조했다.[80] 거의 모든 종교개혁자들이 그리스도와의 연합 교리를 발전시켰는데, 오웬은 그들의 기초적인 연구를 근거로 활용하여 치밀한 구성을 제시했다.[81] 그는 적어도 자신이 그리스도와의 교통하는 체험하는 것이 세상 사람 만 명을 만나는 것보다 더 낫다고 했다. 따라서 그는 모든 신자들이 연합의 영광을 의식하며 살아야 한다고 강조했는데, 그리스도와의 연합이 우리의 연약한 육체 속에 기초하고 있기 때문이다.

오웬은 고린도후서 13장 13절에 나오는 마지막 문장에 담겨 있는 축도의 말씀을 묵상하면서 그리스도와의 연합 교리를 철저히 삼위일체 하나님, 즉 각 위격들과의 교통으로 풀어나갔다.[82] 오웬은 당시에 널리 확산되고 있던 소시니안주의자들의 반삼위체론에 대해서 철저히 논박하고자 했다. 그리스도가 사람의 몸을 입고 오셔서 동정녀의 몸에 잉태되면서, 다시 말해 그가 인간적 본성을 취할 때

80 Owen, *Works*, XX:146.

81 John V. Fesko, *Beyond Calvin*: *Union with Christ and Justification in Early Modern Reformed Theology* (*1517-1700*). Reformed Historical Theology, 20 (Göttingen: Vandenhoeck & Ruprecht (June 15, 2012).

82 Brian K. Kay, *Trinitarian Spirituality*; *John Owen and the Doctrine of God in Western Devotion*, Studies in Christian History and Thought (Milton Keynes,UK: Paternoster, 2007), 6-7. Philip Dixon, *Nice and Hot Disputes*; *The Doctrine of the Trinity in the Seventeenth Century* (London: T&T Clark, 2003), 34-65. Sarah Mortimer, *Reason and Religion in the English Revolution*; *The Challenge of Socinianism* (Cambridge; Cambridge University Press, 2010), 196-212.

에 성육신적인 연합이 이뤄졌고, 성령에 의해서 그 전과정이 거룩하게 진행되었다.[83] 그리스도는 점차 성장하면서 하나님의 율법에 순종하는 삶을 살아가셨고 하나님의 사랑을 받는 종이 되었다. 그리고 그는 우리들의 죄를 위해서 육체와 연합된 가운데서 죽임을 당했다. 그리고 그리스도는 승천의 영광 가운데서 성령의 선물을 보냈고, 그로 인해서 우리들 각자의 성화가 이뤄지도록 하기 위해서 완벽하게 준비하셨다. 이로써 하나님의 형상이 그리스도 안에서 우리에게 회복되었다. 이처럼 우리는 성령을 통해서 믿음 안에서 그리스도와 연합된다. 성령은 주님과의 연합을 이루는 접착제이다.[84] 그로 인해서, 우리가 그리스도와 동일한 형상으로 변혁되며, 영광의 한 단계에서 다른 단계로 나아간다. 그리스도의 형상은 중생을 할 때에 주님과 연합에 의해서 회복된다. 이것은 씨앗처럼 주어지는데 이 씨앗으로부터 새로운 생명은 시작한다.

성도에게는 이러한 연합의 간접적인 결과가 주어지는데 죄의 지배를 파괴하는 것이다. 물론 죄의 현존을 완전히 도말하는 것은 아니다. 그러나 그리스도와의 연합이 이뤄진 성도에게는 죄가 지배권이 실질적으로 파괴된다. 대부분의 청교도들과 개혁주의 신학자

---

83 김재성, 『개혁주의 교회론』 (킹덤북스, 2023), "칼빈의 그리스도와의 연합 교리"를 참고할 것.

84 Calvin, *Institutes of the Christian Religion*, III.i.1.

들과 같이, 오웬도 역시 로마서 6장에서 사용된 용어들을 명쾌하게 파악하기 위해서 어려운 시간을 보냈다. 사도 바울은 "그리스도 예수와 합하여 세례를 받은 우리는 그의 죽으심과 합하여 세례를 받은 자"(롬 6:3)로서, 이제는 "죄로부터 해방되어 의에게 종이 되었다"라고 선포했다(롬 6:18).

여기에서 오웬은 성화의 근거를 발견했다. 하나님의 거룩한 아들과의 연합을 통해서 중생할 때에 성화의 기초가 설정된다는 사실이다. 특히 오웬이 강조한 내용들은 훗날 존 머레이 교수가 다시 이런 내용들을 풀이하면서 사용한 용어, "결정적 성화"(definitive sanctification)의 첫 배종과 같았다. 즉, 죄의 현존으로부터 최종적인 구출을 기다리고 있으면서도, 죄로부터의 결정적인 분리가 이미 실현된 것이다.[85]

오웬이 발견한 성화의 기초이자 출발점은 그리스도와의 연합에서 이뤄진다.

참으로, 소명 속에 성화가 포함되어 있음이 표현적으로 드러난다. 유효적 소명이 의도적으로 시행되어지는 곳에는 그 안에 영적인 생활의 거룩한 원리가, 혹은 신앙 그 자체가 포함되어 있으며, 우리에게 교통이 되어서 급진적으로 우리의 성화

---

85 John Murray, *Collected Writings*, II:277.

가 일어나며, 그것의 적합한 간접적 원인 속에 효력이 포함되어 있다.

따라서, 우리가 성도들이라고 불리는 것이며(롬 1:17), 이는 "그리스도 안에서 거룩하게 된 자"(고전 1:2)와 동일한 의미다. 그리고 다른 여러 곳에서도 성화가 소명 속에 포함되어져 있다.[86]

이러한 성화의 주관자는 성령이라는 점을 오웬은 밝힌바 있다.

모든 택함을 받은 자들은 성령에 의해서 거룩하게 된다. 그리고 이 중생은 기초이며, 머리이자, 우리들의 성화의 시작이다. 그 안에 모든 것들이 덕목으로 담겨져 있다.[87]

우리가 예수 그리스도의 부름을 받아서 중생한 자가 되었지만, 단번에 모든 죄의 지배로부터 완전하게 자유롭지 못하다는 사실로 인해서 우리는 실패하고 좌절할 때도 있다. 오웬은 이러한 성도들을 격려하면서 더욱 앞으로 나아갈 것을 촉구했다. 그리고 오

---

86 Owen, *Works*, V:131.

87 Owen, *Works*, III:299.

웬 자신도 역시 실패했고 많은 문제들을 안고 살아갔다. 하지만, 오웬은 이것이야말로 성공적인 기독교인의 삶을 살아가는데서 위대한 비밀의 하나가 된다고 보았다. 죄가 지배하는 가운데서 살면서 죄의 현존이 항상 성도를 미혹 하지만, 그렇다고 해서 성도가 위대한 진리를 붙잡고 살아가는 것이 결코 불가능하지는 않다.

　이것은 개혁주의 경건의 심장에 해당하는 성화의 교리이다. 오웬은 하나님과의 언약 관계 속에서 이런 스트레스를 극복하는 동력을 얻어냈다. 개혁신학에서는 이처럼 죄와의 타협할 수 없는 영적인 전쟁을 강조하는데, 그 과정 중에 있는 성도에게 주시는 확신과 위로를 간과해서는 안 된다. 개혁신학은 성도는 죄가 지배하던 삶에 대해서는 죽었다고 선언했다. 개혁주의 경건의 기초는 이 씨앗이 이미 우리 안에 소명과 중생을 성취한 성령의 사역으로 인해서 심겨졌고, 그리스도와의 연합됨에 따라서 죄의 권세가 부서졌다는 것이다.[88]

　참된 신자는 총체적인 성화의 과정을 발전시켜 나가는 삶을 살아간다. 이 성화는 성령에 의해서 우리의 총체적인 본성에 영향을 끼치고 있어서 전인격적이요, 본질적이며, 전체적이다. 다만 총체적으로 완전한 성화는 아직 이뤄지지 않았다.

　신자의 심령 속에 심겨진 씨앗은 자라나고, 발전하고, 성장한

88　John Murray, *Principle of Conduct* (London: Tyndale Press, 1957), 205.

다. 요한일서 3장 9절에, "하나님의 씨가 그 속에 거함이요"라고 하였다. 거룩함과 경건은 점차 단계별로 전진하는데, 기계적으로 성장하는 것이 아니라, 난관과 문제들과 미혹들 속에서, 그리고 은총들, 즐거움 등 은혜의 체험을 통해서 발전한다.[89] 전능하신 하나님의 지속적인 개입들에 의해서 언약의 목표가 성취되어 가는 것이다. 성도들이 자신의 의무를 성실히 수행해 나가면, 하나님 은혜의 강력한 시행에 의해서 믿는 자의 삶 속에서 하나님의 계획은 성취된다.

경건을 방해하는 것들

오웬은 죄의 지배가 종결되었다는 것과 지금 죄가 현재형으로 영향을 끼치고 있는 현실을 각각 구별하였다. 오웬의 격언은 이것이다.

"죄가 당신을 지배하지는 않지만 (not reigning sin),
여전히 죄는 여러분 속에 현존한다 (indwelling sin)".

죄의 권세는 무너졌지만, 여전히 그 가능성은 살아있다. 그래

---

89 Owen, *Works*, III:391.

서 죄는 하나님의 은혜로운 사역이 우리 안에서 발전을 도모하고자 하는 것들을, 항상 제지시키고 허물어버리고자 시도하는 것이다. 죄는 사탄으로부터 나온다. 또한 우리가 세상 속에서 미혹을 받는 것들은 수많은 각종 근원들로부터 나온다. 이것들이 머무는 장소는 사람의 심령 속이다. 이처럼 그리스도인의 마음 속에는 죄가 머물고 있으면서 타락의 흔적들을 남겨 놓는다.

첫째로, 우리는 내주하는 죄의 잔인함과 폭력성에 대해서 주목해야 한다.

오웬은 우리 속에 내주하고 있는 죄는 하나님께 반항한다고 하였다. 죄는 마치 고삐를 풀어버린 말처럼, 승마를 하고 있는 사람을 쓰러트리고, 목장의 경계목을 넘어 도망을 다니면서 손해를 입힌다.[90]

둘째로, 내주하는 죄의 치밀성(subtlety)에 대해서 경계해야 한다.

죄는 사람들을 속인다. 오웬은 성경에서 여러 차례 속지말라고 경고한 점을 지적했다. "내 사랑하는 형제들아 속지 말라"(약 1:16). 내주하는 죄는 다른 성도들을 속인다. 성도에게는 현재 있는 죄가 마치 나를 지배하는 죄로 굴복하도록 착각과 혼란을 초래한다.

---

90 Owen, *Works*, VI:208.

그 첫 단계는 우리 성도가 그리스도인의 거룩함에 뿌리를 두고 살아가지 못하도록 우리의 마음을 빼앗아버린다. 위대하신 하나님께서 죄와 싸우도록 보존하고 계시다는 사실을 인지하지 못하게 하면서, 우리 스스로 죄로 뒤덮혀 있다는 생각에 빠지게 한다. 그 결과 예수 그리스도와의 교제를 나누고 있는 구조 속에서 우리가 지켜야 할 의무들로부터 벗어나게 만든다. 하나님의 주권에 대해서 무감각하게 만들고, 죄의 속임수에 빠지게 한다. 그리고 결국 아버지 하나님의 사랑과 성자의 은혜와 성령의 권능을 잊어버리게 만든다.

둘째 단계에서, 오웬은 죄가 얼마나 교활한가를 예리하게 분석했다.[91] 죄는 용서의 희망들을 감춰버리고 장차 회개할 기회가 있음도 덮어버린다. 그래서 현재 범하고 있는 더러운 죄를 가지고 참담한 결말이 올 것이라고만 생각하게 만들며, 하나님의 진노에 대한 두려움만 갖도록 만든다.

셋째 단계로 율법폐기론자가 되어서 죄에 대하여 자유롭게 행동하는 마음의 상태가 된다.[92] 성도의 의지 속에 바른 원리가 풀려버려서 제멋대로 방종하는 행동하는 것이다. 오웬의 시대에는 은혜만을 주장하면서 아무런 규칙이나 의무를 감당하지 않아도 된다고

---

91   Owen, *Works*, VI:249.

92   Owen, *Works*, VI:249. 오웬은 반율법주의를 철저히 경계했다. 김재성, 『반율법주의와 웨스트민스터 총회』(언약출판사, 2024).

주장하는 율법폐기론자들의 설교가 매우 심각한 문제를 야기했었다.[93] 죄의 본질에 대한 해석에 있어서, 청교도 개혁주의와 알미니안주의와 반율법주의자들이 서로 달랐다. 알미니우스주의자는 칭의를 받은 후에는 성령의 권능에 의해서 거룩함의 길을 갈 수 있다고 주장한다. 율법폐기론자들은 칭의 후에도 죄를 범할 수 있는데, 그로 인해서 형벌과 채찍을 맞지는 않는다고 주장했다. 오웬은 죄의 관념(conception)에 대해서 야고보서의 말씀을 인용한다. "욕심이 잉태한즉 죄를 낳고 죄가 장성한즉 사망을 낳는다"(약 1:15).

넷째 단계는 죄를 실제로 범하는 것이다. 범죄를 감행하는 것이다. 오웬은 위대한 믿음의 사람들, 노아, 롯, 다윗 등도 이러한 범죄에 빠졌음을 지적하였다.[94]

---

93 Whitney G. Gamble, *Christ and The Law*: *Antinomianism at the Westminster Assembly* (Grand Rapids: Reformation Heritage Books, 2018), 2. D. Como, *Blown by the Spirit*: *Puritanism and the Emergence of an Antinomian under ground in Pre-Civil War England* (Stanford: Stanford University Press, 2004). G. Huehns, *Antinomianism in English History, with Special Reference to the Period 1640-1660* (London: Cresset Press, 1951). N.B. Graebner, "Protestants and Dissenters: An Examination of the Seventeenth-Century Eastonist and New England Antinomian Controversies in Reformation Perspective," (Ph.D. diss., Duke University, 1984). M. Jones, *Antinomianism*: *Reformed Theology's Un-welcome Guest*? (Phillipsburg: P&R, 2013).

94 Owen, *Works*, VI:280.

경건의 핵심적인 특성들

그리스도인의 경건에 관한 오웬의 교훈들은 매우 중요하다. 개혁주의 신학과 현대 복음주의 교회와는 큰 차이점이 있는데, 그건 바로 하나님의 대한 경외심과 책임에 대한 인식이다. 오웬이 강조하는 것들은 모두 다 개혁주의 신학의 관점을 대변하는 것이다. 그는 그리스도인으로서의 "의무"(duty)를 강조하였는데, 하나님의 언약 백성으로서 구원의 표현을 하는 것이 기독 신자의 삶에서 매우 중요한 요소라고 생각했다. 성도가 언약을 지키는 것은 어떤 조건을 충족시키기 위함이 아니라, 이것이 복음의 생활방식이기 때문이다. 도덕적인 의무를 지켜나가는 것이야말로 복음에 합당한 생활이다. 복음은 그리스도를 믿는 가운데서 도덕적 순종의 모든 의무들을 성도에게 접목시켜 놓았다.

오웬은 그리스도인으로 살아가는 동안에 지켜야 할 중요한 도덕적 임무들의 특성들에 대해서 4가지로 설명했다.[95]

첫째는 그리스도인들은 새로운 본성을 유지하면서 나아가야 한다. 오웬은 그리스도인에게 거룩함이라는 의무가 따로 주어지는

---

95 Owen, *Works*, III:279.

것이 아니라, 성화된 심령 속에 하나의 기질 (disposition)로 주어진다고 설명하였다.[96] 참된 성도는 주님이 주신 의무들을 사랑한다. 의무들을 완전하게 지키지는 못할지라도, 적어도 그것들 가운데에서 즐거움을 느낄 수 있으며, 일관되게 살아가도록 이끌어준다. 이 의무들에는 각 부분들이 내적으로 조화와 일관성이 있는데, 이를 통해 하나님께서는 은혜 언약의 역사가 지속되게 하신다(렘 31:33, 겔 36:26-27).

둘째는 성령의 도움이 없이는 이런 의무들을 수행할 수 없다. 만일에 성도가 성령에 의존하지 않는다면, 영적인 체험들 가운데서 아름다운 덕을 이룰 수 없다. 순종의 씨앗은 위로부터 내려오는 물을 주어야만 성장하고, 양분을 공급받으며, 열매를 맺도록 자라날 수 있는 것이다. 하나님의 영이 일하는 방식으로 우리들이 특수한 의무들을 수행해 나갈 수 있게 한다.

셋째는 모든 의무들은 믿음으로 실천한다. 의무들은 그리스도 안에서 믿음으로 살아가는 성도들에게 접붙혀진 것이다. 의무를 다하려는 성도와 율법주의자는 본질적으로 다른 부류의 사람이다. 믿음으로 의무를 감당하는 사람에겐 즐거움이 있다.

넷째로 의무들은 성경에 규정되어져 있다. 사람이 순종의 법칙을 지키는 것이 하나님의 뜻이라고 오웬은 말한다. 이것은 청교도

---

96 Owen, *Works*, III:485.

들의 신학에서 매우 중요한 부분인데, 그들의 성경관을 적용한 것이 청교도들의 생활에 관한 교리이다.[97]

앞에 나오는 기본적인 경건의 핵심 사항들을 근거로 삼고, 오웬은 좀 더 특정한 용어들을 사용해서 성도의 의무를 지켜 나가는데 지침을 제공했다. 기독 신자는 두 가지 특별한 의무를 다해야 한다고 강조했다. 첫째는 예수 그리스도에게 영광을 돌리는 것이요, 둘째로는 죄를 다스리는 일이다. 성도의 영적인 생활 가운데서 전자의 측면은 매우 긍정적이며 적극적인 부분들이라면, 후자는 부정적인 측면이다. 그런데 성도는 이 두 측면을 모두 다 잘 다뤄야만 한다.

1) 그리스도를 높이는 의무

오웬은 예수 그리스도의 영광을 그의 신학의 목표로 삼았다.[98] 그의 책에서 핵심적인 중심은 예수 그리스도다. 성도들이 자신의 책을 읽게 하는 목적은 그리스도에게 영광을 돌리기 위함이라고 역설했다. 그렇다면, 우리가 어떻게 그리스도를 영화롭게 할 수 있을까?

---

97 Ferguson, "John Owen on Christian Piety," 274.

98 Owen, *Works*, I:275. S. Ferguson, "John Owen on the Glory of Christ," in *Some Pastores and Some Teachers*, 219.

오웬은 3가지 방식들을 제시했다.[99]

첫째는 예수 그리스도께 예배를 올려드리는 방법이다. 그리스도와의 연합이 개혁주의 경건의 기초라고 한다면, 그리스도에게 예배를 올리는 것이 그 심장이라고 오웬은 강조한다.[100] 요한계시록 5장에 보면, 그리스도는 두 모습으로 등장하는데, 인간의 몸을 입고 겸손하게 오셨기에 하나님의 양으로서 영광을 받으시는 분이시면서 동시에 존귀케 되신 그리스도는 유다 지파의 사자로서 하나님의 보좌에 앉아계신다.

둘째는 그리스도에게 순종하는 방법으로 영광을 돌려드린다. 그리스도는 순종의 개념을 은혜의 시행으로 바꿔놓았다. 오웬은 요한일서 2장 7-8절에서, 옛 언약에서 새 언약으로 변형되었다고 지적했다. 만일 모세에 의해서 중보가 이뤄진다면 순종은 율법적이다. 그러나 그리스도에 의해서 중보되어질 때에는 하나님의 율법에 대한 순종은 복음적이다. 왜냐하면 그 속에는 사랑이 동기로 작동하기 때문이다. 개혁주의 경건은 확실하게 더 나은 품질 증명서를 갖고 있으니, 이는 바로 예수 그리스도에 대한 사랑이다.

셋째는 그리스도를 따라가는 방식으로 영광을 돌린다. 그리스도는 우리의 구세주일 뿐만이 아니라, 우리 안에 하나님의 형상을

---

99 Ferguson, "John Owen on Christian Piety," 276.

100 Owen, *Works*, I:106.

회복시킴에 있어서 표준이요, 모형이다. 우리들이 모든 의무들을 수행하여 나감에 있어서 우리가 능동적으로 그리스도의 표준에 맞춰서 따라가야만 한다. 그리스도는 온유함과 자기 부인의 방식으로 지상에서의 모든 의무들을 감당하였다. 이런 모습들을 본받아서, 우리 모든 신자들도 역시 온유함과 자기부인의 방식을 따라가야만 한다. 오웬이 말하고 있는 이런 경건의 방법들은 칼빈의 성화론에 나오는 문장들과 매우 흡사하다.[101]

2) 죄를 죽이는 의무

우리는 그리스도가 죽을 때 그와 연합함으로써 죄에 대해서 자신을 죽이는 의무를 감당하였지만, 그럼에도 불구하고 우리는 계속해서 내재하는 죄와의 싸움을 지속해야만 한다. 오웬은 『신자들 안에 있는 죄의 죽음』(Of the Mortification of Sin in Believers, 1656)에서 로마서 8장 13절, "영으로서 몸의 행실을 죽이면 살리라"라고 강조했다.[102]

---

101   Owen, *Works*, I:106. 칼빈은 자기부인을 강조하면서, 온유하고 겸손하게 자신을 낮추고 남을 존경하는 마음으로, 친구처럼 따뜻한 마음으로 대해야 한다고 강조했다. 칼빈의 설명에 의하면, 그리스도인의 삶은 두 가지 중요한 기둥이 있는데, 내적으로는 자기 부인이요, 외적으로는 십자가를 지는 삶이다. Calvin, *Institutes of the Christian Religion*, III.vii.4.; III.ii.1. cf. Michael Horton, *Calvin on the Christian Life: Glorifying and Enjoying God Forever* (Wheaton: Crossway, 2014), 99-105.

102   Owen, *Works*, II:228.

성도들이 그리스도와 연합함으로써 죄의 형벌로부터는 면제를 받았지만, 한평생 죄의 내재적인 힘을 무너뜨리는 일은 여전히 힘을 써야만 한다고 강조했다.[103]

왜 우리는 이런 책임 아래서 살아야만 하는가? 우리가 죄에 대해서 죽으신 구세주와 연합하였으므로, 우리는 더 이상 그러한 죄악 가운데서 살아가지 않기 때문이다. 그렇게 죄악을 다루기 위해서, 오웬은 우리가 자아를 십자가에 못박아서 죄에 대해서 죽이는 일(mortification)을 실제로 어떻게 할 것인가를 설명했다. 그는 성도가 체험 속에서 바르게 준비해야만 할 것에 대해서 9가지 지침을 제시했다.[104]

하나, 아직도 완전히 자신을 죽이지 못하는 죄의 표지들이 있는지 자신의 마음을 점검해보라.

둘, 여러분 자신의 죄의 사악함, 위험성, 죄책에 대해서 분명한 인식을 가져라.

셋, 여러분의 양심 위에 죄의 책무라는 감각을 올려 놓으라.

넷, 죄의 현존하는 권세로부터 벗어나게 되기를 새

103　Owen, *Works*, IV:7.

104　Owen, *Works*, IV:60-75.

롭게 열망하는 기도를 하라.

다섯, 만일 죄가 자연적인 기질과 연관성을 갖고 있다고 하면, 하나님께 도움을 구하라.

여섯, 죄를 범한 경우들을 분석해 보고 그것들을 피하라.

일곱, 죄의 첫번째 활동이 일어날 때, 이에 맞서서 그 자리에서 힘차게 일어서라.

여덟, 하나님은 소멸하시는 불꽃이라는 것을 여러분이 가장 의식할 수 있는 것에 대해서 묵상하라.

아홉, 하나님께서 그것에 대해서 말씀하시기 전까지는 여러분 스스로 양심의 평화를 허용하지 말라. 인내하지 못하는 것과 자아를 죽이는 것은 함께 갈 수 없다. 서두르지 말고 꾸준히 지속하라.

바로 이런 것들이 성령께서 죄에 대해 자아를 죽이는 위대한 사역을 하실 때, 성도들의 마음 속에 먼저 길을 내도록 준비하는 방법이다. 오직 성령만이 우리들의 심령에 죄를 죽이는 권세를 그리스도의 십자가로부터 가져올 수 있다. 왜냐하면, 우리는 성령에 의해서 그리스도의 죽으심과 합하여 세례를 받았기 때문이다. 이것은 그리스도의 죽으심 가운데서 우리가 죄의 죽음을 발견하는 것이다.

4 경건의 목표

그리스도인의 경건은 이중적인 목표를 지향하는데, 그것은 바로 현세와 내세를 바라본다는 점이다.

경건의 목표 1: 성도의 성품 갖추기

가장 우선적이며 먼저되는 즉각적 목표는 성도의 성품을 갖추는 것이다. 오웬의 관점에서 볼 때에, 참으로 경건한 성도의 지도적인 성품들은 4가지로 그 열매가 드러난다.[105]

1) 그리스도인은 하나님과 함께 동행하는 자이다.

기독 신자의 생애는 순례자의 여정이다. 기독교인은 하나님의 임재 가운데서 자신의 생애를 살아가는데, 그가 삶을 유지해 나가는 방식으로 신자됨의 특징을 드러낸다. 예를 들면, 에녹은 위대한 선지자요, 족장이었다. 그는 의로움을 선포한 강력한 설교자였다. 그러나 그가 어떻게 이런 일들을 했는가에 대해서는 전혀 알려진 바가

---

105 Ferguson, "John Owen on Christian Piety," 279.

없다. 다만 성경은 "그가 하나님과 동행하는 삶을 살았다"(창 5:21-24)라고 알려주었을 뿐이다.

오웬은 그러한 삶의 의미에 대해서, "모든 일을 하나님의 영광을 위해서" 수고하는 것이라고 풀이했다. 모든 일에 있어서 우리가 목표로 삼아야할 것, 그리고 모든 것 위에 우리가 우선적으로 삼아야 할 것은 하나님의 즐거움이어야만 한다.[106]

2) 그리스도인은 겸손하게 산다.

하나님과 동행하는 자가 된다면, 그분의 은혜의 법 아래서 살아가기 때문에, 그는 결코 자신을 자랑할 수가 없다. 또한 그는 섭리의 법 아래서 살아가기 때문에, 육신의 지혜를 뽐낼 수도 없다. 자신의 삶의 모든 처지에서, 하나님의 자녀들은 하나님의 주권의 신비로움과 하나님의 지혜의 위대하심을 인식하게 될 뿐이다.

3) 그리스도인은 믿음으로 살아간다.

기독교 신자는 믿음 안에서 점차 성장하여서 하나님께 영광을 돌려드린 아브라함을 열심히 배우며 따라간다. 아브라함은 믿음으로 살았으며, 모든 성도들도 이렇게 살아간다. 연약한 믿음을 가진 사람도 천국에 이르게 될 것이다.

---

106   Owen, *Works*, XVI:503.

4) 그리스도인은 사랑으로 산다.

사도 바울은 사랑으로 완전하게 하나가 된다고 하였는데, 특별히 교회의 공동체 안에서 교제를 나누도록 만들어준다. 교회의 성도들은 사랑의 끝으로 묶여진 하나의 가족 공동체이다. 사랑은 성령의 열매이며, 믿음의 영향으로 만들어진다.

경건의 목표 2: 하나님과의 교제

오웬은 개혁주의 경건에 대해서 보다 긍정적인 구조를 발전시켜 나갈 것을 요구했다. 다시 말해 우리가 보다 더 성화의 부정적인 측면들로부터 긍정적인 측면으로 관심을 확대해 나갈 것을 촉구했다. 우리는 그리스도와의 연합에 기초해서 기독교인의 경건생활에서 긍정적인 측면들을 검토해 보아야 한다.

첫째는 그리스도인의 삶에서 긍정적인 경건의 본질은 하나님과의 교통(communion with God)에 의해서 특성이 드러났다.[107] 오웬의 전집, 2권과 4권에는 이러한 하나님과의 교통에 대해서 풍성한 내용들이 광범위하게 담겨져 있다. 요한일서 5장 7절에 근거하여, 오웬은 성도가 삼위일체 하나님의 각 위격들의 교통을 통해서 구원의

---

107 Owen, *Works*, II:8.

확신을 갖게 된다고 설명했다. 성도는 성부 하나님의 사랑 안에서 교통한다. 뿐만 아니라 성도는 성자 예수 그리스도와는 은혜 안에서 교통하는데, 우리를 위해서 행하신 예수 그리스도의 능동적 순종과 수동적 순종에 의해서 우리는 구세주의 은혜를 받게된 것이다.[108] 또한 성도는 성령과의 교통을 통해, 우리를 위해서, 그리고 우리 안에서 행하시는 하나님의 사역들 속에서 살아간다.

둘째로, 그리스도인의 경건한 삶은 점진적으로 진보한다. 그리스도인의 삶에는 성화가 진보하는 긍정적 발전이 일어난다.[109] 주 예수 그리스도와의 교제는 그의 은혜 안에서 이뤄진다. 성경에서 은혜라고 하는 것을 다시 설명한다면, 먼저 하나님의 자유로운 호의를 베푸시는 것이요, 은혜로움의 성격들로 채워지는 것이며, 성령의 열매를 맺는 것이다. 또한 그리스도의 은혜로우심과 교제를 나누다 보면 은혜의 혜택들이 성도들에게 주어진다. 이것을 오웬은 "인격적 은혜"(personal grace)라고 풀이했다. 참된 신앙의 진보는 우리가 그분에게 어떻게 반응을 드러내느냐에 달려 있다. 다시 말해 참된 신앙이란 그리스도의 탁월하심, 은혜, 합당함을 닮아가는 것이며, 또한 의지로써 그리스도를 구세주로, 영적인 신랑으로, 유일한 주님으로 받아들이는 것이다.

---

108 김재성, 『그리스도의 능동적 순종』(서울: 언약, 2021).

109 Owen, *Works*, II:8.

5 경건의 절정

　앞서 우리는 그리스도와의 교제를 통해서 개혁주의 경건의 긍정적인 측면들을 검토하였다. 이 경건의 궁극적 발전과 절정은 이 세상에 사는 동안에 그리스도인의 성품들을 창출해 내는 것으로 그치는 것이 아니다. 그리스도와의 교제는 다음에 오는 세상에서 누릴 충만함에 이르게 하는 것이다. 그러한 절정에 대한 전망은 지금 이 세상에 살고 있는 그리스도인의 삶 속에서도 총체적으로 특성으로 드러나게 된다. 그러한 전망이 지금 여기에 살고 있는 우리에게 어떻게 살아야 하는가에 대해서 영향을 미치기 때문이다. 이것은 사도 바울이 로마서 5장 1–5절에서, 지금은 환난을 당하나 믿음으로 의롭다하심을 받은 우리에게 기뻐하라고 촉구하는 이유이기도 하다. 우리들의 고난들은 영광을 만들게 된다. 또한 우리는 하나님의 영광을 나누게 되리라는 소망 가운데서 즐거워한다.

　오웬이 강조하는 미래의 삶에 대한 열망과 비전은 사도 바울의 교훈과 다르지 않다.[110] 현재의 삶에서 드러난 것들을 새로운 차원에서 다같이 맛보게 될 것이다. 물이 바다를 덮음같이, 장차 하나님의 영광이 지상에 가득 찰 것이다. 그렇게 우리는 훨씬 더 나은 곳에

110　Ferguson, "John Owen on Christian Piety," 274.

서, 그리스도와 함께 거하게 될 것이다. 이것이 오웬이 바라보는 그리스도인의 삶의 절정이요, 그 속에 담긴 본질이다. 그리스도는 예배 가운데서, 성례와 말씀 가운데서, 그리고 기도 가운데서 우리에게 다가오신다.

최종적으로 죄로 인해 분리된 담은 무너질 것이고, 우리는 그리스도와 같이 변형될 것이다. 그리스도인들은 성화로부터 영화로 발전될 것이다. 오웬은 이런 영광에 대해서 열심히 설명했다.

첫째, 마지막 때가 오면 성도의 마음은 죄로 인해서 초래된 자연적인 어둠에서 풀려나고, 현재 상태에 매여있는 존재가 지닌 한계에서 벗어나 자유롭게 될 것이다.

둘째, 마지막 때가 오면 새로운 빛, 영광의 빛이 우리 안에 심겨질 것이고, 은혜의 빛이 자연의 빛을 소멸시킬 것이다. 영광의 빛은 믿음과 은혜의 빛을 소멸시키지 않을 것이다. "은혜는 자연을 새롭게 하고, 영광은 은혜를 완전케 할 것이다."[111]

셋째, 그 때가 되면 성도의 몸은 영광의 몸으로 계신 그리스도와의 연합을 통해서 영화롭게 되어질 것이다. 영화로운 몸 안에서 우리는 그리스도의 온전한 본질을 보게 될 것이다.

청교도들이 가르친 종말과 천국에 대한 교리들은 매우 실제적

---

111   Owen, *Works*, I:382.

이다.[112] 역시 오웬도 영화롭게 되신 그리스도를 말씀의 이미지들을 통해서 은혜의 체험으로 가져온 바를 생생하게 묵상한다.

오웬은 자신의 책, 『그리스도의 영광』이 인쇄를 위한 준비가 되었다는 소식을 들었다. 청교도 목회자였던 윌리엄 페인(William Payne)이 오웬의 책 출판의 과정을 살펴보면서, 1683년 8월 24일에 오웬 책의 인쇄가 완료됐다고 오웬에게 알려온 것이다. 이에 오웬은 일생 마지막으로 영적인 성찰들을 담아 그에게 답장을 보냈다.

오, 나의 형제, 페인이여! 그 소식을 들으니 저는 대단히 기쁩니다. 마침내 오래 기다리던 그 날이 왔습니다. 그러나 저는 그동안 제가 이 세상에서 감당해왔고 성취해 온 것들과는 전혀 다른 방식으로 그 영광을 보게 될 것입니다.

위의 문장 속에는 오웬이 터득한 개혁주의 경건의 목표가 반영되어 있다. 그는 영광에 대해서, 그가 가르친 것들 가운데서, 그가 알고 있는 대로, 가장 아름다운 문장을 만들었던 것이다. 은혜에 의한 구원과 확신에 대해서 그가 설명했던 내용들은 하나님과의 평화

---

112 Crawford Gribben, *The Puritan Millennium*: *Literature and Theology, 1550-1682* (Dublin: Four Courts, 2000).

를 확보하기 위한 그 자신의 탐구로부터 나온 것이다. 오웬이 그리스도인의 경건의 최종 목적에 대해서 말했던 내용들은, 주 예수 그리스도에 대한 사랑과 그의 영광의 임재에 참여하는 것에서 나온다. 거기서 그는 장차 엄청난 즐거움을 누리게 될 것임을 확신했다.

오웬은 1654년에 "성도의 견인교리"를 발표했다. 그 이유는 존 굿윈(John Goodwin, 1594-1665)의 "믿음의 전가"(Imputation Fidei, 1642)에 대해서 반박하려는 것이다.[113] 굿윈은 하나님께서는 칭의를 주시기 위해서 그리스도의 의로움이 아니라, 믿음을 성도들에게 전가시킨다고 주장했다. 그는 예수 그리스도가 멸망하게 될 자들을 위해서 죽으셨다고 잘못된 주장을 폈다. 첨언할 것은 이 굿윈은 웨스트민스터 신앙고백서 작성에 참여했던 토마스 굿윈(Thomas Goowin)과 혼동하면 안 된다는 점이다. 토마스 굿윈은 옥스포드 대학교에서 오웬의 동료 교수로 있었던 탁월한 신학자였다.

오웬은 하나님의 불변하시는 작정과 사랑을 말하면서, 하나님께서 성도들을 끝까지 지켜주시고 보호하신다는 점을 강조하였다. 오웬이 말하기를 하나님의 칭의는 영원한 목적을 이루는데 이것이 바로 그리스도의 구원의 본질이다.

---

113 John Owen, *The Doctrine of the Saints' Perseverance Explained and Confirmed*, vol. 11, *The Works of John Owen*, ed. Goold (Edinburgh: T&T Clark, 1862), 2.

오웬은 정치의 전면에 나선 의회의 귀족들, 그리고 청교도 전쟁을 치루던 군인들과 함께 생사를 같이했다. 청교도 혁명을 달성하기 위해서 치렀던 전쟁은 모든 것을 다 바꿔놓았다. 청교도들이 군대를 일으켜서 왕권신수설과 절대왕권에 대해서 강력하게 진압을 하면서, 영국에서는 공화정 제도에 대한 지지가 폭발했다. 청교도들의 정치관은 통치자의 불합리한 압박에 대해서 방어하는 전쟁을 하거나, 능동적으로 저항하는 것은 온당하다는 것이었으며, 왕권은 제한적으로 행사되어야 하고, 법적으로 합당해야만 한다는 입장이었다.

또한 청교도들은 무정부주의와 같은 혼란도 극복하는 성경적인 대안을 모색했는데, 이는 사무엘 러더포드(1600-1661)의『법이 왕이다(Lex Rex)』(1644)에 잘 표현되어졌다. 이 책은 절대군주론을 옹호하는 존 맥스웰의 정치 이론에 대한 비판이었다.[114] 이 러더포드의 사상은 근대 민주사회와 민주주의로 발전하여 나가는데 결정적인 역할을 했는데, 이는 근대 시민국가로 나가는 교두보이자, 반환점이었다. 러더포드는 교회와 국가의 두 왕국설을 제시하였는데, 이런 관점은 이미 스코틀랜드에서는 앤드류 멜빌에 의해 널리 확산됐었다. 특히 멜빌은 그의 저서『노회의 합당한 역할』(1644)에서 국왕

---

114 S. Rutherford, *Lex, Rex*, (The Law and the Prince). 이 책은 John Maxwell, *Sacro-Sanctum Regus Majestas* (1644)에 대해서 비판한 내용이다.

은 교회를 지배하는 위치에 있지 않다고 명시했다. 이러한 입장이 반영되어서, 스코틀랜드 언약도들과 올리버 크롬웰의 청교도 군대는 국왕 찰스 1세에 맞서서 전쟁을 지속했던 것이다. 1639년에 시작된 스코틀랜드에서의 "주교전쟁"과. 이어지는 왕당파와 청교도 진영의 전쟁은 1649년까지 지속되었다.

이런 혼란스러운 상태 속에서 개신교 내부에서는 과격한 분파주의자들과 이단적인 집단들이 속출했다. 왜냐하면 개신교는 보다 자유로운 교회의 치리를 지지했기 때문인데 이로 인해 각종 이단 교파들의 "극단적인 사건들"이 발생하기도 했다. 1645년에 잉글랜드 목회자 토마스 에드워즈(Thomas Edwards)는 당시 각종 이단들이 저지르는 사건들에 관한 보고가 담긴 편지들을 취합했다. 그 중에 이런 보고가 있다. 새롭게 등장한 침례파인데 이들은 물에서 침례를 받을 때는 옷을 완전히 벗어야 한다고 주장했다. 그러던 중 이 침례파에 소속하여 안수를 받은지 얼마 안된 어떤 젊은 목사가 침례식을 주도했다. 그리고 그에게 침례를 받기 위해 찾아온 여성에게 지적하기를, 물속에 들어가기 전까지 두 팔을 아래로 내려서 몸을 가리는 것은 꼴사나운 모습이라고 하면서 두 손을 높이 들어서 가슴까지 올려야만 천국에 들어가게 되고, 이것이 바로 주 예수 그리스도께서 선포하신 규례라고 주장했다.[115] 에드워즈는 이런 기상천외한 이야기들을 수집했는데, 이 책은 무려 800쪽에 달하며, 3권의 책으로 편집했는데도 여전히 수록하지 못한 이야기들이 많이 남았다고 한다.

많은 청교도들이 율법폐기론자들에게 맞서서 강력하게 도덕적 생활을 주장했는데, 이 지점에서는 리처드 백스터와 오웬의 판단이 동일했다. 그러나 이 둘의 정치적 판단은 달랐다. 오웬은 올리버 크롬웰의 청교도 전쟁을 지지했지만, 백스터는 반대했다.[116] 다시 말해 이 둘은 율법폐기론에 대해서는 모두 반대했지만, 둘은 구원론과 칭의로 부분에서 다른 입장으로 갈라섰다.[117] 이처럼 그들이 서로 각기 다른 대안을 제시하게 된 이유는 각자 직면했던 전쟁과 상황이

---

115 Thomas Edwards, *Gangraena: or a Cataloque and Discovery of Many of Errous, Heresies, Blasphemies and Pernicious Practices of the Sectaries of This time, Vented and Acted in England in These Last Four Years* (London: 1646), 68. P. R. S. Baker, "Edwards, Thomas (c.1599-1648)," in *Oxford Dictionary of National Biography*, online ed., ed. Lawrence Goldman, Oxford: OUP, http://www.oxforddnb.com/view/article/8556.

116 Tim Cooper, "Why Did Richard Baxter and John Owen Diverge? The Impact of the First Civil War," *The Journal of Ecclesiastical History* 61:3 (2010): 496-516. Cf.
Cooper. *Fear and Polemic in Seventeenth-Century England: Richard Baxter and Antinomianism* (Burlington: Ashgate, 2001).

117 Cooper, *John Owen, Richard Baxter, and the Formation of Nonconformity*, 33.

달랐기 때문이다. 그 갈등의 내용은 다음과 같다.

1647년 오웬은『그리스도의 죽음 안에서 죄의 죽음』을 펴냈는데, 여기에서 그는 그리스도가 오직 택함을 받은 자들만을 위해서 죽었다고 하는 구원론을 제시했다. 이 오웬의 구원론은 죄인들은 오직 그리스도의 온전한 순종과 그의 의로움을 믿음을 통해 전가를 받지만, 이 또한 오직 하나님의 은혜에서 나오는 것이라는 개혁주의 칭의론을 근거로 삼았다.

그러나 백스터는 오웬의 칭의론에는 잠재적인 율법폐기론자의 입장이 담겨있다고 비판하는 책을 출간했다. 이 두 사람의 논쟁은 수 십년간 지속되었는데, 백스터는 1683년에 오웬이 사망한 후에도 계속해서 그를 공격했다. 백스터는 신율법주의자로서, 회개와 믿음이 동시적이며 선한 행동이 필수적으로 수반되어야 한다고 강조하였다. 그는 하나님과의 바른 관계에서 율법을 지키는 실행이 성도에게 필수적이라는 강조를 결코 멈추지 않았다.

율법폐기론의 대표적인 인물은 아그리콜라(Johann Agricola, 1494-1566) 였다. 루터의 제자이자 후계자로 거론되었던 아그리콜라는 은혜로 구원을 얻은 자는 십계명의 의무에서 자유롭다고 주장했다. 그러나 이와 달리 루터는『율법폐지론에 대한 논박』(1536)에서 이런 주장을 철저히 경계했다. 그리고 결국 1577년에 나온 루터파의 신앙고백서『the Formula of Concord』4장에서 여전히 구원 얻은 자에게도 필요한 "율법의 제3용도"를 선포하게 되었다.

개혁주의 신앙고백은 이러한 종교개혁의 유산을 지속적으로 강조했다. 『아일랜드 신앙고백서』(1615)에서도 구약시대 모세의 제사법과 예식들은 폐기되었지만, 그 어떤 신자라도 도덕적인 순종의 의무를 벗어날 수는 없다고 강조하였다. 또한 이 주제는 웨스트민스터 신앙고백서에서 매우 중요한 주제로 등장했는데, 이는 웨스트민스터 신앙고백서 19장 5항에서 확인할 수 있다.

> 도덕적 율법은 의롭게 된 사람이나 그렇지 않는 다른 모든 사람까지도 영구히 이것에 순종할 의무가 있다. 그것은 그 율법 안에 포함된 내용 때문에가 아니라 이것을 주신 창조주 하나님의 권위 때문이다. 그리스도께서도 복음서에서 이 의무를 달리 폐지하지 않으시고 더욱 강화하신다.
> - 웨스트민스터 신앙고백서 19장 2항

또한 신자는 구원을 얻기 위하여 공로를 세우는 것이 아니라, 참된 신자의 도덕적 의무는 선을 장려하고 악을 제지하기 때문이다.

> "마찬가지로 이 율법은 거듭난 자들에게도 그들의 부패를 제어하기 위해 유익한 것이다. 율법은 죄를 금하며 율법이 주는 경고는 비록 그들이 율법의 저주로부터 해방되었을

지라도 범죄하면 당연히 받을 바가 무엇이며, 그것 때문에 이 생에 어떤 환난을 당해야 하는지를 보여주는 구실을 한다.

- 웨스트민스터 신앙고백서 19장 6항

6   맺는 말

존 오웬은 노년기에 왕정복고 이후 비서명파에 속하길 결정하면서 모든 목회 현장을 다 잃어버렸다. 하지만 다행히도 그는 런던 근교에서 모이는 "반대파"의 교회에 설교자로 초청을 받았고 이사도 했다. 오웬이 설교하게 된 이 모임은 대형 저택에서 가정교회 형식으로 시작됐는데, 이 모임을 헌신적으로 도운 사람은 올리버 크롬웰의 사위이자 휘하 장군이었던 의회 정치가 플릿우드(Charles Fleetwood, 1618-1692)였다.[118] 이 모임은 처음에 시작할 때는 약 35명이 출석하는 가정교회였지만, 다른 가정 교회의 목회자 죠셉 카릴 목사가 소천하자 두 교회는 연합하면서 180명이 되었고, 오웬은 소천할 때까지 약 10년 동안 담임 목사로 강단을 지켰다.

이 모임에는 당대 가장 경건한 청교도 정치가이자, 오웬의 평생 후원자였던 존 하르토프 백작(1637-1722)과 그 집안 사람들도 참

---

118 Crawford Gribben, "Lucy Hutchinson, John Owen's Congregation, and the Literary Cultures of Nonconformity," *Review of English Studies* 73.310 (2022):1-16. A.J. Shirren, *The Chronicles of Fleetwood House* (London: 1951).

여했다.[119] 하르토프 백작도 런던 근처에 세워진 대형 저택을 상속 받아 살고 있었는데, 그는 겸손하면서도 고상한 청교도 정치가로 존경을 받았다. 하르토프 백작은 오웬만이 아니라 여러 청교도 목회자들의 후견인이었는데, 주옥같은 찬송가 작사가로 유명한 아이작 왓츠(Isaac Watts, 1674 – 1748)가 지병으로 고생하자 그를 자신의 집으로 들여 함께 살면서 격려하고 돌봐주었다. 하르토프 백작은 100여 편에 달하는 오웬의 설교를 노트에 받아 적으면서 수집도 하였는데, 이는 훗날 오웬의 설교집으로 출간되었다.[120] 오웬은 런던 근교에 머무는 동안에 수많은 저서를 집필하는데 집중했다. 그리고 당시 하르토프 백작 뿐 아니라 다른 청교도들이 가장 좋아한 오웬의 책은 묵상집이다.[121]

또한 당시 런던에는 큰 화재가 발생했고, 흑사병이 휩쓸고 갔다. 오웬은 이런 일들이 단순한 자연재해가 아니라, 절대 왕권을 가진 군주가 교회를 잔인하게 핍박한 것에 대한 하나님의 진노라고도 해석을 했었다.

---

119 Lesley A. Lowe, "Sir John Hartopp of Freeby, 3rd Baronet (1637-1722): 'Popular Patriot and Pillar of Dissent," *Westminster Theological Journal* 86(2024):217-36.

120 약 2백 년이 지난 후, "사후에 출간된 설교들"이 빛을 보았다. *The Works of John Owen*, ed. William H. Goold (Edinburgh: Banner of Truth, 1968), 16:424.

121 John Owen, *Meditations and Discourses on the Glory of Christ in His Person, Office and Grace* (London: 1684).

오웬의 생애와 신학에 대한 평가는 다음 한 문장으로 요약할 수 있다. 이 글은 데이빗 클락슨이 오웬의 장례식에서 선포한 설교문에서 인용한 것인데, 이 문장 안에는 위대한 신학자요, 설교자였던 존 오웬의 생애가 가장 잘 압축되어 있다.

그가 어떤 분이었는가를 알고 있는 여러분들에게 더 이상 설명할 필요가 없습니다. ... 그는 참으로 하나의 타오르는 불꽃이자 섬광과 같은 불꽃이었습니다. 그 불빛은 잠시동안만 비춰졌습니다. 하지만 우리는 여전히 그 불꽃 안에서 즐거워 할 것입니다.[122]

---

122 *Selected Works of David Clarkson*, ed. Basil H. Copper (London: Wycliffe Society, 1846), 452.

제 5 장

그리스도의 '온전한 순종' : 교회 언약

모든 청교도는 하나님과의 언약에 동참한다는 맹세와 헌신을 다짐했었다. 청교도의 언약 사상은 철저히 성경에 바탕을 둔 배경에서 형성되고 발전하였다. 청교도 신앙에서 가장 중요한 부분은 하나님과의 언약 관계를 맺으면서, 동시에 모든 국가와 정부, 왕과 시민들이 하나의 동맹 의식으로 연대한다는 것이다. 언약 사상은 청교도들의 마음속에 깊이 새겨진 하나님과 성도 간의 약속인 동시에 성도들 간의 관계도 언약과 무관하지 않음을 강조했다.

웨스트민스터 신앙고백서 제7장에서는 성경의 역사 속에서 드러난 인류 구원의 사역에 사용된 언약 개념을 세 가지로 표현했다. 죄인을 구원하시고자 계획하신 삼위일체 하나님 서로 간의 '구속 언약(혹은 영원 언약)'과 타락 이전에 아담과 맺은 '행위 언약(생명 언약, 창조 언약)', 그리고 타락한 인간들과 맺으신 '은혜 언약'이다.

특히 오늘날의 미국을 건설한 뉴잉글랜드 청교도가 가슴에 품고 살았던 꿈은 하나님의 영광을 드러내는 국가와 사회를 건설하는 것이었다. 이것은 단순히 청교도가 정치적 자유를 누리기 위해서만, 뉴잉글랜드로 건너간 것이 아니다. 뉴잉글랜드 건국의 아버지들은 성경 말씀대로 순결한 교회를 세우고, 하나님의 영광을 드러내고자 새 출발을 한 것이다.

1 청교도의 교회론에서 발전된 교회 언약

'교회 언약 church covenant'은 청교도의 교회론에서 발전된 것이다. 칼빈의 제네바 교회에 뿌리를 두면서도 유럽의 개혁교회, 장로교회, 그리고 독립적인 회중교회 등이 청교도가 채택한 교회 체제였다.[123]

에드워드 6세의 통치 시기(1547-1553)에 칼빈이 제네바에서 시행하던 개혁교회의 모델이 잉글랜드에 소개되었다. 하지만 너무 짧은 시기에 개혁교회가 뿌리를 미처 내리지 못한 상태에서, 메리 여왕(피의 메리)이 등극하게 되면서 잉글랜드는 다시 로마 가톨릭으로 회귀했다. 그러다가 엘리자베스 여왕 시대(1558-1603)에 잉글랜드 교회는 국가 전체를 성공회 체제로 다스렸는데, 이것은 로마 가톨릭과 유럽 대륙의 종교개혁을 절충한 형태였다. 신학적인 면에서나 목양의 내용에서나 혼합된 교회 체제였는데, 이 체제는 제임스 1세와 그의 아들 찰스 1세의 통치 기간에도 유지되었다.

스코틀랜드에서는 존 녹스의 종교개혁으로 1560년부터 장로

---

[123] 김재성, 『반율법주의와 웨스트민스터 총회』(도서출판 새언약, 2025), 제4장, 청교도 교회론을 참고할 것.

교회를 전면적으로 시행했다. 잉글랜드에서는 1643년부터 불붙은 시민전쟁을 통해서 청교도 혁명이 성공하면서, 칼빈주의 장로교회가 다시 영국 대륙에 소개되었다.

그러나 1662년 왕정이 복고 됨에 따라서 찰스 2세가 다시 성공회 제도로 국가 전체를 재구성했다. 엘리자베스 여왕의 혼합된 성공회 체제와 교회 정책에 항거하는 신학자들과 설교자들이 용기 있게 성경적으로 교회를 정화하려는 운동을 전개했다.[124] 청교도는 성경에 따라서 로마 가톨릭의 교리들과 예배 형태를 완전히 폐지하고, 최종적으로 순수한 초대교회를 회복시켰다. 이러한 교회의 개혁을 더 급진적으로 이끌려는 독립파 분리주의적인 그룹들도 많았고, 개교회의 자율권을 더 지향하는 회중교회도 널리 퍼졌다.

청교도들의 교회론은 지역의 주교를 중심으로 상하 구조를 갖추고 있던 교구제와 같은 교회 체제를 완전히 거부하였다. 더 자유롭고, 자발적인 신자들의 지역공동체로 건설해 나가려는 노력이 청교도 교회들 사이에 큰 흐름을 조성했다. 새로운 교회론은 청교도들 사이에서 여러 가지 정치적인 변화와 청교도 전쟁을 치르던 상황 속에서, 점차 더 성숙한 토대를 다져나갔다. 언약으로 묶인 하나님의 백성으로서의 교회 개념이 광범위하게 퍼져나간 것이다.

---

124 Patrick Collinson, "Puritans," *Oxford Encyclopedia of the Reformation*, ed. H. Hillerbrand (Oxford: Oxford University Press, 1996), 364-70. Collinson, *The Elizabethan Puritan Movement* (Berkeley: University of California Press, 1967).

뉴잉글랜드 청교도는 개척자로서 초목을 개간하여 농장을 일구고, 학교를 건설하여 자녀들을 양육하기에 앞서 가장 먼저 교회를 세웠다. 모든 도시마다 가장 중심부에 깨끗하고 순결한 교회를 하얀색 빌딩으로 세웠다. 대서양을 건너온 청교도들은 먼저 교회의 등록 교인이 되었고, 그 후 교회 공동체를 위해서 모든 헌신을 다했다. 이처럼 독특한 교회 중심의 삶은 '교회 언약' 덕분에 가능한 것이었다.

뉴잉글랜드에 정착한 초기 청교도는 성경의 언약 개념들을 보다 실제적인 개념으로 적용했다. 뉴잉글랜드 건국의 조상들이 가졌던 독특한 신념이자, 신대륙 건설에서 성공하게 된 결정적인 요인은 '교회 언약 church covenant'이었다. 물론 다양성과 복합성을 띠고는 있지만, 교회를 중심으로 하는 언약 동맹체를 건설하면서, 뉴잉글랜드 청교도는 높은 신앙적 이상과 꿈을 품고 있었다. 비록 그들이 잉글랜드의 정치적인 박해 속에서 새로운 나라로 떠나갔지만, 그들을 지도한 뉴잉글랜드 청교도 지도자들은 영적인 열망을 모아서 '교회 언약'을 세우고 실천했다. 즉 모든 삶의 가치를, 교회를 세우고 지키는 일을 중심으로 하면서, 하나님께 영광을 돌리는 데 힘썼다. 교회 언약 사상은 뉴잉글랜드 국가와 사회, 교육과 가치의 근거로 엄청난 영향을 끼쳤다.[125]

---

125 Francis J. Bremer, "The Puritan experiment in New England, 1630-1660", in *Cambridge Companion to Puritanism*, 131.

2   윌리엄 브래드퍼드와
메이플라워

청교도는 깊은 신앙심을 형성하는 데 영향력을 발휘했다. 윌리엄 브래드퍼드William Bradford(1590-1657)를 대표로 한 공동체가 자신들의 이상을 품고 망명하였다.[126] 그가 12살 때 요크셔에서 청교도 목회자의 설교를 처음 들었는데, 이에 깊은 감명을 받아 거룩한 교회를 위해 헌신하기로 결단하였다. 그러나 그 시절 영국에서는 청교도 신앙을 품었던 목회자와 많은 성도가 체포되고, 벌금형을 받았다. 그는 1607년에 네덜란드로 건너가서, 레이던Leiden에 정착했다. 이처럼 브래드퍼드와 같이 국가 권력으로부터 혹독한 탄압을 받아서 법률적으로 형벌을 당한 사람들은 다소 과격하게 분리주의를 채택하였다.

브래드퍼드와 함께 네덜란드에서 10여 년을 살면서 회중교회 제도를 시행해 오던 청교도는 점차 네덜란드 피난의 문제점을 발견하게 되었다. 지도자들은 그들의 자녀들이 점점 영어를 사용하지 않

---

126   Francis J. Bremer, *The Puritan Experiment: New England Society from Bradford to Edwards*, revised ed. (Hanover: University Press of New England, 1995). J. Scott, *Commonwealth Principles* (Cambridge: Cambridge University Press, 2004).

고 네덜란드어에 익숙해지고 있음을 느끼게 된 것이다. 그리고 그들은 1617년부터 1620년 사이에 신대륙 뉴잉글랜드에 삶의 터전을 구할 수 있었다. 자녀들에게 닥친 교육의 문제와 그 지역 문화와의 차이에 괴리감을 느끼게 된 청교도들은 그렇게 신대륙행 메이플라워호를 타게 되었다.

1620년 11월 9일, 102명이 메이플라워호를 타고 케이프 코드 북쪽에 도착했고, 바닷가 마을 플리머스 Plymouth에 정착촌을 건설했다. 날씨가 험하여, 허드슨 강이 흘러내려 가는 곳으로 더 항해할 수 없어서, 훨씬 북쪽 지방에 정박하였고, 뉴플리머스에서 머무르게 되었다. 이들의 절반은 첫 겨울의 추위에 죽었지만 다음 해 추수는 성공적으로 거두게 되었다. 당시 만들어진 추수감사절이 오늘날까지 미국에서 가장 성대하게 지키고 있는 기념일이다. 1630년에 이르면, 후속 이민자들이 도착하여 300명이 되었다.

엘리자베스 여왕이 아들이 없이 사망하자, 같은 할아버지의 후손으로 스코틀랜드를 다스리던 제임스 1세가 잉글랜드를 동시에 다스리게 되었다. 제임스 1세는 스코틀랜드 통치자로 재위하는 동안에 장로교회 체제를 고수하려는 대다수 교회와 주교체제 사이의 타협을 겨우 유지하고 있다가, 잉글랜드를 다스리는 지위에 오르자, 국가교회 체제만을 고수하는 쪽으로 돌아섰다. 주교제도는 절대 군주가 자신의 권위와 통치 체제의 수단으로 삼고자 고수하던 것이었는데, 이에 동의하지 않는 목회자들이 잇달아 반기를 들었고, 이에 대해 절대왕정은 다양한 방법과 형태로 교회 공동체를 억압하려 시도하는 가운데, 스코틀랜드는 긴장과 혼란의 나날이 연속되고 있었다.

1625년 찰스 1세가 아버지의 뒤를 이어서 왕위에 오르면서 청교도들의 존립 문제가 더욱 위태롭게 되었는데, 군주가 프랑스의 공주 앙리에트 마리Henriette Marie와 결혼을 한 데서 발생하였다. 왕비는 철저한 로마 가톨릭 신봉자였으며, 왕은 이미 귀족들에게 개신교회 제도로 시계를 다시 돌린다는 약속에 서명해 놓은 상태였다. 캔터베리 대주교 윌리엄 로드는 왕의 권위를 빙자하여 성공회 제도를 따르지 않는 비서명파 청교도에 대한 압박을 강화했다. 청교도는 교회의 개혁에 절망감을 가졌을 뿐만 아니라, 생명의 위협을 느끼기까지 했다.

3 존 윈스럽의 비전:
   언덕 위의 도시

온건한 회중교회는 국가교회로부터 분리해 나온 성도들의 신앙적인 결속을 통해 유지되었다. 1629년에 뉴잉글랜드 식민지 건설에 참여하여, 다음 해 최초의 주지사로 선출된 존 윈스럽John Winthrop(1588-1649)은 케임브리지 대학교에서 법학 수업을 했고, 24세 때에는 아버지를 도와서 영지를 돌보았다. 그는 항상 신앙에 깊은 관심을 가지고 살았는데, 18세 때에 금식기도, 시편 찬양, 경건 서적 읽기를 지속했다. 윈스럽은 진실한 열망을 갖게 되었고, 회중교회 제도를 지지했다.

정치가이면서도 설교자로 활동했던 윈스럽의 유명한 설교는 예수님의 산상보훈에 나오는 '언덕 위에 있는 도시 a city on the hill'를 건설한다는 이상이었다. 가난한 자들이나 병든 자들을 서로 돌보는 자선과 긍휼을 강조하였고, 개인재산과 개별적인 책임을 강조하면서도 상호 협력을 중시하는 '그리스도인의 긍휼'이 발휘되는 세상을 꿈꾸었다.[127]

---

[127] F. J. Bremer and L. Botelho, eds., *The World of John Winthrop: Essays on England and New England, 1588-1649* (Boston: Massachusetts Historical Society, 2006).

윈스럽과 함께 회중 교회를 이끌었던 프랜시스 히긴슨Francis Higginson(1588-1630)은 케임브리지 대학교 졸업생으로 국교회를 반대하였다. 히긴슨은 최초의 회중교회 제도운영과 조직에 관한 규정을 세웠다. 교회의 회원들에게 투표권을 주어 목회자를 선택하도록 한 것이다. 그리고 성도들에게는 '교회 언약'에 서약하도록 했다.

잉글랜드 국교회 체제를 떠나게 되는 것에 대해서 반대한 목회자들도 있었다. 로버트 브라운Robert Brown(1550-1633)을 따랐던 사람 중에 사무엘Samuel과 존John 등은 목회자들이 분리파에 속하게 되면, 유럽의 재세례파와 같이 무정부주의와 무교회주의 등에 빠질 염려가 있다고 비판했다.

1636년에 토머스 후커Thomas Hooker(1586-1647)의 주도하에 수백 명이 코네티컷주에 이주하여, 새로운 청교도들의 식민지를 건설하였다. 케임브리지 대학을 졸업하고 국교회 신부로 재직하던 중에, 로드 대주교와 충돌하고 신대륙으로 건너갔다. 그는 『교회 권징의 개요와 요약 Survey and Sum of Church Discipline』(1648)에서 회중교회를 철저히 옹호하였다. 또한 모든 성도에게는 교회 문제에 대해서만 투표권을 줄 것이 아니라, 일반적인 시민사회에서도 동등한 투표권을 누려야 함을 주장했다.

존 데븐포트John Davenport(1597-1670) 목사의 주도하에, 1636년에 코네티컷 주에 뉴헤이븐 식민지가 신설되었는데, 여기에 보스턴에 도착한 이민자들이 추가로 합류하였다. 더 많은 자유를 원하는 사람들이 모여들었는데, 1662년 왕정복고가 단행되면서, 이민행렬이 종결되었다. 훗날 이곳에 청교도들의 후예들이 예일대학교를 세우고, 목회자들을 양성하는 데 노력했다.

침례를 중시하는 회중교회의 설립자인 로저 윌리엄스Roger Williams(1603–1683)의 등장은 매우 다양한 형태의 식민지 건설을 보여주는 단적인 사례이다.[128] 그를 따르는 성도들이 매사추세츠주에서 남쪽으로 이주하여, 로드아일랜드 식민지를 건설했다. 1636년에 실시한 정착촌 확장은 여러 가지 면에서 탄탄한 청교도 신앙을 견고히 세우고 있었던 윌리엄스의 주도하에 이뤄졌음에 주목해야 한다. 그는 케임브리지 대학교를 졸업한 후, 잉글랜드 국교회에서의 목회를 거부했다. 윌리엄스는 교회의 순결을 지키기 위해서, 각 지역의 교회가 귀족의 간섭으로부터 완전히 자유롭게 되어야 한다고 생각했다.

윌리엄스는 1631년에 보스턴Boston으로 건너갔는데, 한 지역 목회자로 사역해 달라는 초청을 거절했다. 그 이유는 개혁주의 신학을 가진 청교도라면, 잉글랜드 국교회의 체제 아래 그대로 머무는 것은 거짓된 모습이라고 판단했기 때문이다. 이는 한마디로 철저한 분리주의를 채택한 청교도에 속하고자 한 것이다. 그래서 동료 목회

128　E. Gaustad, *Liberty of Conscience: Roger Williams in America* (Grand Rapids: Judson Press, 1991).

자들과 다른 지도자들은 윌리엄스를 좋아하지 않았다. 그는 원주민들로부터 땅을 매입해서 스스로 청교도 마을을 건설했다.

4　교회 언약과
언약적 사회

　　뉴잉글랜드 초기 청교도들은 회중교회 제도뿐 아니라, '교회 언약 church covenant'을 강력하게 시행하였다.[129] 단순히 교회의 체제를 개혁해서, 회중들이 참여할 수 있는 정치 체제로 바꾸는 데에 머물지 않았다. 회중 제도는 교회를 중심으로 하는 새로운 형태의 사회를 창출하였다. 뉴잉글랜드 청교도들은 새로운 땅에서 완전히 성경에 따른 교회를 건설하는 데 집중했고, 모든 생활의 중심에 교회가 있었다.[130] 새로운 마을을 조성할 때 가장 중심이 되는 곳에 교회를 세웠고, 하나님께 영광을 돌리는 데 집중하면서 경건한 삶을 추구했다. 교회 언약이란 성도의 생활에서 교회가 최우선으로 중요한 위치에 있다는 회원으로서 다짐과 지킬 의무와 약속을 신앙의 중요한 내용으로 강조했다는 뜻이다. 아래 소개하는 내용은 존 윈스럽이 작성한 바에 따라서, 청교도의 교회 언약에서 서명했던 가장 중요한 내용이다.

129　David A. Weir, *The Early New England; A Covenantal Society* (Grand Rapids: Eerdmans, 2005).

130　Francis J. Bremer, *John Winthrop: America's Forgotten Founding Father* (New York: 2003).

우리는 주 예수 그리스도와 그 은총의 말씀 앞에, 예배와 대화의 문제들에 있어서, 우리들의 성화와 가르침과 다스림을 위해서, 우리 자신들을 바친다. 우리는 주님에 대한 예배에 있어서, 사람들의 법칙, 기준들, 방식들을 모두 거부한다. … 우리는 이 땅 위에서 주님의 교회를 위하여 지정한 바에 따라서, 모든 거룩한 규정들을 우리 가운데 확고히 세우고, 그것들을 모든 사람이 준수하도록 하는 데 최선을 다할 것을 다짐한다. … 그것에 반대되는 그 어떤 것이라도 우리의 모든 힘을 다해서 맞서서 싸워나갈 것이며, 우리 자신들의 마음속에 있는 나태함에 대해서 통곡하며, 모든 악한 의도로부터 우리가 벗어나도록 노력할 것이다.[131]

교회 언약에 속한 성도가 되기 위한 조건으로 '엄숙한 신앙서약과 맹세'가 있었다. 물론 교회 언약의 실제적인 시행은 성만찬과 세례를 통해서 확인되었다. 청교도 설교자들은 칼빈의 신학 사상과 예정론에 근거하여 구원의 확신과 철저한 권징과 영적인 체험 등을 권장했다.[132]

131 John Winthrop, "Model of Christian Charity," *Collections of the Massachusetts Historical Society*, 3rd Series, vol. 7 (Boston: Charles C. Little and James Brown, 1838), 47-48.

132 김재성, 『개혁신학의 전망』 (이레서원, 2004), 제 4장, "뉴잉글랜드 청교도 신학," 166-192.

언약 사상은 웨스트민스터 신앙고백서의 핵심 사상이다. (1643년부터 1648년 사이에, 런던에서) 웨스트민스터 신앙고백서를 작성한 신학자들의 언약 사상은 스코틀랜드에서 온 대표자들이 설명하는 '국가언약'에서 영향을 받았다.[133] 바로 이러한 때, 뉴잉글랜드에 있던 회중 교회들도 웨스트민스터 신앙고백서(1647)를 공식적인 기준으로 채택하였다.

웨스트민스터 표준문서들(신앙고백서, 대요리문답, 소요리문답, 예배모범, 권징조례)은 칼빈과 제네바 교회의 영향을 받은 청교도의 신학 사상이 반영된 것이었다.[134] 칼빈은 교회의 개혁안에 교리뿐 아니라 예배와 교회 정치제도의 개혁을 포함했다. 특히 교회의 정치 체제에서 평신도 대표자들이 포함된 당회가 영적인 문제와 교회의 독립성을 확보하는 데 주력했다.

에드워드 6세 시대에 토머스 크랜머의 초청으로 잉글랜드에 건너온 마르틴 부써는 케임브리지 대학에서, 피터 마터 버미글리는 옥스퍼드 대학교에서 종교개혁의 핵심 신학을 일깨워 주었다. 이 두

---

133 W.D.J. McKay, "Scotland and the Westminster Assembly," in *The Westminster Confession into the 21st Century*, ed. Ligon Duncun ((Ross-shire: Mentor, 2003), 213-245.

134 Mark E. Dever, "Calvin, Westminster and Assurance," in *The Westminster Confession into the 21st Century*, ed. Lingon Duncon (Ross-shire: Mentor, 2003), 303-341.

사람은 청교도들의 신학 형성에 매우 큰 영향을 끼쳤는데, 유럽에서 전개된 개혁 사상을 전파하여서 실제적인 신앙생활에 대해서 강조했다.

옥스퍼드 출신 루이스 베일리Lewis Bayly(1575-1631)는 실제적인 경건의 방안들을 제시하여 큰 반향을 불러일으켰다. 이러한 초기 청교도 목사들은 '영혼의 의사'로서의 정체성을 가지고 엘리자베스의 통일령에 서명하지 않았다.[135] 이러한 움직임에는 주로 케임브리지 대학교에서 지성적인 훈련을 받은 목회자들이 앞장을 섰는데, 카트라이트Thomas Cartwright(1535-1603), 퍼킨스William Perkins, 그린햄Richard Greenham, 로저스 Richard Rogers, 덴트 Arthur Dent(1553-1607), 에임즈William Ames 등은 연옥설과 공로주의, 성직자 독신주의, 금식 주간 등을 비롯한 성례주의, 성직자 예복 착용 등에 대해 반대하였다. 그들은 말씀에 입각한 개혁의 일종으로 잉글랜드 성공회를 장로교회 체재로 변화시키려는 과감한 시도를 하기도 했다. 또한 그들은 '교회 안에 있는 참된 교회'라는 개념을 강조하였다.

---

135 John Coffey and Paul C. Lim, introduction to *The Cambridge Companion to Puritanism* (Cambridge: Cambridge University Press, 2008), 2-3.

뉴잉글랜드
장로교회

한국 장로교회의 뿌리, 뉴잉글랜드 청교도

　　뉴잉글랜드 청교도 대부분이 회중교회를 표방했다. 미대륙에서 장로교회의 역사는 회중교회에 비하면 훨씬 늦게 시작하였으며, 장로교회가 확산하고 발전하는 데는 오랜 세월이 걸렸다. 사실 처음에는, 장로교회가 세워진 곳을 드넓은 미국 땅 어디 한 군데에서도 찾아볼 수 없을 정도였다. 이처럼 장로교회의 시작은 미약했지만, 하나님께서는 매우 강한 능력을 그곳에 부어주셨다.

　　반면에 오늘날 미국의 주류 장로교회는 초기 청교도 개척자들의 칼빈주의 신앙과 웨스트민스터 신앙고백서와는 매우 동떨어진 성격을 지닌다. 미국 장로교회 중에서 청교도 신앙을 계승하고자 노력하는 교단들은 정통 장로교회O.P.C.와 미국 장로교회P.C.A. 등이고, 그 밖에 작은 교단들이 있다. 미국 장로교회의 초기 역사와 그것이 발전하는 과정에서 어떤 변질이 일어났는가를 철저히 살펴보면, 한국 장로교회의 미래를 대비하는 데 좋은 교훈을 얻을 수 있을 것이다.

1 최초의
장로교회 탄생

프랜시스 매케미Francis Makemie(1658-1707)는 새로운 땅, 1683년 미국 메릴랜드주 르호봇Rehoboth에 최초의 장로교회인, '르호봇 장로교회'를 설립한 목회자였다. 그는 스코틀랜드인들이 북아일랜드에 건너가서 건설한 '울스터Ulster 정착촌'에서 장로교회를 섬기던 중에, 다시 더 나은 세계를 찾아서 신대륙으로 넘어간 사람들을 위해서 목회 사역을 감당하게 되었다.

스코틀랜드, 잉글랜드, 북아일랜드 등에서 신대륙으로 건너간 청교도 신앙을 물려받은 미국의 장로교회는 대체로 신대륙의 남쪽 지방으로 퍼져 나가던, 식민지 건설의 한 형태로 세워졌다. 앞 장에서 살펴본 바, 이러한 장로교회보다 먼저 1620년부터 뉴잉글랜드 지방으로 건너간 청교도들이 건설한 회중교회는 신대륙의 동북쪽 해안가 지역에서 퍼져나갔는데, 보스턴에서 시작해서 연결된 여러 지역으로 퍼져나갔다. 이에 비해서 한 세대 늦게 세워진 장로교회는 뉴저지, 펜실베이니아, 메릴랜드, 버지니아, 델라웨어, 캐롤라이나 등 미국의 남쪽 지방에서 활발하게 교회 개척을 진행했다.

특히나 펜실베이니아를 다스리던 윌리엄 펜은 퀘이커교도였는데, 퀘어커교도들은 종교적 자유를 더 많이 허용했기에 수많은 농부들이 펜실베이니아로 건너갈 수 있게 됐다. 펜실베이니아 식민지의 관리들은 자신들의 신분을 입증하는 아무런 서류도 갖지 않은 이민자를 받아들였다. 언어도 다르고, 국적도 다른 이들이 도착하면서, 더욱 다양한 신앙 공동체가 결성되었다. 퀘이커타운을 필두로 앨런타운, 저먼타운, 아미쉬타운, 청교도타운 등이 점차 필라델피아의 서쪽 편으로 멀리 피츠버그까지 애팔래치아 산맥의 남쪽 자락에 광대하게 뻗어나갔다.

예를 들면, 독일인 존 필립 베임 John Philip Boehm(1683 – 1749)이 1720년에 펜실베이니아에 도착할 수 있었던 것도, 비슷한 나이의 지도자 윌리엄 펜이 델라웨어강의 서쪽에 1682년부터 영국 식민지를 건설했기에 가능한 일이었다. 베임은 독일인들의 집단 거주지인, '저먼타운'에 있던 교회의 청빙을 받아서 필라델피아 근교에 형성된 농부들의 교회에 오게 된 것이다. 당시 독일인들 안에는 루터파를 중심으로 하는 그룹이 있었고, 개혁신학을 추구하는 그룹이 있었다. 하이델베르크 신앙고백에 충실했던 개혁교회 그룹은 '우르시누스 Ursinus 대학교'를 세웠고, 청교도 그룹은 '웨스트민스터 대학교'와 '제네바 대학교'를 설립했으며, 독일인들은 '루터파 신학교'를, 재세례파는 '랭커스터 Lancaster 대학교'를 세우고 지금까지 조상들의 신앙을 지켜나가고 있다.

2 매케미와
최초의 장로교회

우리는 매케미의 목회 사역을 이해하기 위해서, 그의 부모들과 온 가족이 속해 있었던 북아일랜드의 상황을 알아야 한다. 또한 그의 조상들이 살았던 스코틀랜드 장로교회의 역사를 살펴보아야 한다.

미국에 건설된 장로교회는 스코틀랜드 장로교회로부터 절대적인 영향을 받았다. 그런데 미국 장로교회의 최초 건설자들의 여정에는 결코 잊을 수 없는 고난의 역사가 새겨져 있다. 최초의 미국 장로교회 건설자들은 아일랜드의 북쪽 해변에서 '얼스터 집단 공동체'를 세운 스코틀랜드인들이었다.[1] 그들은 먼저 고향을 떠나서 북아일랜드 얼스터 지역에(Ulster) 정착촌을 건설했는데, 하나님의 영광을 도모하고자 전쟁도 치렀고, 핍박과 추위도 견뎌내다가, 다시 살기 좋은 땅을 찾아서 신대륙으로 건너갔다. 바로 그러한 이주자들의 새로운 거주지역에 매케미의 부모가 합류한 것이다.

헨리 8세가 주도적으로 격려했던 '얼스터 정착촌'은 조금 더

---

1 Ron Chepesiuk, *The Scotch-Irish: From the North of Ireland to the Making of America* (Jefferson: McFarland and Company Publishers, 2000).

넓은 땅을 차지하려는 야심으로 아일랜드를 정략적으로 지배하면서[2] 잉글랜드의 로마 가톨릭 세력과 대립하고 있었다. 이런 사태를 제지하기 위해서 스페인의 아르마다가 1588년에 그곳을 침공하기도 했는데, 이는 잉글랜드와 아일랜드의 귀족들이 유럽의 군주들과 결탁하지 못하도록 막으려는 의도에서였다. 이처럼 얼스터 공동체도 새로운 땅에서 잉글랜드 내 식민지를 확장하려는 야심에서 만들어진 것이나 다름없었다. 물론, 군주와 식민지를 지배하던 귀족들의 생각이 달랐고, 신앙적인 동기에서 건너온 사람들과 상업적으로 재물을 추구하던 사람들의 생각도 서로 차이가 있었다. 이들의 유일한 공통점이 있었다면 바로 새로운 정착민을 찾기가 어려웠다는 점이었다.

얼스터 정착촌은 미국 뉴잉글랜드 남쪽 밑에 있는 버지니아 주의 제임스타운과 같은, 잉글랜드 사람들만의 집성촌이 될 수는 없었다. 헨리 8세 치하에서 잉글랜드 출신이 만들어 낸 식민지로 출발했다 하더라도, 17세기 초에 이르기까지 황폐하고 거친 상태로 존재하고 있었기 때문이다. 그래서 제임스 1세는 자신의 출생지이자 통치권이던 스코틀랜드에서 더 많은 이주민을 추가로 발굴했다. 이미 스코틀랜드 사람들이 아일랜드로 이주한 것이 100여 년 전의 일이

---

2 A.T.Q. Stewart, *The Narrow Ground: The Roots of Conflict in Ulster* (London: Faber and Faber Ltd., 1989). Jonathan Bardon, *A History of Ulster* (Belfast: Blackstaff Press. 201).

었지만, 잉글랜드 개신교회가 다스리던 땅은 아일랜드의 일부 해안 도시에 국한되어 있었다. 아일랜드의 이러한 역사적 흔적은 지금까지도 지속되고 있어서, 북쪽 끝 해변 도시는 개신교회가 압도적이지만, 그 외의 지역에서는 로마 가톨릭교회가 여전히 위력을 발휘하고 있었다.

1608년과 1610년 사이, 제임스 1세는 스코틀랜드인 중에서 45명의 모험가를 발굴하여 아일랜드로 보내면서 얼스터 정착촌 건설을 지원하도록 했다. 그들 가운데는 이전에 스코틀랜드에서 장로교회 목회자로 사역하던 사람도 포함되어 있었다. 그러나 이들 대부분은 신앙의 열정보다는 물질적인 야심 때문에 이주한 사람들이었다. 1570년대 초반에는 스코틀랜드를 통치하던 제임스 왕이 주교 제도를 통해서 자신의 왕권을 강화하던 시기였기에, 얼스터 정착촌에 목회자들을 합류시키는 것을 주저하지 않았다. 1622년경 북아일랜드로 건너간 스코틀랜드인은 2500여 명이었고, 이들을 위해서 20명의 목회자가 사역하게 되었다. 하지만 추운 날씨에 고생하던 이주자들의 생활이 형편없었으므로, 교회의 모습은 가히 절망적이었다.[3]

그러나 얼스터 이주민들의 신앙심은 매우 강렬했다. 그들은 모

---

3 Liam Kennedy, *Ulster since 1600: Politics, Economy and Society* (Oxford University Press, 2013).

두 경건한 성도들이었고, 말씀에 굶주린 영혼들이었다. 교통수단이 발달하지 않은 1630년대에 성도들은 먼 길을 걸어서 성만찬 예배에 출석하였고, 장로교회 목회자들은 공적인 예배와 개인별 예배를 인도하기에 여념이 없었다.

찰스 1세의 통치 시대로 넘어가면서, 청교도가 바다를 건너 미국으로 이주하는 것이 허락되었다. 북아일랜드에서는 정기적인 예배 인도를 위해 스코틀랜드 출신 목회자들이 사역하고 있었다. 1636년, 로버트 블레어Robert Blair목사 외 40여 명의 목회자가 뉴잉글랜드를 향해 출발했으나, 대서양의 거센 바람으로 항해가 불가능하여 할 수 없이 북아일랜드 벨파스트 항구로 되돌아왔다. 안타깝게도 결국 이들은 다시 스코틀랜드로 귀국했다.

우리는 아일랜드의 로마 가톨릭 군대가 1641년에 잉글랜드 개신교회를 공격했던 사건을 잊으면 안 된다. 그 후로 11년간 지속된 종교전쟁으로 인해서 1만 2000여 명이 사망했고, 장로교회가 치명적인 상처를 입었다. 결국 올리버 크롬웰이 1649년 9월과 10월에 군대를 일으켜 왕당파를 제압하고 대략 2,300여 명을 처형하면서 이 사건은 끝이 난다. 1653년에도 '호국경' 크롬웰의 점령은 지속되는데, 3개국이 개입한 전쟁에서 희생당한 청교도 대부분은 찰스 1세로부터 박해를 받던 아일랜드 교회를 지키기 위해서 기꺼이 희생을 감내하였다. 얼스터에 있던 장로교회 목회자들은 1660년에 왕정복고가 단행되자 국교회에 가입하지 않았고, 매케미와 같은 목회자들은 새로운 도전을 위해 신대륙으로 건너가게 되었다.

장로교회의 첫 조직을 이끌었던 목회자는 매케미이다. 북아일랜드에 세워진 스코틀랜드 청교도들의 정착촌인 얼스터에서 태어난 매케미는 목사 안수를 받은 직후, 1683년에 메릴랜드로 이주했고,[4] 스코틀랜드 글래스고 대학교에서 신학을 공부하였다. 그의 파란 눈과 밤색 머릿결은 유난히 지성적인 모습으로 보였고, 누구나 한 번에 알아볼 수 있을 정도로 귀족적인 분위기를 풍기는 신사였다고 한다.

찰스 2세의 통치하에서, 핍박을 당하던 아일랜드 장로교회는 주로 가정에서 모였는데, 그나마 다행인 것은 예배를 금지하지는 않았다는 것이다. 하지만 그의 아들 제임스 2세는 아일랜드와 잉글랜드에서 로마 가톨릭을 재건하고자 했기 때문에 장로교를 핍박했는데 이에 장로교회 성도들은 더욱 고통스러운 시간을 보냈다.

그들은 또한, 신대륙에 교회를 세운다는 선교적 사명을 갖고 파송을 받은 자들이다. 미국의 중부지방에서는 다양한 교파와 교단이 세워지고 있었는데, 그가 원래 미국에 갈 때는 메릴랜드 지역의 성공회 교회를 사역하도록 초청을 받았다. 하지만, 얼마 후 그는 성

---

4 J. M. Barkley, *Francis Makemie of Ramelton: Father of American Presbyterianism* (Belfast: Presbyterian Historical Society of Ireland, 1981), 9. Boyd S. Schlenther, ed. *The Life and Writings of Francis Makemie* (Philadelphia: The Presbyterian Historical Soceity, 1971).

미국 최초의 장로교회인, 르호봇 교회(메릴랜드주). 이 예배당은 초기 성도들이 소천한 후에 조성된 묘지로 둘러싸여 있으며, 현재 사용하지 않고 있다.

공회가 아닌 미국의 최초 장로교회인 '르호봇 장로교회'를 세웠다.[5]

매케미 목사는 매우 뛰어난 지도력을 발휘하면서, 한편으로는 성실하게 목양 사역을 감당했다. 그는 1691년에, 성도들의 양육을 위한 『교리문답서』를 출판했는데, 당대 뉴잉글랜드 지역에서 회중교회 목회자로 영향력이 크던 인크리스 매더Increase Mather(1639-1723)가 그를 가리켜, '존경할 만하고, 합법적인 목회자'라고 칭찬할 정도였다.

훗날 매케미 목사는 더 남쪽으로 내려가서 버지니아주 아코맥에 영지를 구하게 되었고, 가족과 함께 그곳을 개척하며 노년을 보

---

5 E. H. Gillett, *History of the Presbyterian Church in the United States of America*, vol. 1 (Philadelphia: The Presbyterian Publication Committee, 1864).

냈다. 그곳에는 그가 섬기던 교회와 그를 기념하는 동상이 세워져
있으며, 그가 개척하여 조성한 식민지는 지금까지도 하나의 지역 사
회로 존재하고 있다.

3 최초의 노회,
   필라델피아에서 모이다

매케미 목사는 점차 늘어나는 이민자들 사이에 상호거래를 하는 일과 다양한 업무를 해결하고 도와주면서, 장로교회의 연합단체가 필요하다는 점을 인식하였다. 그는 배를 타고 미국 북동부 대서양에 인접한 해안가 도시들을 방문했는데, 버지니아에서 뉴욕에 이르기까지 주요 상업지역들을 방문하여, 스코틀랜드 출신의 장로교회들과 특히 더 많이 교류했다. 그가 만났던 사람들은 대부분 다른 지역의 사정을 잘 몰랐는데, 그들은 장로교회이면서도 마치 독립적인 교회와 같은 모습으로 모여서 예배하고 있었다. 이 초기 이민자들은 외롭게 고립되어 살고 있었고, 서로 아무 정보를 나누지 못하고 있었다. 그는 친교와 양육의 연대가 필요하다는 인식을 하였고, 절실한 마음을 가진 이들의 노력으로 마침내 1706년 필라델피아에 최초의 노회가 출범했다. 출범식에는 매케미와 7명의 장로교회 목

회자가 참석하였다.[6]

1700년대까지 여러 개의 장로교회가 미국 식민지에 산발적으로 세워졌으나, 노회와 같은 통합적인 조직이 없이 자발적으로 설립된 장로교회가 곳곳에 흩어져 있었다.[7]

매케미 목사의 선도적인 노력 덕분에, 1706년 첫 노회가 회집會集할 때, 당시 미국의 중심도시였던 필라델피아에는 단 한 개의 장로교회만 존재했었다. 그리고 담임 목회자는 앤드루스 Jedediah Andrews 였다. 그는 매사추세츠주 힝햄Hingham에서 출생했는데(1674년), 하버드 대학을 졸업하고(1695년), 필라델피아로 내려가서 첫 장로교회를 개척하였다. 처음에는 개신교회의 연합모임 형식으로 출발하였는데, 아홉 명은 침례교인, 일부는 스코틀랜드와 웨일스, 뉴잉글랜드, 스웨덴 등에서 온 사람들이었다. 비록 이러한 상황에서 탁월한 학식과 경력을 갖춘 인물은 없었지만, 그들은 힘을 모아서 자체 예배 장소를 마련한 것이었다.

필라델피아에서 소집된 첫 노회의 의장은 프랜시스 매케미 목

---

6 John Butler, *Power, Authority, and the Origins of American Denominational Order: the English Churches in the Delaware Valley: 1680-1730* (Philadelphia: American Philosophical Society), 1978), 53. Timothy L. Smith, "Congregation, State, and Denomination: The Forming of the American Religious Structure," *William and Mary Quarterly*, vol. 25 (1968): 167-69.

7 Bradley J. Longfield, *Presbyterians and American Culture: A History* (Louisville: Westminster John Knox Press, 2013), 2.

사였다.[8] 노회 창립모임에 참여한 목회자들의 면면은 다음과 같이 다양했다. 사무엘 데이비스 Samuel Davies는 델라웨어 지역에서 목회하고 있었는데, 아일랜드 출신이었다. 조지 맥니쉬 George McNish는 스코틀랜드 출신이었고, 존 햄프턴 John Hampton은 스코틀랜드 출신으로 아일랜드에서 체류하다가 온 목회자였는데, 모라비안 교단의 파견을 받았다. 메릴랜드에서 목회하던 너대니얼 테일러 Nathaniel William Taylor와 필라델피아의 앤드루스, 뉴캐슬의 존 윌슨 John Wilson은 원래 뉴잉글랜드 지방에서 이주해 온 목회자였다.

첫 노회의 핵심 의제는 성도들의 신앙심을 진취적으로 만드는 것과 목회자의 능력을 증진하는 방법이었다.[9] 시간이 흐르면서 노회는 안수, 임직식, 목회자의 치리 등을 다루게 되었고, 목회자와 성도 사이의 관계에서 빚어지는 문제들을 다루었다. 노회는 1706년 말, 존 보이드 John Boyd에게 첫 목사 안수식을 거행했다. 그러나 매케미를 비롯하여 8명의 목사는 서로 교제하며 치리에 협력한다는 결정을 내렸지만, 아직 신앙고백에 대해 협의하거나 노회를 구성하며 정식으로 교단 규칙을 제정할 겨를은 없었다.[10] 노회는 아주 천

---

8 Alfred Nevin, *History of the presbytery of Philadelphia, and of the Philadelphia Central* (1888), 64.

9 Robert Ellis Thompson, *A History of the Presbyterian Churches in the United States* (1895).

10 Longfield, *Presbyterians and American Culture*, 2.

천히, 매우 작은 모임으로 유지되었다. 매케미 목사의 왕성한 활동은 정치적인 위협에 직면하기도 했다. 그는 설교 증서 없이 뉴욕에서 복음을 전했다는 이유로 1707년에 뉴욕 주지사에 의해 감옥으로 보내진다. 미국의 주요 도시들은 영국 국왕의 식민지였기에, 왕권을 배경으로 삼은 주지사의 정치적 영향력은 막강했었다. 이에 매케미는 약 두 달 동안 감옥에 억류되어, 다시 설교자의 자격을 부여받은 후에야 풀려날 수 있었다. 다행히도 이런 문제로 그를 괴롭히면서 문제를 일삼았던 뉴욕 주지사 콘베리 경 Lord Cornbury은 다음 해 영국으로 소환 당했다.

1716년경, 장로교회 목회자는 17명으로 늘어났다. 스코틀랜드 출신 목사들, 스코틀랜드 출신으로 아일랜드에서 거주하다 온 목회자들, 네덜란드 개혁교회 출신들, 프랑스 위그노의 후예들, 웨일스 지방, 독일 개혁교회에서 온 목회자들이 서로 교제를 나누게 되면서 점차 장로교회로 가세한 것이었다.

또, 그 해에 3개의 새로운 노회가 결성되고, 상회 기관으로 필라델피아 대회가 구성되었다. 새로 형성된 필라델피아 노회는 뉴저지의 동쪽 지방과 서쪽 지역, 그리고 펜실베이니아 북부 지역을 관할하였다.[11]

---

11 R. M. Patterson, *Historical Sketch of the Synod of Philadelphia*(1876), 8-9.

4 웨스트민스터
신앙고백서 채택(1720)

1720년대에 이르러, 뉴잉글랜드 장로교회 지도자들은 신학적 정체성과 정치적 입장에 대해 결의하게 된다. 이때 여러 건의 치리가 발생했는데, 성적인 범죄, 예배 시간에 조는 것, 간음하는 이들, 회중과 목회자 간의 분쟁 등을 처리해야 했다.

1729년에서야 이러한 문제들을 해결하기 위해서, 웨스트민스터 신앙고백서를 신학과 교회 정치의 기조로 삼는다는 의미의 이른바, '채택 행동 the Adopting Act'이 이루어졌다. 뉴캐슬 노회의 존 톰슨 John Thompson목사의 주도하에 '신앙고백에 근거한 장로교회의 신학적 입장'을 표명하자고 앞장선 것이다. 그 당시에는 교회가 매우 연약한 상태라서 목회자 후보생을 교육하는 데 필요한 학교를 세울 수도 없었고, 신학적으로 오류를 범하는 성도나 목회자들을 치리할 만큼 역량이 풍부하지도 못했다.

그래서 웨스트민스터 신앙고백서를 채택하자는 톰슨 목사의 제안은 필라델피아 대회에서 격렬한 논쟁을 거치게 되었다. 뉴저지 엘리자베스타운에서 장로교회를 이끌던 디킨슨 Jonathan Dickinson 목사가 '명쾌한 신학적 입장'을 정립할 필요성에 대해 의문을 제기했기 때문이다. 디킨슨 목사는 매우 중요한 지도자로 활약하였는데, 원래 그는 1688년에 매사추세츠주 해트필드에서 태어난 뉴잉글랜드 청교도의 3세대였다. 1706년에 막 설립된 예일 대학을 졸업하였고, 1708년 코네티컷주에서 회중교회를 섬기다가, 1709년에 목사 안수를 받았다. 그해 11월에는 페어필드 카운티에서 장로교회를 섬기게 되었고, 젊은 목회자들의 지지를 받기도 했다. 디킨슨은 하나의 신앙고백서에 서명하라는 것은 성도의 양심을 짓누르는 일이라며 반대했다. 연합을 추구하다가, 오히려 분열과 혼란을 가져올 수 있다는 것이다.

초기 장로교회 지도자 중, 장로교의 신학적 입장과 교리를 더 명쾌하게 규정하려는 사람들은 주로 스코틀랜드 출신이었고, 뉴잉글랜드 출신은 그보다는 느슨하게 (회중교회에서 시행하는 방식으로) 장로교회의 노회가 운영되기를 원했다.[12] 각각 자신들이 처한 교회의 상황에 따라서 신앙고백서 채택에 관한 입장이 서로 달랐다. 각자 출신배경과 잉글랜드 국왕에 대한 견해에 따라, 식민지 미국에서의 장로교회 운영 방식을 다르게 생각하고 있었다.

1720년대를 살았던 청교도는 이미 선대부터 가꿔온 터전에서 100여 년을 살아오고 있었기에, 일정한 규칙에 얽매이는 것을 거부했다. 디킨슨 목사는 뉴잉글랜드로 건너온 조상들이 각각 자유롭게 교회를 섬겨왔던 것처럼 믿음을 지키고 사랑으로 서로 연합하자고 주장했다. 그에 비해 스코틀랜드와 아일랜드 배경을 가진 목회자들

---

12 Longfield, *Presbyterians and American Culture*, 4.

은 최근 신대륙으로 건너온 사람들이었고, 성도의 영적인 성장과 도덕적인 안전성을 도모할 수 있으려면 교회의 엄격한 규정이 반드시 필요하다고 주장했다. 이러한 입장이 뉴저지 목회자들 사이에 긴장을 유발했다.[13]

결국 장로교회의 각 노회가 모인 대회에서는 타협안을 가결했다. 현재 등록된 교인들과 장차 장로교회의 회원이 될 사람들은 웨스트민스터 신앙고백서와 대요리 문답, 소요리 문답이 기독교의 정식 교리임을 인정한다는 것을 서명이나 구두를 통해 명확히 시인하도록 했다. 또한 대회에서는 웨스트민스터 예배 모범, 권징 조례, 헌법의 기준이 모든 회원을 대상으로 하는 것임을 가결했다.

이러한 결정은 주로 디킨슨 목사가 제안한 것으로, 교회 간의 평화와 단합을 위해서 필수적인 요소들이었다. 하지만 1730년대에 스코틀랜드 출신이면서 아일랜드에 거주하던 장로교회 성도들이 대거 이민을 오게 되면서, 신앙적인 갈등과 차이를 드러내게 되었다. 1730년에 모인 대회에서 앞서 말한 서명이나 구두 확증을 하지 않는 자들은 장로교회의 일원으로서 자격이 불충분하다는 논의가 일어났고, 1736년에는 최종적으로 웨스트민스터 신앙고백서에 대해서 전

---

13 Leonard Trinterud, The Forming of an American *Tradition* (Philadelphia: Westminster Press, 1949), 49. Maurice W. Armstrong, Lefferts A. Loetcher, and Charles A. Anderson, eds., *The Presbyterian Enterprise: Sources of American Presbyterian History* (Philadelphia: Westminster Press, 1956), 31-32.

적으로 찬성하는 원칙이 표명되었다. 하지만 신앙고백서에 서명하기를 주저하는 추세는 여전히 남아 있었다. 왜냐하면 특히 신대륙에서의 국가와 교회와의 관계를 설정할 때, 웨스트민스터 신앙고백서 20장과 23장의 원리를 그대로 적용할 수 없다는 점이 분명했기 때문인데, 대회에서 신앙고백서를 찬성하게 되면서 군주나 세속 정권은 교회에 대해서 그 어떤 지배권도 가질 수 없음을 결의한 것이다. 이것은 프랜시스 매케미의 입장을 그대로 계승한 것으로,[14] 훗날 찰스 핫지는 웨스트민스터 신앙고백서에서 군주의 권세를 다뤘던 두 가지 항목이 모든 사람에게 확신을 주지는 못했다고 평가했다.[15]

이처럼 초기 장로교회 노회 중에는 관용과 다양성이 공존하였지만, 1733년에는 뉴저지 주 뉴어크Newark에서 열린 총회에서는 장로교회가 신학적으로 분명한 입장을 가져야 한다는 주장이 제기되었다. 존경받던 뉴어크의 장로교 신자이자 농장주인 요시아 오그던Josiah Ogden이 장마로 인해 제때 수확하지 못하고 들판에 널려있던 밀을 주일 날 수확하는 일이 발생했다. 이에 장로교회 교인들은 제4계명을 거역한 일이라고 비난을 쏟아냈다. 그러나 뉴잉글랜드 출

---

14 Charles A. Briggs, *American Presbyterianism: Its Origin and Early History* (New York: Charles Scribner's Sons, 1885), 236.

15 Charles Hodge, *The Constitutional History of the Presbyterian Church*, Part I (Philadelphia: William S. Martien, 1839), 185.

신 교인들은 그러한 비판에 동의하지 않았다. 노회에서는 이 문제를 크게 확산시키려 하지 않았지만, 이미 팽팽하게 대립하는 의견들로 인해서 오그던은 상처를 입고 말았다. 그는 엄격하게 주일 성수를 주장하는 자들 앞에서 장로교 노회의 판결이 지나치다고 반발했다. 결국 그는 곧바로 장로교회를 떠나서, 근처의 영국 성공회 교회로 교적을 옮겨버렸다.

이 사건은, 초기 장로교회가 교단의 신앙고백을 통일하고 교리와 성도의 삶이 실제로 일치할 것을 적극적으로 추구했으나, 그 실행에 있어서는 아직 미숙한 면이 있음을 보여주는 사건이었다.

새로운 땅에 이주해 온 사람들로 구성된 초기 장로교회가 자신들의 교리를 건전하게 정착시키고, 그 토대 위에 신앙의 원칙을 정립하는 게 결코 쉬운 일이 아니었고, 더구나 새로운 기독교인의 생활과 문화를 창출하려고 하던 초창기에는 여러 가지 예상치 못하는 어려움이 발생한 것이었다.

질서와 자유, 교단의 일치된 고백서와 지역적 특수성의 인정 등, 두 가지 상반된 가치를 어떻게 조화롭게 적용할 수 있느냐 하는 것이, 바로 신대륙에서 신앙의 자유를 영위하고자 했던 장로교회 초기 지도자들에게 주어진 과제였다. 각 지교회의 자율성을 존중하더라도, 하나의 공통된 교리체계를 세워나가는 것은 매우 중요한 일이었기 때문이다.

5 대각성운동과
회개의 열매들

1630년대 미국에 들어간 '건국의 아버지'들이 세상을 떠난 후, 약 100년이 지났을 때, 신대륙에서는 이전 세대와 사뭇 다른 성격을 지닌 후손들이 살고 있었다. 그들은 회심의 체험도 전혀 없고, 교회에 관심도 없이, 술과 오락에 빠져 있었는데, 오히려 그 시기에 하나님께서는 뉴잉글랜드 지역에 큰 은혜를 내려주셨다. 바로 1734년에 시작된 '대각성운동 the Great Awakening'이 그것이다.[16] 조나단 에드워즈의 설교에서 시작된 일련의 부흥운동이 미국 전역으로 퍼지면서, 지역 사회와 교회가 변하고, 재편성되는 일들이 전개되었다. 대각성을 촉구하는 목회자들의 설교에 따라, 단순히 교회만 신앙을 회복하는 데 그치지 않고 정치, 사회, 경제 등 모든 분야에서 물질과 향락으로 오염된 세상을 복음으로 정화하고자 하는 일들이 발생했다.[17]

---

16 Sydney E. Ahlstrom, A Religious History of the American People. (New Haven, Connecticut: Yale University Press, 1972), 415-454. Jon Butler, "Enthusiasm Described and Decried: The Great Awakening as Interpretative Fiction," *Journal of American History* (Oxford: Oxford University Press), vol. 69 (1982): 305-325.

1739년, 우리에게 잘 알려진 대각성 운동가이자 부흥 설교자인 조지 휫필드George Whitefield(1714-1770)는 식민지의 중심 도시이자, 장로교회의 본부에 해당하는 필라델피아에서 약 6000명의 청중에게 감동을 주는 설교를 했다. 그 당시 휫필드의 집회 참석자 중 한 명이 벤저민 프랭클린이었는데, "그(휫필드)는 설교를 통해 듣는 자들에게 상상할 수 없는 영향을 주었다"라고 회고했다.[18] 휫필드는 동부 해안을 따라서 여러 도시를 순회하면서 장로교회가 미국에서 가장 급성장하는 교단이 되는 데 크게 공헌했다.[19] 또한 그의 설교에는 신앙의 자유와 시민사회의 질서를 강조하는 내용이 포함되어 있었다.

부흥운동은 이미 1620년대에 아일랜드에서도 체험된 바 있었다. 이 운동은 하나님 나라의 확장을 위해 개인의 체험을 강조하는 은사주의적 설교가들이 주도했고, 이로 인해 자신의 죄를 회개하고, 그리스도에게로 돌아오는 자들이 많았다. 회심을 촉구하는 부흥운동은 스코틀랜드와 아일랜드 청교도 교회에서 자주 일어났기에 그

---

17 Gary Nash, *The Urban Crucible: Social Change, Political Consciousness, and the Origins of thee American Revolution* (Cambridge: Harvard University Press, 1979), 204.

18 Harry S. Stout, *The Divine Dramatist: George Whitefield and the Rise of Modern Evangelicalism* (Grand Rapids: Eerdmans, 1991), 90.

19 Thomas Kidd, *The Great Awakening: The Roots of Evangelical Christianity in Colonial America* (New Haven: Yale University Press, 2007). Frank Lambert, *Inventing the "Great Awakening"* (Princeton: Princeton University Press, 1999).

러한 영향으로 신대륙에 건너온 청교도 역시 그러한 부흥운동을 재현하고자 했다.

미국에서 장로교회 내부적으로 부흥운동을 주도한 설교자는 윌리엄 테넌트William Tennent(1673-1746)와 그의 장남, 길버트 테넌트Gilbert Tennent(1703-1764)이다. 윌리엄 테넌트는 아일랜드에서 태어나서 에든버러 대학교에 수학했으며, 1718년 미국으로 건너가 필라델피아 대회의 일원으로 활동을 시작했다. 뉴욕에서 여러 교회를 섬겼고, 1726년에는 펜실베이니아에 속하면서, 뉴저지 지역에 맞닿아 있는 '네샤미니 Neshaminy Creek' 지역교회에 정착하였다(지금도 그가 섬겼던 교회의 건물과 주변에 안치된 성도들의 묘지가 잘 보전되어 있다). 그는 스코틀랜드에서 경험했던 신학교와 아주 유사한 목회자 훈련소를 자신의 교회에 건립했다. 윌리엄은 아들과 함께 '통나무 Log대학교'로 알려진 학교를 건립했는데, 초창기 학생은 20명 정도였다. 주로 웨스트민스터 신앙고백서를 강조하면서, 회심의 필요성, 경건한 삶을 위한 실천 방안을 가르쳤다. 훗날 통나무 대학 출신 목회자들은 대부분 부흥운동의 주역으로 활약하게 된다.[20]

길버트 테넌트는 윌리엄 테넌트의 장남으로서 대각성운동의 시기에 장로교회 안에서 부흥운동을 주도한 설교자였다. 1703년 아

---

20 Noll, *America's God: From Jonathan Edwards to Abraham Lincoln*, 44.

일랜드에서 태어나서, 아버지의 '통나무 대학교'에서 교육을 받은 후, 예일대학교에 진학하여 석사학위를 받았고, 다음 해 목사가 되어서 뉴저지주 뉴브런즈윅에 있는 교회를 섬기게 되었다(1726년). 길버트는 프렐링후이젠Theodore Frelinghuysen에게 큰 영향을 받았는데, 그는 뉴저지 래리턴Raritan에서 목회하던 네덜란드 개혁파 경건주의 목회자로, 회심의 필요성과 거룩한 생활을 강조한 것으로 정평이 나 있었다. 그의 설교는 청중을 감화하기에 충분했고, 죄의 어두움과 하나님의 은혜 안에 있는 빛을 극명하게 대조시켰다.

길버트는 이러한 회심 체험자의 경건과 아버지의 통나무 대학에서 배운 교훈 등을 결합하여, 자신의 영적 배경이던 스코틀랜드 청교도 신앙에서 우러나오는 영적 각성을 강조하였다.[21] 길버트 테넌트의 동생들과 통나무 대학을 거친 목회자들은 스코틀랜드 부흥 운동의 전통을 계승하면서, '수개월 동안 걸쳐서 진행되는' 참된 회심을 강조하였다. 세밀하게 교리적인 교훈을 제시했고, 탁월한 설교 방법을 도입하였다.

1734년, 길버트 테넌트는 장로교 대회에 두 가지 제안을 하여 성공적으로 통과시켰다. 그것은 첫째, 모든 목회자가 거룩한 회심의 사례들을 직접 경험하도록 하라는 것. 둘째, 모든 노회가 목회

---

21   Martin E. Lodge, "The Great Awakening in the Middle Colonies," (Ph.D. diss., University of California, Berkeley, 19640, 147.

자 후보생이 실제로 거룩한 은혜 사역을 체험했는가 검증하자는 것이었다. 특히 목회자 후보생의 교육 수준을 향상하자는 목표가 강력하게 제시되었다. 테넌트는 목회자들의 무관심과 이단적 가르침이 교회를 침체하게 만드는 가장 근본적인 원인이라고 판단한 것이다. 1740년에도 그는 많은 목회자가 여전히 하나님의 은총에 관한 지식을 인격적으로 체험한 경우가 드물다는 점을 발견하였다. 테넌트는 가슴에 열정이 없이는 다른 사람의 가슴속에 회심의 불꽃을 활활 태우기 힘들다는 점을 역설하였다.[22]

길버트 테넌트는 또한 목회적인 표준들에 대하여 남다른 관심을 보였는데, 특히 목회자가 평신도의 교육수준을 능가해서 높은 학력을 갖추고 있어야 한다고 주장했다. 중부 내륙지방에는 유럽이나, 동부 해안 도시들처럼, 목회자들을 훈련하는 대학교가 없었다. 테넌트 집안에서 시작된 통나무 대학교(훗날 프린스턴 신학대학원으로 발전함)처럼, 목회자들의 양성소에서 목회에 필요한 초보적인 사항들만을 준비하고 있을 뿐이었다.

1738년에, 장로교 대회에서는 대학교의 졸업장이 없는 목회자 후보생들은 노회를 거쳐서 대회의 위원회가 개최하는 시험을 통과하도록 결의하였다. 마치 한국의 장로교회에서 신학대학원 졸업

---

22 Elwyn Allen Smith, *The Presbyterian Ministry in American Culture: A Study in Changing Concepts, 1700-1900* (Philadelphia: Westminster Press, 1962), 48.

생들에게 총회 고시부에서 강도사 시험을 치르게 하는 것처럼 말이다. 그러나 미국 장로교회의 목회자나 임직자 후보생은 먼저 총회의 자격 규정에 따라서 일정한 자격을 갖추고 있는지 판정을 받은 후에, 다시 각 노회별로 임직을 위한 고시를 치른다. 이때는 총회가 전혀 개입하지 않고, 오직 노회의 전권으로 결정한다.

또 다른 민감한 사안은, 어떤 노회에 속한 목사가 다른 노회의 관할 구역에서 설교해도 되는가의 문제였다. 더구나 당시는 목회자가 매우 부족했던 시기였으므로, 한 목사가 하나의 지역교회의 설교자로만 머물러 있을 수 없었다. 특히 대각성운동과 부흥운동의 확산으로 길버트 테넌트가 여러 곳에서 설교하자, 그 지역 목회자들이 불만을 쏟아냈다. 부흥운동을 환영하는 교회도 있었지만 이를 달갑게 받아들이지 않는 교회도 있었다. 부흥운동을 달갑게 여기지 않은 교회들은 순회설교자들의 활동에 이의를 제기했고 결국 그 여파로 인하여 분열이 일어나게 된다.

길버트 테넌트와, 영국에서 건너온 조지 휫필드는 매우 가까운 동지가 되었다. 길버트는 뉴잉글랜드에 퍼진 대각성 부흥 운동에 적극 동참했고, 휫필드 역시 회중교회와 장로교회의 구별이 없이 예방禮訪했다. 하지만 그 때까지는 장로교회와 회중교회가 서로 형제교회라고 생각해왔으나, 부흥운동의 수용을 놓고 두 교단은 서로 다른 주장을 하게 되었다. 심지어 엄격한 장로교회 목회자들은 다른 지역에서 온 순회설교자의 집회에 참석한 평신도들을 출교시켰다.

예정 교리를 받아들이고, 믿음에 의한 칭의를 주장하면서도 중생이 인간의 도덕적 노력을 통해 이뤄지는 것이냐에 대한 신학적 논쟁도 벌어졌다. 웨스트민스터 신앙고백서를 미국 장로교회의 표준 교리 문서로 채택하는 데 앞장을 섰던 존 톰슨은 테넌트의 부흥운동에 이의를 제기했다. 그는 부흥운동이 웨스트민스터 신앙고백서의 내용에 부합하지 않는 면이 있어 성도들에게 모순된 가르침을 주고 혼란을 일으킨다고 비판했다.

결정적으로, 1741년 6월, 필라델피아에서 모인 장로교 대회에서는 테넌트의 부흥운동과 순회설교자들에 대해서 반감 있는 교회들이 순회설교자들의 추방을 결의했다. 테넌트와 그를 따르는 뉴 브런즈윅 노회는 '신파 New Side'라는 명칭을 내걸고 재결집을 시도하여 1745년에 뉴욕 노회를 포함하는 대회를 구성했다.

장로교단 내부에서는 스코틀랜드, 아일랜드에서 건너온 신앙고백주의자들과 뉴잉글랜드에서 표출된 개인의 성령 체험을 더 중요하게 여기는 분위기가 형성되었다. 결국, 1741년부터 1758년까지 '구파 Old Side'와 '신파'의 분열이 일어났다.

'구파'는 교회의 공식적인 가르침과 질서를 더 중요시했고, 칼빈주의 교리의 명백한 조항들을 지키려고 노력했다. 또 그들은 개혁주의 전통을 객관적으로 유지하는 것을 우선시했다. '신파'는 성도의 마음에서 일어나는 감동, 체험 등 주관적인 면을 중요시하고 신비적인 성령의 역사와 증거를 강조했으며, 초자연적인 하나님의 주권과

임재를 우선시했다.[23]

부흥운동의 확산과 함께, 조지 휫필드를 비롯한 순회설교자들은 펜실베이니아와 버지니아에서 큰 영향을 끼쳤다. 데이비드 브레이너드 David Brainerd(1718–1758)가 원주민을 대상으로 선교를 시작했고, 통나무 대학교는 계속 발전하여 나갔다.

하지만, 미국 장로교회 초기 지도자들은 신학적인 강조점이 달랐으면서도 서로 비난하지 않았다. 1741년부터 1758년까지 장로교단은 한편으로 구파와 신파로 나뉘어 분열하면서도 다른 한편으로는 이민자 신분으로 새로운 삶의 터전을 구축해야 했기에 서로를 향해 열린 마음으로 존중하는 면도 있었다. 보수주의적인 구파는 미국의 독립을 완수하고 혁명적인 방식으로 국가를 건설하려는 의지가 견고했고, 신파에서는 미국의 새로운 문화를 세우고자 노력하면서 서로의 앞날에 대해서 크게 염려하고 있었다.[24]

한동안 열광적이던 부흥운동도 지나가고, 교파 간 연합의 노력이 제기되었다. 1749년에 테넌트 목사는 자신의 언어가 지나치게 과격했음을 사과하는 문서를 발표하였다. 구파에 속해 있던 디킨슨 목사도 역시 부흥운동이 교회의 갱신과 발전에 도움이 되고 있음을

---

23   Lefferts A. Loetscher, *The Broadening Church*(Philadelphia: University of Pennsylvania Press, 1954), 3.

24   L. J. Trinterud, *The Forming of an American Tradition: A Re-examination Of Colonial Presbyterianism* (Philadelphia: Westminster, 1949), 262-64.

인정하였고, 조나단 에드워즈와 편지를 주고받았다. 디킨슨은 부흥운동의 긍정적인 측면을 인정하면서, 성도의 성화가 칭의의 증거가 된다는 것을 공식적으로 설교했다. 이러한 지도자들의 겸손한 노력은 하나님의 은혜로운 응답을 받았다. 한동안 나뉘어 지내던 교회들이 다시 하나로 재결합하게 된 것이다.

1758년, 뉴욕 대회에 속해 있던 '신파' 72명의 목회자가 '구파' 20여 명의 목회자가 있는 필라델피아 대회에 다시 합류하였다. 길버트 테넌트가 최초의 연합된 장로교회 총회에서 회장으로 선출되었다. 가장 큰 문제가 되었던 목회자 후보생의 회심 체험에 대한 검증은 '신파'에서 시행하여 오던 규정이었는데 각 노회의 재량에 맡기게 되었다. 적어도 이 시기까지는 신학적인 분열은 없었고, 단지 방법론의 차이가 있었을 뿐이다.[25]

그때까지 전국적인 조직체가 없었던 신대륙에서 장로교회가 총회의 본부를 필라델피아에 두고서 통합체계를 구축하고 있었다는 사실은 소속 교인들을 통해서 큰 영향을 주었다. 이것은 결국 미국의 통합에 큰 도움이 되었다.

---

25 Morton H. Smith, *Studies in Southern Presbyterian Theology* (Phillipsburg, New Jersey: Presbyterian and Reformed Publishing, 1962), 28.

6 존 위더스푼과
장로교회의 확산

    미국의 독립과 혁명을 위해서 목숨을 바쳐 싸웠던 사람들은 장로교회 성도들만이 아니었다. 하지만 대각성운동과 부흥운동에서 체험한 일치와 변화의 체험을 맛보았던 사람들은 서부 쪽으로 개척을 진척시켜서 굉장히 넓어진 나라를 확고하게 체계화하는 데 성공했다. 미국인들에게 1776년은 매우 중요한 독립기념의 해이다. 이때 독립을 위한 시민들의 혁명이라고 불릴 정도로 엄청난 일들이 벌어졌다. 대각성운동에서 결집되기 시작했던 열망들이 모여, 하나의 국가로 연합을 이룩해 낸 시민들의 성취는 신대륙의 사회 전반으로 널리 퍼졌다.[26]

    1744년, 영국은 스페인과 프랑스에 맞서서 전쟁을 선포했다. 1745년, 미국 군대가 케이프 브리튼 아일랜드에 있던 프랑스군 주둔 부대를 물리쳤을 때, 조나단 에드워즈와 길버트 테넌트는 그들의 승리 가운데 하나님의 손이 함께 하시는 것을 목격하였다. 테넌트는 벤저민 프랭클린이 주도하던 연합군을 향해서 설교하면서, 회개하지 않거나 도덕적인 갱신을 하지 않는 사람들이 있다면, 결코 하

---

26 Longfield, *Presbyterians and American Culture*, 40-41.

나님께서 (연합군의) 군사 작전을 축복하지 않을 것이라고 선언했다. 테넌트가 1740년대에 참여한 연합군들을 향해서, 마치 자신의 장로교회 성도들에게 설교하던 것과 같은 생활의 경건을 촉구했었다는 점이 매우 중요한 부분이다.

장로교회와 회중교회는 함께 협력하여 하나의 교단으로 서로 인정하는 '통합계획Plan of Union'(1801)을 채택하였다.[27] 다른 교단들과 마찬가지로, 독립전쟁을 치르면서, 미국 장로교회는 대회조직을 확장해서 전국적으로 하나가 되는 국가적인 총회가 필요하다는 사실을 인식하게 되었다. 미국의 장로교회는 '구파'의 보수적인 칼빈주의 신학을 견고하게 지켜오고 있었지만, 아일랜드에서 새로운 이민자들이 대거 유입하면서, 점차 문화와 환경이 바뀌고 있었다. 1750년 대 말에는 아일랜드에 있다가 미국으로 건너간 이민자들이 대략 25만명 정도가 되었고, 스코틀랜드 출신 이민자만 2만 5000명이었다.

우리가 주목할 지도자 존 위더스푼John Witherspoon(1723-1794)은 스코틀랜드 출신으로 미국에 건너가서 프린스턴 대학교의 학장으로 26년 동안(1768-1794) 재직하였다.[28] 정치 참여도 적극적으로 했던

---

27 R. E. Thompson, *A History of the Presbyterian Churches in the U.S.* (New York: 1895), 353-55.

28 Varnum L. Collins, *President Witherspoon: A Biography*, 2 vols. (1925, repr. 1969)

위더스푼은 1777년부터 1784년까지 의회 의원으로서 탁월한 지도력을 발휘했다. 또한 프린스턴 대학교는 미국의 건국을 위해서 엄청난 공헌을 하게 되었다. 매년 200여 명의 탁월한 목회자들과 중요한 정치인들과 법률가 등을 양성해낼 수 있었다.

그는 프린스턴 대학의 학장으로서 처음 시작할 때, 학교의 부족한 시설과 도서 확충 등을 위해서 모금 활동을 추진했다. 에드워즈의 부흥운동에 호의적이던 프린스턴 대학의 지도자들, 길버트 테넌트와 사무엘 데이비스와 함께, 스코틀랜드를 순회하면서 대학의 확장과 운영 기금을 모금했다. 그는 스코틀랜드 장로교회 목사의 아들이었고, 자신도 이미 두 지역교회에서 목회했던 경험이 있었다. 위더스푼은 정통 장로교회 신학을 철저히 옹호하였는데, 로마 가톨릭에 대해서 철저히 반대하다가 프랑스 군대에 체포되어서 1746년에 잠시 감옥에 갇혀 지냈는데, 거기서 건강에 치명적인 손상을 입었다. 특히 노년기인 마지막 2년 동안은 두 눈의 시력을 잃었다.

위더스푼은 부흥운동의 정신을 계승하려는 다소 복음주의적인 입장을 가진 '신파'에서 지지를 얻었고, 또한 그는 스코틀랜 출신의 전통적인 유산을 강조하는 장로교회 목회자였기 때문에, '구파'에 속하던 목회자들과 교회들의 전폭적인 신뢰도 받아낼 수 있었다.[29]

---

29 L. Gordon Tait, *The Piety of John Witherspoon: Pew, Pulpit, and Public Forum* (Westminster John Knox Press, 2001), 13.

위더스푼은 대학 행정 책임자의 지위에서 국가의 정치적인 사항들에 대해서도 영향력을 발휘하였다. 그는 목사로서는 유일하게도 미국의 독립선언서에 서명할 정도로 당대 지도자들의 한 사람으로 인정을 받았다.[30] 그는 뉴저지주의 대표 격으로 참여하였고, 자유의 거룩한 요소를 강조하면서 교회 간의 연합을 주도적으로 실행시키는 매우 열정적인 사역자였다. 1780년대까지는, 미국 장로교회의 창립총회에서 '교단 헌법 기초위원'으로 활약했다. 위더스푼은 장로교회와 회중교회들이 점차 개교회화되어 가는 현상을 파악하고, 이들을 하나로 연합하도록 최선의 노력을 기울인 것이다. 그는 더 많은 교회가 적극적으로 참여할 방안을 찾아서 제시했다. 장로교회 총회를 효과적으로 운영하기 위해서 스코틀랜드에서 시행해 오던 위원회 제도와 예배방식을 도입하여 활용했다.

이러한 노력의 절정이 1789년 필라델피아에서 개최된 '전全 미국 장로교회 창립총회'였다. 위더스푼은, 스코틀랜드 장로교회 총회가 각 지역 노회보다 더 큰 권한을 갖고 있던 것과는 달리 미국 장로교회는 각 지역 노회가 더 큰 권한을 행사하도록 제도화했다. '목회

---

30 Jeffry H. Morrison, *John Witherspoon and the Founding of the American Republic* (University of Notre Dame Press, 2005). Arthur Herman, *The Scottish Enlightenment: The Scots' Invention of the Modern World* (Harpercollins Pub, 2003), 237. Moses Coit Tyler, "President Witherspoon in the American Revolution," *The American Historical Review*, Vol. 1 (1896): 671-79.

자와 장로의 자격을 판단하는 일'과, '안수 행사를 주도하는 모든 행정과 고시'를 노회가 주관하도록 했다. 당시 미국 장로교회는 '뉴욕 대회'와 '필라델피아 대회'로 양분화가 되었는데, 무엇보다도 노회에 권한을 더 많이 부여하게 되자 많은 사람이 노회 활동에 적극적으로 참여하게 되었다. 위더스푼이 제시한 제도는 큰 호응을 불러일으켰고, 이에 참여의 기회를 더 많이 제공해서, 새로운 전국총회가 더 효과적으로 움직이도록 했다.

위더스푼의 전국총회 헌법에서는 만약 노회나 개교회가, 자체적으로 정립된 규칙들을 가지고 있으면, 그것을 현안을 처리하는 가장 먼저된 근거로 활용하도록 허용했다. 또한 각 교회의 당회가 교회의 회원들로 인정하는 기준을 규정하도록 했다. 그렇게 함으로써 '전국총회에 가입하게 되면, 중앙집권적인 권세에 복종해야만 한다거나, 상하질서에 예속되는 것인가'라는 우려 사항들을 제거해버린 것이다.

전국총회가 노회나 개교회에 주도적으로 개입하는 일이 없도록 총회의 권한은 축소됐다. 목회자 신학 교육에 대한 사항을 추천하는 항목만 있을 정도였다. 총회에서는 경건의 표준과 교리적 기준도 없었고, 각 교회와 노회가 제기되는 사항들을 유연하게 대처할 수 있도록 허용하였다. 성례의 시행에 관한 내용은 웨스트민스터 표준문서들과 거의 유사하였다. 그러나 미국 장로교회 헌법은 각 지역교회의 당회나 노회에 이러한 방안들을 강제로 집행하라고 명령하는 것이 아니라 추천 혹은 권장 사항으로 두었다. 매케미가 거의 100여 년 전에 노회에서 만든 것들을, 이제는 전국총회 차원에서 시행하게 된 셈이다.

1789년 미국 장로교회 전국총회 창립모임 당시 규모를 보면, 4개의 대회 체제로 구성되었다. 뉴욕과 뉴저지 대회는 4개의 노회로 구성되었고, 필라델피아 대회는 5개의 노회가 소속했으며, 버지니아 대회에는 4개의 노회가 있었고, 캐롤라이나 대회에는 3개의 노회가 소속되었다. 총회 기록을 보면, 177명의 목사와 111명의 인허받은 설교자들이 회원이었다. 총회에 가입한 장로교회 숫자는 420개인데, 담임 목회자가 있는 교회는 215개 교회뿐이었다.

7 통합 방안(1801)과
    구학파, 신학파의 분열(1837)

　　19세기는 미국 장로교회의 역사 속에서 가장 혼란스러운 변질과 신학적인 논쟁이 촉발되기 시작하던 때였다. 필자는 이 시기에 등장하는 신新학파의 주장들이 유럽의 자유주의 신학 사상에 접촉되어 있으며, 결국 성경의 무오성을 부정하고, 그리스도의 대속적 형벌을 거부하는 인간 중심적인 사상으로 얼룩졌음을 지적하고자 한다. 이처럼 두 번에 걸친 통합과 분리, 대단결과 재분열은 '결코 포기할 수 없는' 개혁주의 정통신학을 유지하려는 노력이었음을 간과해서는 안 된다.

　　미국에서 각각 발전해 온 큰 흐름, 두 부류의 칼빈주의 개혁교회는 서로 간에 통합의 필요성을 절실히 느끼게 되었다. 과거와 같이 서로 먼 거리에 떨어져 있어서 마차를 타고 왕래하던 상황에서는 대규모 회합도 어려웠고, 교류도 힘들었다. 그러나 19세기에 접어들면서 기계 · 기술문명이 획기적으로 발전하여 증기엔진을 장착한 기관차가 놓이고, 거대한 상선들이 세계 대륙으로 진출하였다. 19세기는 유럽 각국이 이처럼 우세한 기술문명을 사용하여 군사적 강국들로 발돋움했고, 전 세계를 향해 식민지 쟁탈전을 벌이던 시대였다.

이러한 국제 정치와 과학의 발전 덕분에 나라 간 방문과 교류가 쉬워져서 19세기를 '위대한 선교의 시대'라고 하기도 한다. 이에 스코틀랜드 장로교회가 가장 앞장서서 세계 선교를 위해서 큰 성과를 이뤘다. 스코틀랜드와 네덜란드에서는 인도와 중국과 일본을 비롯하여 아시아와 아프리카 여러 나라에 선교사들이 대거 파송되었다.

미국 장로교회 내에서도 1810년에 선교 운동이 시작되었다. 회중교회의 앤도버 Andover 신학교와 윌리엄스 Williams 대학교 졸업생들이 해외선교를 서원했고, 미국 해외선교 위원회가 출범하여 이들을 도왔다. 이미 영국에서는 런던 선교연합회가 출범했었기에 많은 도움을 받았다. 앤도버 신학교 출신 아도니람 저드슨 Adoniram Judson 이 미얀마 선교사로 파송되어서, 일생을 헌신했다.

서로 왕래가 가능해지면서, 자주 접촉하게 된 미국 대도시의 장로교회와 뉴잉글랜드 회중교회의 지도자들이 선행적인 노력을 기울인 끝에, '통합 방안서 Plan of Union'가 1801년 장로교회 전국 총회에서 채택되었다. 양 교단은 칼빈주의 신학을 공유하고 있었다. 웨스트민스터 신앙고백서를 공통으로 사용하는 점도 같은 뿌리에서 나온 것임을 입증하는 근거였다. 더구나 그것은, 늘어나는 가정교회의 모임들과 선교사역의 증가를 통해 청교도들의 꿈이 실현되도록 하려는 방안이었다. 장로교회 안에서도 뉴잉글랜드 청교도들의 유산이 확인되고 있었으므로, 함께 연합할 수 있었다.

양 교단의 합동을 먼저 적극적으로 추진한 것은 장로교회 총회와 코네티컷주 회중교회의 연합이었다. 그 후에 버몬트주의 회중교회, 뉴햄프셔주, 그리고 매사추세츠주의 회중교회들이 차차 가입하였다. 양 교단의 연합으로 드러난 현상은 장로교회 안으로 회중교회 목회자들이 대거 유입되었다는 점이다. 회중교회 목회자는 목사와 장로로 구성된 '당회 체제'를 따르거나 혹은, 전체 회중이 공동으로 운영하는 이전의 방식을 따르도록 선택할 수 있는 자유가 주어졌다.[31]

미국에서는 국가체제로 독립이 된 이후에 이민자의 유입이 늘었고, 철학적 회의주의, 이신론, 유니테리안주의, 이성주의가 몰려오고 있었다. 미국의 중부지역에 있던 교회를 중심으로 '제2차 대각성운동 the Second Great Awakening'이 1790년에 켄터키와 테네시에서 시작되었는데, 인디애나, 오하이오 남부로 확산해 나갔고, 미국을 넘어서서 캐나다에까지 뻗어나갔다. 또한 시민사회에 끼친 영향이 매우 컸다. 제2차 각성 운동의 신학은 '후천년설 Postmillennialism'이라는 종말론에 기인한 바가 크다.[32] 그것은 이미 조나단 에드워즈가 강조

---

31 Mark J. England-Krieger, *The Presbyterian Mission Enterprise: From Heathen to Partner* (Wipf and Stock Publishers, 2015), 40-41.

32 George M. Fredrickson, "The Coming of the Lord: The Northern Protestant Clergy and the Civil War Crisis," in *Religion and the American Civil War*, eds., Randall M. Miller, Harry S. Stout, Charles Reagan Wilson, eds. (Oxford: Oxford University Press, 1988), 110-30. Paul Johnson, *A Shopkeeper's Millennium: society and revivals in Rochester, New York, 1815-1837* (New York: Hill and Wang, 2004).

제 6 장 | 뉴잉글랜드 장로교회 **295**

했던 재림신앙이기도 한데, 19세기에는 대부분의 뉴잉글랜드 회중교회와 장로교회가 공감했다. 또한 후천년설은 그리스도가 재림하기까지 순결한 사회를 이 땅 위에 건설하자고 호소했다. 일부 교회에서는 그리스도의 재림이 곧 수일 내에 있을 것이라고 가르치기도 했다. 그들은 교회 시대의 승리를 강조함으로써 기독교의 사회적 우월성과 지도력을 강하게 호소했다.

제2차 대각성운동은, 1800년 초반부터는 장로교회에 퍼졌고 감리교회와 침례교회에까지 확대되었다. 맹렬한 전도와 선교 운동이 일어났고, 교단마다 선교단체와 국내 개척 사역을 시작했으며, 교회마다 부흥운동이 있었고, 성도들의 회심 체험이 활발하게 일어났다.

부흥운동의 흐름 중에서 장로교회에 찰스 피니Charles Finney가 등장했다. 그의 방법론은 수많은 사람을 회심시키는 결과를 가져왔지만, 동시에 그가 가르친 내용은 전통적인 칼빈주의와 전혀 달랐다. 그는 사람들의 불안한 마음 상태를 자극하여서, 하나님의 의지에 더하여 각자 개인이 의지를 발동해서 복종을 결단하라고 가르쳤다.[33]

회중교회의 변질한 사상에서 빚어진 참담한 결과가 바로, 하버드 대학교 신학부 교수진의 재편성이다. 1805년, 유니테리안주의자인 헨리 웨어Henry Ware가 총장으로 선출되었고, 그는 알미니안주

---

[33] Harold M. Parker Jr., *The United Synod of the South: The Southern New School Presbyterian Church* (Praeger, 1988)

의, 자유주의, 유니테리안주의 등 다양한 신학 교수들을 채용하기 시작했다. 일부 회중교회에서는 이를 거부하고, 앤도버 신학교를 정통 삼위일체 신학을 가르치기 위한 학교로 다시 세웠다.

1822년에, 예일대학교 신학부 교수로 임명된 너대니얼 테일러는 전통적인 칼빈주의 교리를 전면 부인했다. 그는 하나님의 절대 주권, 인간의 도덕적 부패성, 그리스도의 대속적 형벌, 중생의 교리 등을 완전히 다른 내용으로 변질시켰다. 그의 신학 사상은 거의 찰스 피니와 같았으나, 찰스 핫지를 비롯한 프린스턴 신학교 교수진들은 그와 같은 신학을 완전히 거부하였다.

이러한 변화에 대처하고자, 1837년 장로교회로 통합된 교단 내부에서 찰스 피니의 부흥운동과 테일러의 신학을 이단으로 규정하였다. 이에 대한 찬반으로 교회들이 '구학파 Old School'와 '신학파New School'로 나뉘게 된다. 더구나 신학파에는 뉴잉글랜드에 세워진 앤도버 신학교에서 나오는 주장들이 강력하게 확산되었다.

신학적으로 말하자면, 신학파는 조나단 에드워즈의 영향을 입은 후예들(사무엘 홉킨스Samuel Hopkins, 조지프 벨러미 Joseph Bellamy 등) 이었다. 에드워즈는 알미니안주의에 대해서는 반대했지만, 하나님의 임재와 주권이 즉각적으로 개입한다는 점을 강조했다. 그리하여 변화된 성향이 사람의 감정과 의지가 작동하는 '감흥 affections'으로 나타난다는 것이다. 점차 에드워즈의 후예들은 성경에 규정된 하나님의 속성들을 아는 지식보다, 사람의 체험을 강조하며 칼빈주의 교리들

을 재해석하였다.[34]

신학파의 다양한 내용을 간추려보면, 구학파에서 도저히 받아들일 수 없을 정도로 정통신학을 바꿔놓는 이론이 많았다. 신학파 장로교회는 회중교회와 새로운 신학이 결합되어 있다. 대표적인 신학자들은 너대니얼 테일러, 알베르트 반스 Albert Barnes, 라이만 비처 Lyman Beecher 등이었다. 또한 많은 목회자[35]가 '죄의 본성과 속죄의 본질'에 대한 해석에서 전통적 칼빈주의를 거부했다.[36] 신학파의 가장 공통되는 신학 사상은, 아담의 죄로 인해서 그 후손들에게까지 '죄책'이 전가된다는 언약적 대표 원리를 거부한 것이다. 신학파는 죄를 자기 사랑이라고 보았고, 덕은 모든 일을 집약하는 축복이라고 규정했으며, 모든 죄는 의지의 자발적인 행동이라고 했다. 아담의 죄가 직접적으로 모든 인간에게 전가된다는 기존의 칼빈주의 교리와는 달리, 신학파는 간접적으로 후손들에게 죄를 짓는 성향이나 이끌림을 주었다고 변형시켰다. 신학파의 신학자들은 타락한 인간이라도 도덕적 능력은 없지만, 자연적인 능력은 지니고 있으며, 죄의

---

34 Kathryn Teresa Long, *The Revival of 1857–58: Interpreting an American Religious Awakening* (New York: Oxford University Press, 1998).

35 (Eleazar T. Fitch, Chauncey Goodrich, Henry Boynton Smith, Erskine Mason, George Duffield, Nathan Beman, Charles Finney, George Cheever, Samuel Fisher, Thomas McAuley 등)

36 Gary Dorrien, *The Making of American Liberal Theology* (Louisville, Ky.: Westminster John Knox Press, 2001), 195.

이끌림을 받지 않고, 하나님의 뜻을 실행할 수 있다고 주장한다. 신학파는 개인의 자유로운 선택으로 그리스도를 믿는 것이고, 그렇게 해야만 도덕적 생활을 이끌 수 있다는 것이다.

프린스턴 신학교의 찰스 핫지를 중심으로 하는 구학파는 보수적인 칼빈주의 신학을 고수하면서, 피니의 부흥운동을 지지하지 않았다.[37] 구학파는 전통적인 개혁주의 정통신학을 확고하게 기술한 "웨스트민스터 표준문서"를 강조하였다.

1830년대에 미국 장로교회 내에서 두 그룹이 크게 대립할 때, 유럽에서도 갈등이 고조되었다. 스코틀랜드에서는 국가교회 체제로 내려오던 장로교회가 변질되었음을 지적하면서, '자유교회 장로교회'가 1820년대에 교단을 따로 창설하였다. 네덜란드에서도 역시 국가교회에서 주도하에 '개혁 사상'의 왜곡을 지적하면서 '분리the Afscheiding'라고 불리는 개혁운동에 따라서 1834년에 '네덜란드 자유교회'가 따로 떨어져 나왔다.

뉴잉글랜드 회중교회들 가운데는 칼빈주의 신학과는 전혀 거리가 먼 사상들이 확산하기 시작했다.[38] 결과적으로는 1837년에 다시 구학파와 신학파로 나누어지고 말았다. 1837년에 구학파는 회중

---

37 Paul C. Gutjahr, *Charles Hodge: Guardian of American Orthodoxy* (Oxford University Press; 2011)

38 Angus Steward, "The Decline and Fall of New England Congregationalism", *Protestant Reformed Theological Journal*, Vol. 32, No. 2 (April, 1999).

교회와의 교류를 단절하였다.[39] 신학파에 속한 장로교회는 1852년까지 회중교회와 연합하여 있었는데, 그 해에 '회중교회주의자'들이 '통합계획'의 참여를 종결지었다.[40] 이러한 통합에 반대했던 회중교회주의자들은 1865년에 '회중교회 국가연합 the National Council of the Congregational Churches'을 창설하였다. 이때를 분기점으로 하여 회중교회 국가연합은 결정적으로 자유화된 교회가 되고 말았다.

---

39 Russell E. Hall, "American Presbyterian Churches—A Genealogy, 1706-1982," *Journal of Presbyterian History*, vol. 60 (1982): 95-128

40 Ibid., 103.

8 대합동(1867)과 재분열

장로교회의 세 번째 대립이 초래된 큰 쟁점은 노예해방의 문제였다. 앞에서 지적한 바 장로교회의 첫 번째 대립은 1740년대 부흥운동에 대한 입장 차이로 일어났고, 두 번째 대립은 1837년 두 학파의 대립으로 이어졌으며, 세 번째 대립은 1860년대에 노예 해방이라는 정치 사회적인 문제로 일어났다.

미국이 독립된 국가로 세워진 이후에 약 100년의 역사가 지나가면서, 유럽에서 시작된 인간평등 사상이 프랑스 대혁명(1789–1794)의 물결을 만들었고, 인권 존중과 노예해방이라는 사회구조의 대변혁으로 귀결되었다. 급기야 이러한 사회적 구조를 바꾸어야 한다는 반성과 함께, 장로교회 내에서 구학파와 신학파의 분열이 지속되었다. 이 무렵에는 서부를 개척하는 사람들이 늘어났고, 교회 건설에서 서로의 협력이 필요한 중요한 시기였다. 그러던 중 1860년부터 약 4년 동안 남북전쟁이 일어났다. 구학파 쪽에서는 성경 시대에도 나오는 노예제도에 대해 관대했고, 특히 남부의 보수적인 장로교회에서는 농장에서 일하는 노동자들이 많았기에 그러한 주장을 고수했다. 이상주의를 받아들인 신학파에서는 노예해방의 문제를 미국의 중앙집권적인 통합의 주제로 인식하였다.

남북전쟁이라는 비극적인 내전으로 인해서 약 75만 명이 사망하는 등, 수많은 피를 흘렸다. 북군의 승리로 노예가 해방된 미국 사회는 완전히 새로운 구조로 재편성되었다. 시카고의 매코믹Cyrus Hall McCormick은 기계공업을 개발한 성공적인 기업인이다. 그의 이름을 따라서 '매코믹 신학교'라고 할 정도로 큰 영향력을 발휘하고 있었던 매코믹은 교단의 단합을 호소했다. 프린스턴 신학교의 신학자들 사이에서도 장로교회의 구학파와 신학파의 반목을 접고, 지난날의 죄들을 회개하면서 서로 용서하는 차원에서 교단의 재합동이 추진되었다.[41]

'흑인 노예해방'이라는 법이 국회를 통과하였고, 그로 인해서 도저히 합쳐질 수 없는 부류의 사람들이 남부 장로교회와 함께 1867년에 재결합하였다.[42] 하지만 정치적인 영향으로 인해서 장로교회가 하나의 교단으로 통합되었기에, 얼마 지나지 않아 다시 발생된 신학적 논쟁들로 인해서 재결합은 허무하게 무너지고 말았다.

서로의 차이를 극복하지 않은 채, 하나로 연합된 장로교회는 서로 이단적이라고 비판하던 교회들이 하나의 교단 속에 있었기 때문에 논쟁을 거듭할 수밖에 없었다. 통합할 때 구학파 장로교회는

---

41 George M. Marsden, *The Evangelical Mind and the New School Presbyterian Experience: A Case Study of Thought and Theology in Nineteenth Century America* (Yale University Press, 1970)

42 C. Hodge, *The Reunion of the Old and New School Presbyterian Churches* (New York: 1867).

144개 노회 중에서 126개 노회가 찬성했고, 신학파 장로교회에서는 113개 노회가 찬성했다. 이후의 미국 장로교회는 신학적인 문호가 아주 넓어졌고, 과거 철저하게 주장했던 칼빈주의 교리의 선명함은 흐려지게 됐다.

서구 유럽에서는 다윈의 진화론과 프로이트의 정신분석학과 무의식의 세계 등의 주장이 확산하면서 모든 학문 분야에서 새로운 사상들이 쏟아져 나와 교회를 위협했다. 이에 편승하여 자유주의 신학자들은 성경의 진실성을 부정하면서 전혀 새로운 해석을 내놓았는데, 그것은 결국 역사적 칼빈주의 신앙체계를 부정하는 이론들이었다. (이 당시 복잡하게 진행된 신학 논쟁에 관련된 신학자들이나 목회자들이 많지만, 여기에서는 더 설명하지 않으려고 한다. 아마도 미국 교회사나, 필자가 이미 저술한 『개혁신학의 전망』에서 개요를 살펴볼 수 있을 것이다.[43])

1929년, 프린스턴 신학부 교수이던 메이첸John Gresham Machen을 필두로 하여, 정통 개혁주의 신학을 지향하는 교회들이 '웨스트민스터 신학교'를 필라델피아에 세우고, 정통 장로교회라는 이름으로 교단을 창설하여 오늘에 이르고 있다. 남부 장로교회들도 다시 복귀하여, '미국 장로교회Presyterian Church of America'라는 교단으로 확장해 나가고 있으며, 리폼드 신학교와 커버넌트 신학교를 후원하고 있다.

43　김재성, 『개혁신학의 전망』 (서울: 이레서원, 2004).

제 7 장

중도 언약과
청교도 신앙의 쇠퇴

뉴잉글랜드 회중 교회에서는 '교회 언약'을 중심으로 삼고 살았기 때문에, 교회의 회원권을 아무렇게나 확대하는 것에 반대하였다. 오직 거듭나고 회심했다는 체험적 인지 사항들을 확신하는 자들과 복음의 소유자임을 입증할 수 있는 성도에게만 회원권을 주어야 한다는 것이다. 유아세례를 받았다고 해서 이러한 신앙이 확고히 정립되었다고 할 수 없었기 때문이다. 상당히 오랜 기간에 걸쳐서, 뉴잉글랜드 교회들은 세례를 시행해 오고 있었지만, 원래 뉴잉글랜드로 건너온 초기 청교도의 헌신과 경건을 입증할 만한 성도들이 점차 줄어들고 있다는 점에 예민하게 대처하고자 했다. 전혀 회심하지 않은 성도들도 그들의 자녀가 유아세례를 받도록 할 수 있었기 때문이다. 그래서 어느 성도가 교회의 회원이 될 자격을 갖추었느냐에 대한 판단을 올바로 내리기 위해서 고심하였다. 그들은 마침내 어떤 성도가 바른 신앙생활을 하고 있느냐를 점검할 때, 자녀 교육을 시금석으로 삼고자 했다.

1658년 '사보이 회합 Savoy declaration' 이후로, 잉글랜드 회중교회 안에서 일어난 심각한 주제가 바로 교회의 정회원을 규정하는 문제였다. 다르게 표현하자면, 교회의 주역이 될 다음 세대들의 회심체험이 심각할 정도로 적었다는 말이다. 당시 대부분의 성도는 로마가톨릭에서 유아세례를 이미 받았던 사람들이었다. 그들은 어른이 되어서 청교도 신앙의 영향을 받아서 진정으로 죄를 고백하고 순결한 영혼을 회복한 체험을 고백하게 되었다. 따라서, 회중교회에서는 사보이 회합 이후로 청교도 신앙의 이상을 따라서 교회의 회원권을 부여할 성도들의 정체성을 규정하고자 했다.

뉴잉글랜드에서 벌어진 상황도 크게 다르지 않았다. '케임브리지 회합'에서는 이처럼 부모의 신앙이 약한 경우, 즉 회심 체험이 분명치 않은 성도들의 자녀들에게는 유아세례를 시행하지 않기로 하였다. 유아세례를 받을 수 있는 부모는 먼저 차별화된 경건의 체험이 있고, 언약을 지키고 있어야 한다고 규정했다. 그러나 이러한 정책은 실제 목회 현장에서 급증하는 문제점들을 다 해결해 줄 수는 없었다.

웨스트민스터 신앙고백서의 내용에 따라서 수정된 시행령이 나왔는데, 1650년대에 또 다른 교회의 회원권을 규정하는 원칙이 강력하게 등장하였다. 자녀에게 유아세례를 받게 하려는 부모 양쪽 중에서 어느 한 편만이라도 회심한 체험이 있는 경우에는 유아세례와 교회의 회원권취득이 가능하다는 주장이 퍼져 나갔다. 이에 1657년에 제정된 타협안을 '중도 언약' 혹은 '절반 언약 Half-Way Covenant'이라고 부른다.

언약은 뉴잉글랜드 청교도들의 핵심적인 신앙조항이었다. 초기 청교도들은 '교회 언약'을 성취할 수단으로서 회중교회 제도를 선택하였다.[1] 각 성도는 '보이는 성자들 visible saints'로서 빛이 되어야 한다는 비전을 갖고 살았다. 회심 체험을 확고하게 유지하면서, 기독교 정통교리를 확실히 이해하고 있었고, 동시에 사회에서도 전혀 추문이 일어나지 않는 윤리적인 생활을 실천하고자 하였다.[2] 그러나 '중도 언약' 개념은 사실상 뉴잉글랜드 청교도 신앙의 쇠퇴 현상의 하나로 지적되는 사건이다. 또 다른 역사가는 이러한 결정들이 세속화의 신호탄이었다고 비판했다. '중도 언약'은 성만찬 신학의 다양성을 인정했고, 회심 체험의 필수성을 약화하여 결국에는 자유주의 신학의 영향을 확산시키는 계기가 되고 말았다.

초기 청교도들로서 원대한 이상과 꿈으로 뭉쳐진 성도들은 회심의 체험을 설명하고 나누면서 각자 교회의 부흥과 발전을 도모했다. 그들은 교회에 회원으로 입교하기 이전에, 평신도 지도자들의

---

1   Mark A. Noll, *America's God: From Jonathan Edwards to Abraham Lincoln* (Oxford: Oxford University Press, 2002), 39.

2   David M. Scobey, "Revising the Errand: New England's Ways and the Puritan Sense of the Past," *The William and Mary Quarterly*. Omohundro Institute of Early American History and Culture, vol. 41 (1984): 3-31.

인도를 받아서 회심을 경험하는 경우가 많았다. 1640년대에는 이러한 과정이 보편적이었고, 회심자들은 교회에 나와서 자신들이 택함을 받은 자들임을 확인하는 과정을 거쳤다. 그들은 칼빈주의자로서, 회중교회 제도를 채택하면서도 이미 하나님의 예정하심에 따라서 구원받은 백성으로 선택되었음을 확증하는 언약의 수단들로서 성례에 참석하게 되었다. 그런데 이처럼 철저한 가정교육을 받으면서 일찍이 유아세례를 받은 자녀들이 성장하였다고 여겨졌는데, 정작 예상한 것과는 다른 경우들이 자주 발견되었다.

1650년대와 1660년대로 지나가면서, 신대륙에서 태어난 어린아이들이 성인으로 성장했는데, 이들 제2세대 중에는 회심 체험이 없는 경우가 많았다.[3] 그들의 자녀들을 유아세례 교인으로 받아들일 수 없는 경우들이 많아지면서, 이런 식으로 자녀들이 성장하게 된다면 장차 교회가 사회에 미치는 영향력도 현저히 줄어들게 될 것이 자명하였다. 진정한 회심 체험을 통해서 하나님과 언약을 맺은 성도들로 구성된 사회를 건설하려는 청교도의 순수한 이상이 혼란스러운 좌절에 빠지게 되었다.[4] 일부 교회에서는 이러한 '중도 언약'

---

3   David D. Hall, "New England, 1660-1730", in *Cambridge Companion to Puritanism*, eds., J. Coffey & Paul C. H. Lim(Cambridge University Press, 2008), 143-58,

4   Harry S. Stout, *The New England Soul*, Preaching and Religious Culture in Colonial New England (Oxford: Oxford University Press, 1986), 89.

이라는 타협안을 완전히 거부하고, 1700년대까지 원래의 시행 규정대로 지키는 곳도 있었다.

1646년, 케임브리지 회중교회의 총회에서는 회심한 조상들, 할아버지나 아버지를 둔 자녀들에게는, 비행이나 추문이나 완고한 불순종 등에도 불구하고, 유아세례를 금하지 않는다는 원칙을 결정했다. 그러나 이에 강력하게 반대의견을 피력한 찰스 차운시Charles Chauncy(1592–1672)의 주장에 따라서, 최종 결정문 문구를 정하지는 않았다. '중도 언약'을 결코 받아들여서는 안 된다고 반대했던 차운시는 훗날 하버드 대학의 총장으로 재직했다. 존 코튼이나 사무엘 스톤Samuel Stone(1602–1663) 등은 온건한 입장이었다. 보수주의자들은 총회에서 투표를 거부하면서, 공개적으로 반대 의사를 표명했고, 양측에서 팸플릿을 만들어서 지지를 호소했다. 인크리스 매더와 차운시 등은 총회의 결의에 반대한다는 주장을 발표했다. 훗날 인크리스 매더는 설득을 당한 후에 온건파로 돌아섰다. 1654년과 1656년에 개최된 코네티컷주 회중교회 총회는 '절반 언약'을 시행하기로 합의했다.[5] 그 지역은 이미 자유로운 분위기가 형성되어 있었기 때문이다.

그러나 보수적인 교회들이 많았던 매사추세츠주 내에서는 1657년 6월 4일, 회중교회의 목회자들과 평신도 대표들이 법원의 소집에 따라서 논의를 거듭했다. 과연 누구에게 세례를 줄 수 있는가를 놓고 첨예한

---

5 Albert E. Dunning, *Congregationalists in America: A Popular History of Their Origin, Belief, Polity, Growth and Work* (New York: J. A. Hill & Co., 1894), 173-4.

대립이 지속되었다. 그리고 마침내 회중교회 대표들은 회심하지 않은 부모의 어린 자녀들에게도, 그들의 부모가 공개적으로 기독교 교리에 동의한다면, 유아세례를 베풀도록 허용하는 결의안을 채택했다. 그 결과 교회 언약의 조항에 따라서, 아직 세례를 받지 않았거나, 혹은 회심 체험이 없는 부모와 그 자녀들이 성례의 예식에 참여할 수 있도록 했으며, 그들도 교회 안에서 그리스도의 통치를 받는 자들로 인정할 수 있다고 결정했다. 물론 이들은 세례를 받지 않았으므로, 성만찬을 받을 수 없으며, 교회의 정식 회원이 아니므로 투표에 참여할 수는 없다. 적어도 이들이 참된 회심을 고백하기까지는 제한된 수준에서 참여할 수 있도록 하였다.[6] 1662년에 다시 소집된 총회에서도 역시 70명의 대표자가 두 편으로 나뉘어서 논쟁을 거듭했다. 그 후에 각 교회의 결정에 따라서, 부모가 세례를 받은 자녀들에게만 유아세례를 베푸는 교회도 있었고, 어떤 곳에서는 모든 어린아이에게 유아세례를 베풀어 주는 식으로 완전히 개방해 버린 교회들도 있었다.

1660년대로 넘어가게 되면, 코네티컷주에서는 여전히 중도 언약의 지지자들과 반대자들이 뒤섞여 있었다. 1669년에 주 의회에서는 양쪽에 모두 다 문호를 열어주었다. 이에 중도 언약에 반대하는 교회들은 총회에서 이탈하기도 했다.

6　David M. Scobey, "Revising the Errand: New England's Ways and the Puritan Sense of the Past," 9.

많은 교회가 중도 언약의 문제로 나뉘고 말았다. 교회 분열의 대표적인 사례가 바로 보스턴 제일교회였다. 중도 언약의 지지자였던 존 윌슨 목사가 사망하자, 중도 언약의 반대자 존 데븐포트가 후임 목회자로 부임했다. 이에 반발하여, 28명이 따로 나가서 올드 사우스 교회Old South Church를 설립하였다. 이러한 영향과 분위기가 각 지역에서도 우울한 대립과 갈등을 촉발하고 말았다.[7]

중도 언약의 논란은 원주민과 청교도 사이의 전쟁(1675–1678)과 세일럼 마녀재판 Salem witch trials(1693)을 거치면서, 완전히 개방되는 흐름으로 넘어갔다. 그 후로 중도 언약이 널리 채택되었고, 회심 체험을 공개적으로 입증하지 않아도 교회에 나갈 수 있게 되었다. 더 많은 성도를 받아들여야만 하는 필요성이 대두되었기에, 세밀하게 성도 한 사람 한 사람의 신앙 상태를 점검하는 권징과 치리가 시행되지 않았다.

1700년대에 이르게 되면, 약 4분의 3에 해당하는 교회가 중도 언약을 받아들여서, 교회의 회원이 되는 장벽을 완전히 헐어버렸다. 그러나 여전히 엄격한 규정을 적용하는 교회들도 있었다. 조나단 에드워즈의 외할아버지였던 매사추세츠 노샘프턴의 목회자 솔로몬 스토더드Solomon Stoddard(1643 – 1729)는 완전히 혁신적이며 개방적인 안

---

7 Albert E. Dunning, *Congregationalists in America: A Popular History of Their Origin, Belief, Polity, Growth and Work* (New York: J. A. Hill & Co., 1894), 187.

을 제안했는데, 그는 중도 언약과 그 외의 조항들을 아예 철폐하자고 주장한 것이다. 그의 주장에 따르면, 당시 뉴잉글랜드는 하나님의 나라이고 기독교 국가이기 때문에 이미 모든 국민이 하나님과 언약을 맺은 상태에 있다는 것이다. 그리고 이어서 그는 모든 국민이 '공개된 성례'를 통해 충분히 회심할 수 있기 때문에, 모든 국민이 교회에 나와서 공개적으로 성례를 다 받아야만 한다고 주장했다. 그러나 이것은 성례에 필요한 최소한의 규정마저도 폐지하는 것이라서, 결코 복음 전파의 유익한 수단이 될 수 없으며, 오히려 거룩한 것을 남용하고 변질시키는 결정이었다.[8]

이처럼 뉴잉글랜드 청교도의 후손들이 점차 건국의 아버지들이 가졌던 신앙에서 멀어지던 시기인 1734년에서 1745년 사이에, 조나단 에드워즈가 제1차 대각성운동Great Awakening을 주도하였다. 이 운동을 통해 성도가 죄를 회개하고, 방탕하던 삶에서 돌이켰고, 하나님의 은혜 앞에 눈물을 흘렸다. 에드워즈는 외할아버지 솔로몬 스토더드가 주장했던 막연한 기독교 국가라는 개념과 중도 언약에 대해서 의구심을 제기하면서, 성도는 중생을 체험해야 하고, 신앙을 갱신해야 함을 새롭게 인식하도록 촉구했다.[9] 또한 에드워즈는 국

---

8   Mark A. Noll, *America's God: From Jonathan Edwards to Abraham Lincoln*, 42.

9   Sydney E. Ahlstrom, *A Religious History of the American People* (New Haven: Yale University Press, 1972), 287.

가언약의 이상에 대해서도 공격했는데, 하나님과 성도 사이의 언약이란 오직 '은혜 언약' 뿐이라고 믿었기 때문이다. 이 언약은 내적인 언약이고, 마음에서 발생하는 것이다. 유아세례와 성만찬은 오직 눈에 보이는 믿음을 입증하고, 신앙을 고백하는 성도에게만 제한적으로 제공하는 것이며, 언약 백성만 누리는 특권이라고 에드워즈는 바르게 해석했다. 대각성운동에 반대했던 사람들은 에드워즈의 견해가 잘 세워진 가정과 사회질서를 흔들어 놓는 위험스러운 주장이라고 비판하면서, 중도 언약 체제를 교회에서 지켜나가려 했다.

19세기 회중교회 지도자였던 레너드 베이컨Leonard Bacon과 헨리 마틴 덱스터Henry Martyn Dexter는 중도 언약의 채택이야말로 1800년대까지 지속된 뉴잉글랜드 교회의 영향력을 쇠퇴하게 만든 사건이라고 평가했다.[10] 페리 밀러Perry Miller 역시 중도 언약의 채택은 '신앙적인 낙원을 기대했던 청교도들의 마음'이 사라지고, 그저 하나의 합법화된 사회가 들어서고 만 것이라고 평가했다. 청교도는 구원의 확신을 신앙의 근본으로 삼았으나, 이제 중도 언약이 채택되면서 더는 '강렬한 신앙적 감정'을 교회의 상징으로 여기지 않게 된 것이다. 그 후로는 교회란 교인들이 모여서 신사 같은 외

---

10 Robert G. Pope, "New England versus the New England Mind: The Myth of Declension". *Journal of Social History*, Oxford University Press. vol. 3 (1970): 95-108.

형을 보여주는 기관으로 전락했다는 것이다.[11]

하지만 중도 언약의 채택과 시행이 뉴잉글랜드 청교도의 쇠퇴를 가져온 결정적인 사건이라고 할 수는 없을 것이다. 중도 언약이 지켜지는 동안에는 그나마 새롭게 자라나는 다음 세대들에게 중요한 교훈을 주었다고 볼 수 있다. 교회의 회원이 되기 위해서 회심 체험을 중요하게 강조했고, 언약을 성실히 감당해야 한다는 사회적 통념이 공유되고 있었다. 그러나 안타깝게도, 도시가 형성되고, 그 주변에서 목장들과 농장들이 대규모로 자리를 잡아나가게 되자, 그런 풍족한 자원들을 누리며 자라난 다음 세대와 그 후세대는 '개인별 회심 체험'이나, '언약적 책무' 등을 꼼꼼하고 철저하게 받아들이지 않았음을 지적할 수 있을 것이다.[12]

그러나 대각성운동이 지난 후에, 뉴잉글랜드 교회들 사이에는 언약의 개념을 놓고서 극심한 분열상이 나타났다. 이러한 분위기 속에서 중도 언약의 체계는, 더는 '사회와 교회의 근간이 되는 공통분모'가 되지 못하였다. 에드워즈를 따르는 교회들은 참된 성도라면 반드시 '중생한 체험'을 가진 자라야 한다고 규정했다. 그들은 교회가 오직 순결한 성자들의 모임이라고 믿었다. 반면에 자유로운 교회

---

11   Perry Miller, "The Half-Way Covenant," *The New England Quarterly*, vol. 6 (1933): 676-715.

12   Francis J. Bremer, *The Puritan Experiment: New England Society from Bradford to Edwards* (rev ed.). (University Press of New England, 1995). 165.

의 회원권을 허락하면서도 알미니안주의 신학을 받아들인 교회들이 점차 늘어나더니, 보스턴과 동부 해안가 도시들에 있던 교회에서는 회원이 되려는 성도에게 회심 체험의 필수요건을 부과하지 않았다. 회중 교회의 신학은 점차 자유주의로 변모되었고, 마침내 회중 교회에서는 교회에 나오는 모든 자에게 성만찬을 제공하게 되었는데, 더 이상 은혜의 수단으로서가 아니라, 그리스도의 죽음을 기억하는 사항으로만 활용하고 있을 뿐이다.

제 8 장

청교도에 대한
재해석

종교개혁이 쏘아 올린 작은 공

역사와 기억은 기독교 신앙의 기본적인 요소 가운데 하나이다. 모든 기독교인은 예수님께서 역사 속에 오셔서 죽고, 부활하시고, 승천하셨으며, 다시 오실 것을 믿는다. 기독교 공동체의 정체성은 과거와 역사적 미래로 구성되어 있다.

대부분의 유럽 역사가는, 기독교 역사 속에서 16세기 종교개혁을, 근대사회로 접어들게 한 통로이며, 가장 큰 전환점으로 기억한다.[1] 종교개혁자들의 등장은 그 이전 중세 말기와 연관되어 있으며, 결코 진공상태에서 갑작스러운 개혁을 부르짖고 나온 것이 아니다. 종교개혁자들은 그 이전 시대에 존재했던 개념들에 근거하여서

---

1   김재성, 『종교개혁의 신학 사상』 (서울: 기독교문서선교회, 2017), 제2장 종교개혁의 시대적 변화와 성공 요인들, 38-50.

고뇌와 번민을 계속하다가 새로운 해석과 주장을 내놓은 것이다.[2] 로마 가톨릭의 신학과 제도의 모순을 파악한 후, 이것들을 거부하고 교회를 갱신하려는 운동, 혹은 복음적인 기독교 교회의 회복 운동으로 풀이한다.[3] 스티븐 오즈먼트Steven Ozment는 종교개혁에 대해서 다음과 같이 간결하면서도, 정확한 평가를 했다.

"최초의 개신교는 인류에 '영적인 자유와 평등'이라는 유산을 남겼다. 이러한 유산은 지금 이 시대에도 여전히 살아 있다."[4]

미국 캘리포니아 버클리 대학교 교수였던 윌리엄 바우스마는 역사적인 신학자들과 중요한 인물들에 대한 심리학적 분석을 시도하였는데, 칼빈 연구서에서 다음과 같은 강렬한 서술을 남겼다.

"칼빈주의는 자본주의와 근대 과학, 서구의 복잡한 사회들의 규율과 합리성 혁명적인 정신과 민주주의, 세속화와 사회

---

2 Heiko A. Oberman, "The Shape of Late Medieval Thought: The Birth Pangs of the Modern Era," in *The Persuit of Holiness in Late Medieval and Renaissance Religion*, eds., Charles Trinkaus and Heiko A. Oberman (Leiden: Brill, 1974), 3.

3 Harold J. Grimm, *The Reformation Era, 1500-1650* (New York: Macmillan, 1973), 2, E. Cameron, The European Reformation (Oxford: Clarendon, 1991), 2.

4 Steven Ozement, *Protestant: The Birth of a Revolution* (New York: Doubleday, 1992), 217.

활동주의, 개인주의, 공리주의, 경험주의 등 여러 분야에서 근대 세계의 특징들을 형성하는 데 공헌한 일로 칭찬, 혹은 비난을 받아왔다."[5]

---

5   William J. Bouwsma, *John Calvin: A Sixteenth Century Portrait* (New York: Oxford University Press, 1988), 1.

1 역사 해석에서
   중립적 객관성은 없다

역사를 평가하는 것은 해석자의 주관적 입장에 의존하게 되는데, 다루는 자료도 선택적이며, 특정한 안목이 결부되어 있게 마련이다.

잉글랜드 종교개혁에서 청교도가 차지하는 비중과 의미에 대한 해석도 공정하지 못한 경우가 허다하다. 특히 로마 가톨릭 측과 수정주의 학자들이 "종교개혁"의 존재를 아예 부정하려는 시도를 수없이 하고 있다. 또한 지성사 Intellectual History 학자들은 인류 역사 속에 길게 이어져 내려오는 일련의 연속성을 강조하면서, 역사적 결정주의를 부인하려는 해석을 많이 제기했다.[6] 또한 반反종교개혁 운동에 영향을 크게 입은 로마 가톨릭에 속한 역사학자들이 중세 말기와 르네상스 인문주의와 종교개혁 사이의 연속설을 주장하고 있다. '수정주의'라는 관점으로 알려진 이러한 해석들은 영국 성공회와 옥스퍼드학파가 주장하는 전통적인 해석을 거부한다. 가톨릭 학자 존 보시 John Bossy는 '종교개혁'이라는 용어를 사용하는 것조차 반대한다. 이

---

6 Brian Cummings, *The Literary Culture of the Reformation: Grammar and Grace* (Oxford: Oxford University Press, 2002).

렇게 말하는 것은 로마 가톨릭의 나쁜 형태가 좋은 형태로 교체되었다는 뜻이 담겨 합리성 '종교 분열'이라는 용어로 고쳐서 부른다.[7]

영국 종교개혁과 특히 청교도 연구에서, 반드시 중요하게 다뤄야 할 인물, 사건, 시대가 광범위하게 많다. 종교개혁은 16세기와 17세기 유럽을 배경으로 삼고 있고, 스코틀랜드, 잉글랜드, 아일랜드와 미국의 역사 전체는 청교도의 이야기들이다. 청교도 운동은 단지 교회와 신학의 논쟁만이 아니라, 정치, 사회, 경제, 문화, 생활 전반에 걸쳐 관련되어 있다. 이 시기는 유럽의 근대 시대를 여는 시기였기 때문에, 청교도 운동 안에는 절대군주제의 정치를 무너뜨리는 격동기의 인물과 사건이 담겨 있다. 따라서 연구자의 역사적 관점에 따라 청교도 자료들에 대한 해석들은 제각각 달라지기도 하는 것이다.

최근 수십 년 사이에 나온 종교개혁 연구서를 살펴보면, 그야말로 혼돈 그 자체이다. 역사적 자료를 읽어내는 일과 과거에 대한 해석이 다양하기 때문이다.[8] 역사와 사상에 관한 연구에는 완벽한 객관성, 중립성이란 게 존재하지 않는다. 사람마다 자신의 시각으로 세상을 바라보기에 같은 사건을 놓고서도 다른 해석이 나올 수 있

---

7 John Bossy, *Christianity in the West 1400-1700* (Oxford: Oxford University Press, 1985).

8 Carter Lindberg, *The European Reformations* (Oxford: Blackwell, 2002), 2: "Memory and historical identity are inseparable."

는 법이다. 청교도 신학도 마찬가지이다. 앞서 언급했듯, 그것을 탐구하는 자가 어떤 관점을 가지고 있는가에 따라서 각각 다른 평가가 내려져 왔다. 로마 가톨릭에 속한 '교황주의' 관점에서 보면, 청교도는 소란을 피우다가 분열해 나간 분리주의 운동일 뿐이었다. 그러나 이것은 결코 정당한 평가라고 할 수 없다.

개혁주의 신학자들은 모든 사건과 사물을 바라보는 '관점point of view'이 각 사람의 사상적 배경이자 사고의 바탕으로 작동하는 '전제presupposition'로부터 나온다는 것에 동의한다. 모든 관점과 이론에는 그 밑바닥 속에 이러한 '전제'가 담겨 있다.[9] 성경적 세계관과 개혁주의 신학을 근거로 비추어 보면 그 누구라도 객관적이고 중립적인 의견을 제시하였다고 판단할 수 없다. 심지어 그가 역사가나 철학자, 혹은 설교자든지 간에, 완전한 중립성을 지닐 수 없다는 것이다. 각 시대, 개인별로 가지고 있는 '세계관', '방법론'도 역시 각 사람의 '전제'에서 나오는 것이다. 또한 모든 사람은 고유한 종교적 전제가 있으며, 그 전제를 바탕으로 역사를 평가하는 안목을 작동시킨다. 역사가들은 개인의 '기억memory'에서 관점이 나온다고 주장하지

---

9   Cornelius Van Til, *Christian Apologetics* (Phillipsburg: P&R, 1976, 2003), 128-135. John Frame, *Apologetics: A Justification of Christian Belief* (Phillipsburg: P&R, 2015), 249. K. Scott Oliphint, *Covenatal Apologetics* (Wheaton: Crossway, 2013), 16-18. J. V. Fesko, *Reforming Apologetics* (Grand Rapids: Baker, 2019), 136.

만, 그들에게 기억을 제공하는 경험들과 인식들도 결코 객관적이라고 말할 수 없다.[10]

　　마지막으로 근거와 논리, 이 두 가지 측면에서도 마찬가지이다. 사람이란 결국 한쪽으로 치우쳐서 한쪽 시각으로만 보게 되어 있고, 이를 정당하다고 합리화하는 존재인 것이다.

10　Richard Hofstadter, *The Progressive Historians* (N.Y.: Knopf, 1968), 3, Gordon Leff, *History and Social Theory* (N.Y.: Doubleday Anchor, 1971), 115.

2 청교도 운동에 대한
세 가지 해석

필자는 2020년에 출판한 『청교도, 사상과 경건의 역사』에서 청교도를 해석하는 현대 신학자들과 역사학자들이 크게 세 부류로 구분된다는 점을 밝힌 바 있다. 다시 한 번, 이런 세 부류의 청교도 연구에 대해서 분명히 밝혀두고자 한다. 청교도의 저서를 읽거나, 혹은 그들을 연구한 책들을 그냥 무작정 읽고 따라가는 실수를 예방하기 위해서 말이다. 청교도에 대한 세 종류의 관점은 전통주의, 수정주의, 후기 수정주의다.

최근에 청교도를 연구하는 학자들이 논쟁한 중요한 학술대회가 있었다. 2014년 5월 16~17일 미국 로스앤젤레스, 산마리노에 있는 학술재단, 헌팅턴 도서관The Huntington Library에서 잉글랜드의 16세기와 17세기 왕정과 의회, 종교개혁의 역사를 연구하고 있는 학자들이 '수정주의revisionism'라는 입장에 대해서 재논의하였다. 이 모임에서 니콜라스 티아크를 중심으로 제기된 수정주의 역사학자들의 관점은 정치와 청교도 운동에 대해 비판적인 입장이었다. 수정주의 역사학자들은 청교도 운동을 왕권 통치에 반기를 들고 일어났던 '혁명주의'라고 하며 비판했다. 이날 런던대학교 티아크 교수는 "앵글로 아메리칸의 관점에서 본 혁명적 청교도"를 발표했다. 티아크의 수정주의는 1980년대 이후로 계속해서 쟁점이 되어왔다. 이를 비판하는 주장이 바로 후기 수정주의인데, 주로 청교도의 긍정적인 면모를 소개하는 케임브리지 대학교의 교수들이 주도하고 있다. 이날 케임브리지 대학교의 모릴 교수가 티아크의 입장을 비판하는 논문을 발표했다.[11]

잉글랜드와 스코틀랜드, 아일랜드의 종교개혁을 주도한 청교도 운동은 무엇인가? 청교도는 누구인가? 칼빈주의적 청교도라고 부르는 이유는 무엇인가? 국왕의 절대 통치에 반기를 들었던 이들은 과연 역사 속에서 충성하는 시민들이 아니었던가? 이러한 질문에 대한 해답은 여전히 자신들이 속한 정당이나 교파나 학파에 따라서 제시되고 있기에, 거의 미궁 속에 빠져 있는 듯하다. 역사는 해석자의 관점에 따라서 완전히 다른 결과를 빚어내기 때문이다.

지금까지 유럽의 종교개혁 운동은 주로 독일에서 큰 반향을 일으킨 루터를 중심으로 조명 받아왔다. 독일 역사학자, 레오폴트 폰 랑케는 정치와 종교가 상호 간에 영향을 주었다고 풀이하고, 루터와 칼 5세|Charles V를 나란히 놓고 설명했다.[12] 랑케는 1517년 10월

---

11   Nicholas Tyacke, "Revolutionary Puritanism in Anglo-American Perspective,": John Morill, "Revisiting Revisionism: New Directions in Early Modern British legacies."

12   Leopold von Ranke, *Deutscher Geschichte im Zeitalter der Reformation* (1839).

31일, '95개 조항'으로 압축된 루터의 이신칭의 교리가 종교개혁의 결정적인 출발점을 제공한 것으로 서술하였다.

반면에 잉글랜드 종교개혁은 국왕 헨리 8세와 그의 후계자들이 연루된 정치적 사건들과 관계가 깊었고, 국가의 모든 일에 관련을 맺고 있는 거대한 국가 개조에 관한 사항이었다. 잉글랜드의 개혁운동은 결코 교회 내부의 신앙조항이나 조직이나, 신학적인 논쟁으로만 그치지 않았다. 엘리자베스 여왕의 통치 기간을 전후로 하는 종교개혁의 시기에 영국 국가적으로 정치, 군사, 외교 등 큰 변화들이 많았다. 따라서 사회의 단계적 변화와 문맥을 정확하게 분별해내지 못하는 왜곡된 역사해석들은 혼란을 가중하고 있다. 오직 각자의 주장 아래서만 영국의 종교개혁과 청교도 운동을 평가하기 때문에, 참다운 청교도의 경건과 삶에 대한 해석이 충돌하는 것이다.

영국 종교개혁과 그 본류에 있는 청교도 운동의 본질과 특징을 놓고서 관점이 다르기에 해석들도 다르다. '전통적인 해석traditionist'과 '수정주의 해석revisionist'과 '후기 수정주의 post-revisionist'가 각기 서로 다른 관점을 갖고 있다. 쟁점은 청교도가 종교개혁 직전의 영국 교회의 상황과 반反성직주의가 어느 정도의 범위까지 영향을 미쳤는가에 대한 것이다.

전통주의, 옥스퍼드학파와 국교회의 입장

잉글랜드 종교개혁 전반에 대해서 가장 일반적이며 오래된 관점이 전통주의 해석이다. 여기에는 중요한 국교회 신학자들, 역사학자들이 표방하는 주장이 포함된다. 국교회는 통일된 국가교회 체제를 구축하려는 왕권을 옹호하면서, 전 국가를 상대로 주교제도를 확고히 세우고자 하는 성공회의 관점을 채택한다. 그러한 왕당파를 잉글랜드의 역사와 전통의 핵심으로 간주하려는 견해의 중심부에는 옥스퍼드 대학교의 신학부와 역사학부가 있다. 그들은 이런 해석에 정면으로 도전하거나, 반대 입장에서 쓴 박사학위 논문은 통과시키지 않는다.

이들 성공회 전통주의 해석에 따르면, 로마 가톨릭은 무너져 내리고 있어서 잉글랜드 종교개혁 운동을 피할 수 없었다고 주장한다. 전통주의자들은 당시 종교개혁을 '대중이 복음주의적 사상을 신속하게 수용한 것', 즉 '아래로부터 일어난 개혁운동reformation from below'으로 간주한다. 실례로 유럽 대륙에서는 루터의 '95개 조항'이 발표된 후, 토머스 뮌처Thomas Münzer가 주도하는 농민 혁명이 일어났다. 일부 소수였지만, 그야말로 평범한 노동자들의 반란이 크게 반향을 일으켰다. 이처럼, 잉글랜드에서의 종교개혁은 중세 말기에 대중들이 성경에 갈급해 있었으며, 복음적인 사상들을 신속하게 수용하였다는 점을 가장 중요한 요인으로 취급한다.[13] 이것이 바로 잉글랜드 국가교회인 성공회 체제를 강화하는 고교회주의High church를 따르는 신학자들의 입장인데, 그 대표적인 학자는 옥스퍼드 대학교와 런던 대학교 등 여러 학교에서 가르쳤던 디킨스이다. 그의 주장이 반영된 해석 가운데서, "종교개혁은 폭풍 속의 배와 같았다"라는 비유가 매우 인상적이다.[14]

> "잉글랜드 교회(로마 가톨릭)는 1500년부터 1530년 사이에 새 시대의 폭풍을 이겨낼 만큼 제대로 준비된 상태가 아니었다. 크기는 거창했지만, 항해를 견뎌낼 수 없을 만큼 낡고 오래된 배와 같았다. 이 배의 나무들은 썩어 있었고, 그 거대조직은 적들의 공격을 받아 구멍이 뚫려있었다. 선원들은 불평하고 분열하며 심지어 폭동을 일으키기까지 했다. 바다를 살펴보는 사람은 시력이 좋지 않아 멀리 볼 수 없었고, 항해사들은 항해 기술이 부족했다. 만일 이런 상황에서 왕이 친히 (교회 문제를) 결정했다면, 잉글랜드 사람들은 환호를 보냈을 가능성이 크다. 잉글랜드의 왕들이 교회의 문제들에 관여하지 말아야 한다고 생

13 A. G. Dickens, *English Reformations*, 2nd edn. (University Park: Pennsylvania State University Press, 1991). A. G. Dickens, John M. Tonkin, Kenneth Powell, eds., *The Reformation in Historical Thought* (Boston: Harvard University Press, 1985).

14 A.G. Dikens, *The English Reformation* (London: 1964).

각하는 사람들은 거의 없었을 것이다."[15]

디킨스가 말하는 "종교개혁의 폭풍"에는 잉글랜드 시민들의 마음속에 널리 퍼진 반성직주의가 들어 있다고 한다. 로마 가톨릭주의는 인기가 없었기에, 그러한 정서를 바탕으로 왕이 교황청과의 단절이라는 개혁을 시도할 수 있었다. 성직자들에 대한 신뢰를 상실한 상태에서 강한 반감 또한 있었고, 로마 가톨릭에서 강조하던 '공로주의 신앙'에 대해서도 열정적으로 따르지 않는 추세였다. 로마 교회의 가르침이 큰 효과를 발휘하지 못한 것이다.[16]

가장 확실한 사례는 다음과 같다. 로마 가톨릭에서 이단으로 정죄했던 존 위클리프 John Wycliffe(1330-1384)와 그를 따르던 개혁파 성도들인 롤라드 Lollards파를 생각해 보자. 위클리프의 설교 내용에 따르면, 당시 성직자들의 성적인 타락과 부패에 분노하던 민심이 들끓고 있었다. 롤라드파 성도는 성경을 사랑하고 흠모했다. 성경에

---

15 Joel Hurstfield, ed., *The Reformation Crisis* (London: Edward Arnold, 1965), 48.

16 Richard A. Cosgrove, "English Anti-clericalism: A Programmatic Assessment," in *Anti- clericalism in Later Medieval and Early Modern Europe*, eds., Peter A. Dykema and Heiko A. Obermann (Leiden: Brill, 1993), 569-81.

비춰볼 때 그들은 미사가 미신이자 우상숭배라고 생각했다.[17] 롤라드의 구성원들은 가정집에 몰래 모여서, 영어로 번역된 성경을 읽는 데 주력했던 지하 공동체였다. 교황청에서는 1409년부터 영어 성경을 읽는 것을 금했다. 그리고 롤라드처럼 영어 성경을 일부분이라도 가지고 있다면, 산 채로 화형을 당할 수도 있었다. 하지만 성경에 대한 성도들의 열망은 누구도 막을 수 없었다. 더구나 성도들이 함께 모여서 성경 전체를 읽는다는 것은 상상조차 할 수 없었다. 이러한 집회를 하다 적발당한 자들은 사형에 처해졌다.[18]

1522년 윌리엄 틴들W. Tyndale(1494-1536)은 런던의 주교, 턴스톨Cuthbert Tunstall에게 영어 성경을 번역하여 출간할 것을 건의했으나 거절당했다. 그는 네덜란드에 건너가서, 몰래 숨어서 번역한 영어 성경을 출간했고, 그 밖에 루터의 저서들을 영어로 번역하는 일에 매진했다. 그는

---

17 Anne Hudson, *The Premature Reformation: Wycliffite Texts and Lollard History* (Oxford: Clarendon, 1988), Margaret Aston, *Faith and Fire: Popular and Unpopular Religion 1350-1600* (London: Hambledon Press, 1993), 27-72. idem, *Lollards and Reformers: Image and Literacy in Late Medieval Religion* (London: Hambledon, 1984). Susan Brigdon, *London and the Reformation* (Oxford: Clarendon, 1992), 86-106.

18 P. Collinson, "Night schools, conventicles and churches: continuities and discontinuities in early Protestant ecclesiology," in *The Beginnings of English Protestantism*, eds., Peter Marshall and Alec Ryrie (Cambridge: Cambrige University Press, 2002), 209-35. David Daniell, "William Tyndale, The English Bible, and the English Language," in *The Bible as Book*, ed. Orlaith O'Sullivan (New Castle: Oak Knoll Press, 2000), 39-50.

영국에서 건너온 배신자들에게 구속되어, 거기서 화형을 당했다. 그러나 틴들의 번역 성경은 엄청난 영향을 발휘했다.

디킨스 교수가 파헤친 반성직주의 정황은 매우 심각했다. 잉글랜드 종교개혁의 폭풍전야에 해당하던 시기에 자행된 불법과 타락의 사례를 몇 가지 살펴보면 다음과 같다.[19] 1512년 2월 6일, 런던 세인트 폴 대학의 인문주의학자 존 콜렛John Colet(1467–1519)은 취임 설교에서 교구 성직자와 고위성직자의 부패를 신랄하게 지적했다. 교구 성직자들은 사람들에게 부정한 돈을 요구했으며, 고위성직자들은 명예와 지위에 대한 탐욕으로 가득 차 있었다면서 말이다.

토머스 울시Thomas Wolsey(1474–1530)는 링컨의 주교, 요크의 대주교, 추기경, 교황의 대사, 영국의 대법관 등의 직책을 가지고 있었다. 한 마디로, 국왕을 제외하고 그보다 더 큰 권력을 장악하고 있던 사람이 없었다. 울시의 강압, 교만, 폭정, 재물에 대한 야심은 대중들의 분노와 혐오를 자아냈고, 반성직주의가 확산하도록 악영향을 끼쳤다.

1520년대에 영국에 들어온 루터의 저서들은 인문주의 학자 존 콜렛과 에라스무스의 영향이 컸다. 울시는 루터와 그의 작품들을 1521년 5월 12일 정죄하였다. 또한 런던의 세인트 폴 교회에서 주

---

19 A. G. Dickens, "The Shape of Anti-clericalism and the English Reformation," in *Politics and Society in Reformation Europe: Essays for Sir Geoffrey Elton on his Sixty-Fifth Birthday* (New York: St. Martin's, 1987), 379-410.

교들과 귀족들에 둘러싸인 가운데 (루터의 저작을) 불태우며 강한 진압책을 과시했다. '교황의 수위권에 대항했다'라는 것과 '오직 성경에 근거한 오직 믿음으로 칭의를 얻는다'라는 가르침을 전한 것이 루터의 죄목이었다.

초기 청교도에게 영향을 주었던 상황을 살펴보자. 당시 울시와 정면으로 대립했던 로버트 반스 Robert Barnes(1495−1540)는 이단으로 정죄를 당했지만, 그를 중심으로 루터의 작품에 동감하는 성직자들과 학자들이 케임브리지 대학교 근교, '백마 여관 White Horse Inn'에 모였다. 저명한 고전학자 반스는 헨리 8세가 독일 군주들의 슈말칼덴 동맹 Schmalkaldischer Bund에 편입해서, 스페인과 합스부르크 왕 칼 5세가 영국을 공격하려는 위협에서 벗어나고자 했던 시기의 독일 비텐베르크를 오갔던 외교 사신이었다. 독일과의 동맹을 추진했기 때문에, 루터의 작품이 널리 전파될 수 있었고, 이에 반응하여 '백마 여관'에 모였던 지도자들은 존 프리스 John Frith, 램버트 Lambert, 크랜머 Cranmer, 파커 Parker, 메이 May, 히스 Heath, 라티머 Latimer, 리들리 Ridley, 샘슨 Sampson, 샥스톤 Shaxton, 베일 Bale, 폭스 Fox, 데이 Day 등이다.

성직매매, 복수 성직록, 친척 등용으로 로마 교회의 지도력이 부패하였다. 런던의 법률가 시몬 피시 Simon Fish가 쓴 『거지들을 위한 탄원 Supplication for Beggars』(1529)에 나오는 주요 대상이 바로 성직자들이었다. 가난한 거지들을 약탈하는 부유한 거지들이라고 비난했다. 성직자들은 경제적인 약탈에 그치는 것이 아니라, 여성과 어린아이들에 대한 성적인 악행을 서슴지 않았다. 부유한 성직자들은 모든 사람의 아내들과 딸들, 시녀들과도 성적인 관계를 맺고 있었고, 음탕하고 추악한 행위로 모든 사람을 다스렸다. 그 결과 수많은 게으른 창녀들이 만들어졌다. 피시는 교회의 재산을 몰수해야 하고, 성직자도 노동에 참여해야만 국가와 왕이 번영할 것이라고 결론지었다.[20]

중세 말기의 구원론에서 로마 교황청이 가르친 가장 큰 오류는 연옥 교리였다. 종교개혁자들은 연옥이란 존재하지 않는다고 단호히 반박했다. 로마교회는 연옥에 있는 영혼들을 위해서 미사와 기도를 올리는 선행을 강조하면서, 성직자들은 가난한 자들을 향한 자비를 빙자해서 자신들의 주머니를 채웠다. 루터의 영향을 받은 잉글랜드 초기 종교개혁자들은 이를 보면서 잘못된 신학으로부터 필연적으로 잘못된 사제직이 발전한다는 것을 깨달았고, 이는 단순한 도덕적 개선이 아니라 신학적인 개혁이 필요함을 확신하게 되었다.[21]

전통주의 학파의 역사해석이 확실한 자료를 바탕으로 한 것이고, 명백한 증거들을 갖고 있어서 일면 타당한 측면이 많지만, 그러한 분석에 근거하여 오늘날의 성공회 체제를 합법화하고 있는 것이 더 큰 문제이다. 마치 영국에서 국왕 제도를 고수하려 하고, 매우 자

---

20   Hans J. Hillerbrand, ed., *The Reformation: A Narrative History Related by Contemporary Observers and Participants* (New York: Harper & Row, 1964), 307-8.

21   Carl R. Truman, *Luther's Legacy: Salvation and English Reformers, 1525-1556* (Oxford: Clarendon Press, 1994).

랑스럽게 지지하는 것처럼, 성공회는 민족주의에 근거한 성공회 제일주의를 벗어나지 못하고 있다.

청교도 연구에서 가장 치열했던 시기는 올리버 크롬웰이 찰스 1세를 처형했던 1649년경이다. 전통주의 역사가들은 찰스 1세가 처형됨으로서 도리어 민중의 지지를 회복했고, 올리버 크롬웰의 죽음으로 청교도의 시대가 쇠퇴했다고 해석한다. 크롬웰이 1658년에 병에 걸려서 사망하고 그의 아들이 계승했지만, 귀족들은 여전히 혈통적 신분제로 자신들의 지위를 보전하고자 1660년 찰스 1세의 아들을 왕위에 올렸다. 이로써 주교제도, 기도서, 국교회주의 성직자 1000명 등이 복직했다. 영국 국교회에서는 찰스 1세가 크롬웰을 맞서 사회와 교회를 지킨 것으로 해석하기도 한다.[22]

수정주의, 로마 가톨릭과 반종교개혁 운동의 입장

1970년대부터 등장한 '수정주의revisionism' 역사학자들과 신학자들은 앞에서 설명한 전통주의 학설들을 정면으로 공격한다. 중세 말기 로마 가톨릭의 상태에 대해서 나쁘다는 증거들과 서술들이 크게 왜곡되었고 과장된 것이라고 주장하면서 말이다. 헤이그 Haigh, 스

---

22 최철희, 『세계성공회사』, (서울: 대한기독교서회, 1996), 140-141.

카리스브릭 Scarisbrick, 더피 Duffy 등의 수정주의자들은 종교개혁이란 '위로부터 아래로 강요된 개혁'이라고 주장한다. 따라서 대중들이 받아들이기에 어려움이 많았고, 천천히 지속되었으며, 엘리자베스 여왕 통치 후반기까지 결실을 얻지 못했다고 혹평한다. 그 당시 로마 가톨릭교회가 항해해 나갈 수 없을 정도로 허약한 상태가 아니었으며, 오히려 다가오는 종교개혁의 폭풍을 헤쳐 나갈 준비가 잘 되어 있었다고 주장한다.

헨리 8세가 왕실의 권위로 1533년에 이혼을 감행했고, 1534년에 토머스 크롬웰의 건의에 따라서 '수장령 Acts of Supremacy'을 발표했다. 그 선언의 내용은 "이 지상에서 영국 교회의 유일한 머리인 왕과 그의 후계자들은, 모든 이단을 조사하고 통제하고 시정하고 개혁하고 명령하며 수정할 완전한 권위와 힘을 갖는다"라는 것이다. 그러나 이 수장령이, 당시 유럽에서 정착되어 가던 개신교회의 신학 사상을 전부 받아들이는 것은 아니었다. 1539년 '6개 법령'에서는 오히려 가톨릭 교리를 고수한다고 천명했다.[23]

특히 수정주의 학파는 종교개혁과 청교도 운동을 매우 부정적으로 평가한다. 더피는 스튜어트 왕실이 강요한 개혁이 점진적으로,

---

23 Gerald Bray, ed., *Documents of the English Reformation* (Minneapolis: Fortress, 1994), 222-32.

심지어 우발적으로 진행되었다고 주장한다.[24] 수정주의에 의하면, 잉글랜드의 종교개혁은 유럽 대륙의 상황과는 다르다고 주장한다. 그들은 엘리자베스 1세가 통치하던 시기에 로마 가톨릭이 쇠퇴하지 않았다고 주장하면서 유럽 대륙 역사학자들의 견해(종교개혁을 신앙 운동의 하나로 해석하고 있고, 더 나아가서 이를 확고하게 지키고자 하는 것)에 반대한다. 잉글랜드 종교개혁은 정치적인 사항들이 결부되어 있어서 문제가 다르다는 점을 주지시키는 것이다. 헤이그는 영국 종교개혁이 그리 효과적이지 않았고, 큰 반향을 일으킨 것도 아니었다고 주장한다.

> "영국에서의 종교개혁은 조금씩 진전되었다. 20년 이상의 기간에 걸쳐서, 한 번에 아주 조금씩 … 그래서 엄청난 대격변의 현상이었다고 하기보다는 … 분명히 알아차리기 어려울 정도였다."[25]

---

24 Eamon Duffy, *The Stripping of the Altars: Traditional Religion in England 1400-1580* (New Haven: Yale University Press, 1992).

25 Christopher Haigh, *"The Reformation in England to 1603," in A Companion to the Reformation World*, ed. r. Po-chia Hsia (Oxford: Black, 2004), 141-44. idem, *Reformation and Resistance in Tudor Lancashire* (Cambridge: 1975). C. Haigh, ed., *The English Reformation Revised* (Cambridge: 1987), C. Haigh, *English Reformation: Religion, Politics, and Society under the Tudors* (Oxford: 1993)등이

1630년대를 살았던 반청교도 성직자 위도우스는 청교도라는 이름은 모호했고, 거짓된 것 fallacious이라고 비판했다.[26] 이런 근거들에 의존하여, 수정주의 역사학자들은 잉글랜드에서는 오로지 왕들의 정치적 역할에 근거하여 변화와 개선이 이뤄졌음에 주목한다. 전통주의 해석자들이 종교개혁의 필연성을 과장했고, 억지 논리를 펴고 있다고 비판한다. 하지만 여기서 주지할 점은 수정주의 학파는 반종교개혁 운동과 입장을 같이하고 있으며, 오늘날에도 여전히 개신교회를 분열주의로 평가 절하해 버리는 로마 가톨릭을 대변하고 있다는 것이다.

　　대표적인 수정주의자 티아크는 로마 가톨릭과 개신교회의 알미니안주의가 연결되었음에 주목한다. 특히 잉글랜드 성공회가 알미니안주의를 대체로 받아들였기에, 청교도들의 존재는 미미했고, 오히려 칼빈주의를 반대하는 자들이 대세였다는 것이다. 그는 옥스퍼드 대학교에서 박사학위논문, 「Arminianism in England, in Religion and Politics」(Dr. of Philosophy, 1969)를 작성했고, 이어서 『Anti-Calvinism, the Rise of English Arminianism c. 1590-1640』(Oxford, 1987)을 출간했다.

26　Giles Widdowes, *The Schismatical Puritan* (Oxford: 1631). Henry Parker, *A Discourse Concerning Puritans* (1641). Christopher Hill, *The Economic Problems of the Church, from Whitgift to the Long Parliament* (1956). idem, *Society and Puritanism in Pre-Revolutionary England* (1964).

티아크의 논지에 따르면, 잉글랜드에서 알미니안주의가 널리 퍼진 이유는 다음과 같다. 국왕 제임스 1세가 여러 가지 외교적인 상황으로 인해서 두려움을 느껴, 강력한 칼빈주의를 배척하고 성공회가 알미니안주의를 받아들이도록 종용했다는 것이다. 다시 말해 당시 유럽을 장악하고 있던 마지막 제국 합스부르크 왕가가, 종교개혁이 진행중인 독일과 스위스 주변 지역을 점령하기 위해 벌인 30년 전쟁(1618–1648)을 제임스 1세는 고려했다는 것이다. 제임스 1세는 독일이나 네덜란드의 도움을 기대했으나, 오히려 로마 가톨릭을 지원하는 합스부르크 왕국이 전쟁에서 승리하자, 정치적 이해를 계산하여 반反칼빈주의로 기울었다고 수정주의자들은 해석했다.

이들에 의하면, 당시 일반 백성들은 로마 가톨릭 신앙에 깊이 젖어 있었고, 억지로 튜더 왕가에 의해서 종교개혁을 강요당했다고 주장한다.[27] 당시 죽음을 맞이하는 자들의 유언장과 교회에 대한 기부와 헌금이 막대했다는 것은 종교개혁 이전의 교회가 건강하였음을 방증하는 것이라고 주장한다.[28] 교회 내에서 살았던 사람들이 작

---

[27] Judith M. Richards, *Mary Tudor* (London: Routledge, 2009). Eamon Duffy, *Fires of Faith: Catholic England Under Mary Tudor* (New Haven: Yale University Press, 2009), idem, *Faith of Our Fathers: Reflections on Catholic Tradition* (2004). idem, *The Stripping of the Atlas: Traditional Religion in England 1400-1500* (New Haven: Yale University Press, 1992).

[28] Nicholas Tyacke, *Aspects of English Protestantism, c. 1530-1700* (Manchester University Press, 2001), 38.

성한 건물치장과 관리인의 장부들과 평신도 단체들의 기록들, 성직자들이 심방을 했던 내용을 살펴보면 반성직주의가 지나치게 과장되었다는 것이다. 성직자들과 평신도들 다수는 종교의 변화에 동의하지 않았고, 외적인 평화를 유지하기를 원했다는 것이다. 또한 그들은 개신교와 로마 가톨릭의 차이점을 상세하게 구별할 수 없었다는 것이다.

　오늘날까지 로마 가톨릭 쪽에서는 종교개혁과 청교도 운동을 비판하고, 그들에 대한 핍박과 탄압의 구체적인 상황들을 전혀 가르치지 않는다. 오히려 일부 과격한 종교개혁의 폐해들만을 들춰내고자 하고, 청교도의 순수한 헌신과 교회 개혁의 열정을 깎아내리고 비난한다. 반종교개혁 운동Counter-Reformation에 앞장선 로욜라와 예수회에서는 교황 지상주의를 추구했으며, 그런 관점에서 루터, 칼빈, 녹스를 비롯하여 종교개혁자들과 청교도들에게 온갖 모함과 비난을 퍼부었다.[29] 한 예로 멀렛의 연구를 살펴보면, 수정주의자들의 입장이 무엇인가를 확실히 파악할 수 있다. 그들은 교황 바울 4세(1476–1559)가 극렬한 개신교 탄압을 위해서 이단 재판소와 금서목록을 만들고, 개신교를 근절하는 정책을 폈는데도 그의 간악한 범죄에 대해서는 전혀 비판하지 않는다.[30] 반종교개혁 운동이 널리 퍼

29　William Monter, *Frontiers of Heresy: The Spanish Inquisition from the Basque Lands to Sicily* (Cambridge: University Press, 1990).

30　Michael A. Mullett, *The Catholic Reformation* (London: Routledge, 1999), 213.

진 후로 오로지 로마 가톨릭의 입장을 옹호하려는 연구서들이 많이 출판
되었다.

수정주의는 기존의 역사해석을 '다시 생각해 보자'라고 넌지시
제안한다. 또 다른 한편으로는 로마 교회를 옹호하고, 종교개혁자
들을 비판하는 일에 몰두하여 루터는 원래부터 반항아로 성장했고,
마치 흡혈귀와 같았다고 묘사한다. 칼빈에 대해서는 '모기를 짓밟아
죽인 코끼리'라고 표현하기도 한다. 칼빈이 과연 '제네바의 독재자'
라고 하는 모욕을 받아야 할 것인가? 그와 동시대 프랑스 로마 가톨
릭 정권에서는 수만 명의 개신교회 성도들, 위그노라고 불리는 시민
들을 무자비하게 학살했다. 이탈리아와 스페인에서 잔인하게 종교
개혁자들을 고문하였던 사건들은 전혀 반성하지도 않는다. 이와 동
시에, 청교도의 개혁운동을 비난하면서 그 당시 성도들에게는 전혀
기쁨도 없었고, 평안도 없었다고 주장한다.

수정주의, 로마 가톨릭의 입장을 옹호하는 자들은 루터, 츠빙
글리, 칼빈 등이 심리적으로 불만이 가득했으며, 반항적인 기질을
갖고 성장했다는 주장을 내놓았다. 이러한 접근을 마치 사회 심리학
적 접근인 것처럼 과대포장하고 있다. 이런 해석이야말로, 교황주
의가 만들어 낸 허구이다. 그들은 역사적 실상들에 대해서 공정하고
객관적인 평가를 하지 않는다.

우리는 역사를 날조하려는 자들에 대해서 정확히 분별하고, 구분
할 수 있는 수준의 지식을 가져야 한다. 국왕의 명령에 불복종하면서, 목

숨을 바치는 일에 참여했던 청교도들은 누가 강요한다고 해서 억지로 개혁의 길을 따라간 것이 아니다. 그들은 하나님의 말씀과 진리에 감명받은 후, 거룩한 열심을 발휘한 것이다. 극렬한 반항아들의 선동에 따라서 허망한 영광을 추구했던 것이 결코 아니다.

수정주의 로마 가톨릭 학자들은 16세기 유럽의 종교개혁자들과 잉글랜드 청교도 운동에 대해서 공격하고, 작은 흠집이라도 찾아내서 비난한다. 이들의 관점은 오직 교황 무오설과 로마 교회의 수위권을 옹호하려는 데서 나온 것이다. 무례하고도 몰염치한 학자들에게 과연 역사적 사건들로 인해 피해 받은 사람들에 대해서 정확하게 알고 있는가를 묻지 않을 수 없다.

에라스무스가 비판했던 교황 알렉산더 6세가 남긴 로마 가톨릭의 교황 제일주의와 그의 방탕함을 어떻게 역사에서 지울 수 있는가! 교황 알렉산더 6세는 교회의 전통과 교황의 무오성을 주장하면서 금서목록을 만들었고, 성경에 근거하여 이의를 제기하는 신학자들, 목회자들, 학자들, 성도들을 핍박했으며, 이루 다 셀 수 없는 악행을 저질렀다.

잉글랜드에서도 로마 가톨릭주의자 메리 여왕의 핍박으로 얼마나 많은 사람이 잔인하게 처형되었는지 정확한 숫자를 파악할 수조차 없다. 다만 1553년 한 해에만 287명을 화형, 교수형으로 죽인 기록이 남아 있다. 그 외에도 감옥에 갇혔다가 죽어 간 성도들이 수를 셀 수없이 많다.[31] 400여 명의 목회자들은 해외로 도피했다. 그 후로도 박해가 계속 진행되었기에 그 숫자는 상상할 수 없을 만큼 많을 것으로 추정된다. 1563년 판, 폭스의 책에 기록된 사례만 해도 312명의 순교자가 나온다.[32]

로마 가톨릭이 국가 권력과 결탁했던 프랑스에서는 '톨레랑스(관용)'를 국민적인 정서라고 주장한다. 그럼에도 프랑스 국왕과 가톨릭 권력자들은 1572년 바돌로매의 날에 미사 참석을 거부하는 '위그노' 개신교 성도들 7만 명 이상을 살해했다.[33] 동시대 잉글랜드를 통치했던 엘리자베스 여왕도 역시 국가교회만을 고수하면서 청교도들을 국왕의 통치권에 반역하는 자들이라고 냉담하게 추방했다. 용감한 청교도들은 국왕의 통치를 받는 감독제 국가교회 체제에 순응한다는 서약서를 거부하였다. 냉혹한 압박에 굴복하지 않았던 청교도들은 양심을 지키고자 고난의 길을 강요당해야만 했다. 16세기와 17세기에 로마 가톨릭과 잉글랜드 성공회에서 얼마나 많은 성도를 살해하고, 핍박하고, 권세로 짓눌렀던가! 저들은 아무리 정확

---

31 Richards, *M. Mary Tudor* (London: Routledge, 2009). Eamon Duffy, *Fires of Faith: Catholic England Under Mary Tudor* (New Haven; Yale 2008).

32 *Foxe's Book of Martyrs* (1536). 원래 이 책의 제목은 "*The Actes and Monuments*"이다.

33 Robert J. Knecht, *The French Religious Wars: 1562-1598* (Oxford: Osprey, 2002), 51-52.

한 역사적인 사실과 근거들을 조사해서 제시해도 가톨릭의 도덕적 부정부패와 왜곡된 교리, 반反종교개혁자들의 잔혹한 살인과 학살을 애써 외면하거나 부인하려 한다.

후기 수정주의, 케임브리지학파와 청교도 정신의 계승자들

가장 최근에 나온 후기 수정주의post-revisionism는 영국 종교개혁의 특징을 위로부터 아래로 내려오는 국왕의 강압적인 조치에 의한 것으로 정의하면서, 이에 반항하던 청교도들이 박해를 견디면서 성취한 것에 대해 객관적으로 평가한다. 주로 객관적인 사료 중심의 연구를 위해서 노력하는 역사학자들과 복음적인 신학을 가진 개신교회들, 장로교회와 개혁교회와 회중교회의 신학자들이 이런 입장을 표명하고 있다.

후기 수정주의를 대표하는 케임브리지 대학교 역사학자 콜린슨 박사는 잉글랜드 종교개혁의 본류가 엘리자베스의 통치 시기의

'청교도 운동'이라고 해석한다.[34] 청교도 운동에 참여한 성도들 가운데는 칼빈주의 장로교회, 회중교회, 분리주의자, 독립파 등이 있었고, 더 급진적인 분리주의자 로버트 브라운을 따르는 자들도 있었다. 청교도 운동은 비성경적인 관습을 완전히 철폐하고, 더 철저하게 교회를 정화하려는 노력이었다.[35] 이런 입장과는 반대로, 전통주의와 수정주의는 잉글랜드 종교개혁의 핵심이었던 청교도 운동을 전혀 다루지 않거나, 중요한 의미를 부여하지 않으려 한다. 예를 들면, 옥스퍼드 대학교 신학부 교회사 교수 매컬로흐는 잉글랜드 성공회를 옹호하고자, '청교도 혁명'이라는 용어를 사용하지 않았다. 수많은 순교자, 그리고 청교도 운동에 가담하였고, 전쟁과 탄압으로 희생된 수십만 명에 대해서는 철저히 무시해 버렸다. 스코틀랜드 칼빈주의 언약도의 활동을 장로교회의 종교적 극단주의라고 폄훼할

---

34 Patrick Collinson, *The Elizabethan Puritan Movement* (Berkeley: University of California Press, 1967). idem, *The Religion of Protestants: The Church in English Society, 1559–1625* (Oxford: Clarendon Press, 1982). idem, *Godly People: Essays on English Protestantism and Puritanism* (London: Hambledon Press, 1983). idem, *Richard Bancroft and Elizabethan Anti-Puritanism* (Cambridge University Press, 2013). *Belief and Practice in Reformation England: A Tribute to Patrick Collinson from His Students*, edited by Susan Wabuda and Caroline Litzenberger (Aldershot, Hants, 1998).

35 김재성, 『청교도, 사상과 경건의 역사』 (서울: 세움북스, 2020).

뿐이다.[36]

후기 수정주의 학파를 대변하는 역사서가 『케임브리지에서 발간한 청교도 운동』이다.[37] 이 책에 실린 분석들과 역사해석이 바로 후기 수정주의의 진면모라고 할 수 있다. 청교도들은 성경에 금지되지 않는 것은 허용한다는 식으로 모호해진 교회의 규칙들을 거부했다. 훨씬 더 엄격한 원칙을 적용하여, "분명하게 성경이 명령하는 것들만 시행한다"라는 원칙을 고수했다. 청교도들은 언약에 충실하여, 오직 하나님의 영광을 전심으로 추구하려는 마음뿐이었다(롬 13:7-8). 학자들은 청교도들이 사람의 눈으로 보기에 좋고 옳은 것을 추구한 것이 아니라, 하나님의 눈에 합당한 것을 추구한다는 점에 주목한다.

청교도들이 잉글랜드 국교회와 충돌하게 된 것은 오직 하나님만을 섬기고 경배하려는 태도와 자세 때문이었다. 청교도들은 국교회가 통일령을 내려서 모든 성직자에게 '중백의superpelliceum'를 착용하라는 명령에 따르지 않았다. 혼배성사라는 명목으로 로마 가톨릭에서 결혼식장에서 반지를 서로 교환하도록 하는 것을 거부했다. 성만찬 시에 무릎을 꿇고 경외심을 표시하는 것도 가식적이라고 판단했

---

36 Diamaid MacCulloch, *The Reformation: A History* (New York: Penguin, 2003), 502-533.

37 John Coffey & Paul C.H. Lim, eds., *Cambridge Companion to Puritanism* (Cambridge: Cambridge University Press, 2005).

다. 세례 시에 물로 십자가 성호를 그려서 표식으로 삼는 것도 미신적이라고 판단했다.[38]

후기 수정주의 학파는 청교도 운동의 전개 과정에서 핵심적인 칼빈주의 신학과 언약 사상을 가장 중요하게 다루고자 했다.[39]

본질적인 면에서 신학 운동이요, 언약 신학, 예정론, 개혁 교회의 예배를 강조했으나, 중심적인 문제는 정치적이었는데, 하나님 앞에서 양심의 정당한 주장을 폈고, 법정에서도 자연법의 규칙을 따라야 한다고 보았으며, 의회에 대한 국왕의 의존성을 지켜야만 국가의 권위가 국민 가운데 기초하는 것이라고 주장했다. 최근 연구자들의 상당수가 청교도 운동의 본질적인 가능성으로 세 번째 요소를 강조하는데, 곧 경건과 회심 체험을, 가슴이 뛰는 신앙생활을 유지하는 실존의 중요한 요소로 다루고 있다.[40]

---

38 John Geree, "The Character of an Old English Puritans, or Nonconformist (1646)," in *The Puritan Path*, Joel Beeke and Stephen Mccaskell (Grand Rapids: Reformation Heritage Books, 2021), 11-19.

39 William Haller, *The Rise of Puritanism* (New York: Columbia University Press, 1938), 83.

40 Richard M. Hawkes, "The Logic of Assurance in English Puritan Theology," *Westminster Theological Journal*, 52 (1990): 247.

주로 케임브리지 대학교의 역사학과 신학부 교수진들, 애버딘, 세인트앤드루스, 에든버러 등 스코틀랜드의 여러 대학교에 속한 교수들과 미국 역사가의 대부분과 신학자들이 후기 수정주의 관점을 주장하고 있다.

케임브리지학파의 거장 콜린슨 박사의 설명에 의하면, 엘리자베스 여왕의 통치 기간에 박해와 압박을 가하여 위로부터 내려온 고통에 대응하면서 청교도의 열매가 비교적 늦게 나왔다는 해석이 가능해진다. 청교도 운동은 종교개혁의 완수를 향한 열정과 노력의 산물이었다. 콜린슨 박사는 청교도 연구가 얼마나 어려운가를 쉬운 비유로 토로했다. 마치 소경이 코끼리를 그려내듯이, '청교도'에 대한 분석을 제기하고 있다는 것이다.[41]

후기 수정주의 학파의 관점에서 쓴 폴리 하의 케임브리지 대학교 박사학위 논문, 「영국 장로교회 (1590-1640)」는 수정주의 학파의 거장 티아크의 박사학위 논문과 정면으로 대립적인 관점을 제시하였다.[42] 폴리 하 박사는 이 연구에서 엘리자베스 여왕이 1592년에 장로교회 운동의 지도자들을 체포하였음에 주목한다. 거의 50여 년 동안 크게 드러나지 않았던 장로교회가 지속해서 활동하고 있었고, 살아 있었음을 보여주는

---

41 Patrick Collinson, "A Comment: Concerning the Name Puritan," *Journal of Ecclesiastical History*, 31 (1980), 484.

42 Polly Ha, *English Presbyterianism, 1590-1640* (Stanford University Press, 2010).

중요한 사건이다. 성공회의 감독제에 굴복하지 않는 장로교회 지도자들이 평신도 법률가들과 공동체를 형성하였고, '교황무오설'이 잘못된 것처럼 '국왕 수위권'도 역시 교회의 조직체계로서는 왜곡된 것임을 증명하려고 노력했음을 이 연구에서 입증하였다. 그리고 장로교회의 지도자 월터 트레버스Gualter Travers(1548-1635)의 잊혀진 자료들을 찾아 제시하기도 하였다. 그러한 장로교회 청교도 운동은 교회의 독립성을 확보하고자 노력함으로 인해서, 자유에 대한 열망을 모든 시민에게 확산시켰다.

후기 수정주의 학파에서는 청교도 운동을 신앙적이고 종교적인 현상으로만 제한하지는 않고, 그들이 살았던 문화라는 현장에서 포착하려 시도했다.[43] 대다수의 청교도는 평생 고통을 당하였고, 훗날의 편안함에 대해서 두려움을 갖고 있었지만, 선택받은 자로서 구원의 확신을 품고 살았다. 칼빈이 강조한 인간의 무가치함과 하나님의 심판이 개인적으로 비통에 처했던 청교도들에게 큰 위로와 확신을 불어넣었다.

청교도 운동을 염두하지 않는다면 튜더 왕가(헨리 8세, 에드워드 6세, 메리, 엘리자베스)와 스튜어트 왕가(제임스 1세, 찰스 1세, 찰스 2세)로 이어지는 종교개혁의 역사적 사항들을 해석할 때 공통분모를 설정하기란 매우 어렵다. 이처럼 잉글랜드에서는 절대권력을 행사

---

43 Christopher Durston and Jacqueline Ealres, eds., *The Culture of English Puritanism, 1560-1700* (London: Macmillan Press, 1996), 11.

하던 국왕과 독립적인 신앙 공동체를 추구하던 교회 사이에 예배와 교회 정치 체제를 놓고서 거의 100년 동안 긴장 관계에 있었다.

헨리 8세(1509-1547 재위)는 로마 가톨릭과 단절하고, 로마의 교황에게 복종하던 교회 체계를 왕권에 귀속시켰다. 유일한 아들 에드워드 6세(1547-1553 재위)를 보좌하던 개신교 지도자들이 확고한 종교개혁을 추진했다. 메리 여왕(1553-1558 재위)은 다시 20년 전으로 되돌아가서 어머니의 나라 스페인처럼 잉글랜드를 로마 가톨릭에 귀속시키려 했다. 이를 거부한 300여 명의 개신교 지도자들이 순교했고, 1000여 명이 피신했으며, 2000여 명이 종교개혁을 따라서 결혼했다가 다시 이혼해야만 했다.

엘리자베스 여왕은 로마 가톨릭도 아니고, 루터파 개신교회도 아닌 절충형 성공회 체제를 고수했다. 헨리 8세 때에 정립된 바를 따르도록 조치하였고, 여왕의 수위권을 거역하는 220여 명을 반역자로 처형했다. 엘리자베스의 국교회 통일 정책과는 달리, 청교도는 교회의 순결한 개혁을 요구하면서, 주일성수를 철저히 시행했다.

제임스 1세는 칼빈주의 장로교회 성도로 교육을 받았으나, 엘리자베스의 종교정책을 유지하고자 절대군주제에 근거하여 국가교회 체제를 강요하였다. 이에 실망한 사람들이 늘어났고, 그들은 메이플라워호를 타고 1620년에 신대륙으로 건너갔다. 마치 이집트를 떠나서 가나안 복지로 가던 이스라엘 백성들처럼, 약속과 자유의 땅을 찾아서 떠났다.

찰스 1세는 프랑스 공주를 아내로 맞이하면서 훨씬 더 로마 가톨릭 체제를 따르는 주교 정치를 강행하였다. 그의 반청교도 정책의 압박에 저항하던 청교도들은 국가언약 문서에 서명하고 분연히 맞서서 싸웠다. 순수한 시민들이 왕당파에 맞서서 전쟁에 연루되었고, 무려 25만여 명이 살상되었다. 150여 명의 신학자들과 목회자들이 "웨스트민스터 신앙고백서"를 작성했다. 또한 이 과정에서 악한 왕을 제거하고자, 올리버 크롬웰이 앞장서서 청교도 전쟁을 승리로 이끌었고, 1649년 체포당한 찰스 1세를 참수한 후에 10여 년을 호국경으로 통치했다.

반청교도 정책을 표방한 찰스 2세가 복귀하면서 주교제도가 채택되었다. 예배와 목회의 지침서가 재개정되고, 성직자들에게 서명이 강요되었다. 전체 목회자 중에서 5분의 1에 해당하던 2000명이 서명을 거부하자, 1662년에 모두 해직당했다. 박해는 더욱 가혹해져서, 20여 년의 통치 기간에 무려 2만여 명의 청교도들이 투옥되었다.

이처럼 매번 국왕들의 강압 조치로 인해서 종교개혁이 정체되었고, 정치와 뒤섞인 고통과 어려움이 수반되었다. 신앙적인 이의를 제기하면 곧 국왕에 대한 불복종으로 간주하는 통치자들의 탄압이 극심했기에 청교도들의 고난과 희생이 컸다. 국왕들이 위로부터 개입하는 바람에 영국 종교개혁과 청교도의 열매가 늦게 맺어졌다는 평가와 청교도들의 확고한 칼빈주의 신학과 체험적인 신앙을 강조하는 후기 수정주의 해석이 가장 타당하다고 본다. 주교제도의 감독 정치에 이의를 제기하면서, 보다 성경적인 목양 사역에 충실하게 노력하려던 청교도들이 마침내 새로운 창조적 변혁을 일으킨 것이다.[44]

순수한 청교도들의 노력은 마침내 인류 역사상 가장 거룩하고도 경건한 기독교를 구현하기에 이르렀다. 청교도라는 이름은 경건한 열심을 가지고 세상에서 하나님의 영광을 추구했던 업적들을 이룬 성도들임이 밝히 드러나게 되었다.

---

44 Joel Beeke & Mark Jones, *A Puritan Theology: Doctrine for Life* (Grand Rapids: Reformation Heritage Books, 2012), 3.

제 9 장

결론:
세속화, 신학의 변질,
교회의 퇴락

교회 위기의 해답은?

그토록 절실하게 하나님을 충실히 섬기고자 했던 청교도 신앙과 뉴잉글랜드에 새로운 예루살렘을 건설하고자 했던 찬란한 비전은 지금 어디에 있는가? 청교도의 신앙 유산과 그들이 세운 교회와 국가는 지금 어디로 가고 없는가? 오늘날 유럽의 교회가 쇠퇴한 이유는 무엇인가? 그동안 미국에서는 기독교가 큰 영향력을 발휘해 왔는데, 앞으로도 과연 그렇게 유지될 수 있을 것인가?

이번 장에서는 결론으로 유럽에서 사라진 청교도 신앙이 회복 가능한가를 먼저 살펴보고자 한다. 그러기 위해서는 무엇보다도 교회의 쇠퇴를 가져온 가장 중요한 이유를 알아야 할 것이다. 그러한 기초 위에서, 몇 가지 연구 자료를 통해서 오늘날의 문제를 극복할 수 있는 대안을 생각해 보고자 한다.

미국 고든 콘웰 신학대학원, 조직신학 교수 데이비드 웰스는 지난 20여 년에 걸쳐서 '복음의 쇠퇴'와 '교회의 추락'을 분석하는 저서를 발표해 오고 있다. 그의 분석에 의하면, 교회가 퇴락하게 된 원인을 진단해보면 '세속화의 물결'이 신학의 혼탁을 가져왔고, 현대 포스트모더니즘은 '성의 혁명sex revolution'을 시도하면서, 개인주의와 쾌락주의를 극대화하고 있다는 것이다.[1] 그 결과로 교회의 메시지와 예배가 변모되면서 점차 무너져 가고 있다는 것이다. 따라서 용기를 갖고 기독교 신앙을 지켜야 하고, 포스트모더니즘에 맞서서 진정성 authenticity을 발휘해야 한다고 제언했다.[2]

미국의 역사를 청교도의 역사 관점에서 간략하게 정리한다면 다음과 같다. 청교도의 후예가 단합하여 미국이 독립전쟁에서 승리하고, 1776년 새로운 나라를 건설하였다. 그러나 1800년대 초기에 이르게 되면서, 교회 중심의 청교도 국가는 엄청나게 많은 변화를 겪게 된다. 미국에서는 정치와 결탁한 회중교회도 있었고, 회중교회

1 Carl R. Trueman, *The Rise and Triumph of the Modern Self: Cultural Amnesia, Expressive Individualism, and the Road to Sexual Revolution* (Wheaton: Crossway, 2020).

2 David F. Wells, *No Place for Truth, or, Whatever Happened to Evangelical Theology* (Grand Rapids: Eerdmans, 1993). idem, God in the Wasteland (Grand Rapids: Eerdmans, 1994). idem, *The Bleeding of the Evangelical Church* (Edinburgh: Banner of Truth Trust, 1995). idem, *Losing Our Virtue* (Grand Rapids: Eerdmans, 1998). idem, *Above All Earthly Pow'rs* (Grand Rapids: Eerdmans, 2005). idem, *The Courage to be Protestant* (Grand Rapids: Eerdmans, 2008). idem, *God in the Whirlwind* (Wheaton: Crossway, 2014).

내부에서는 칼빈주의와 자유주의 신학의 대립으로 '유니테리안주의(성부유일신론) 교회'로 분리한 교회들이 생겨났다.

지금 전 세계에서 가장 높은 학문적 권위를 인정받는 최고의 교육과 연구기관은 하버드 대학교이다. 하버드는 1636년에 윈스럽을 비롯한 뉴잉글랜드 청교도가 목회자 양성을 위해서 세운 기관이었는데, 기부를 많이 한 사람의 이름을 따라서 학교 명칭이 달라졌다. 그러다가 청교도 정신으로 시작한 하버드 신학부는 점차 자유주의 신학을 확산하더니, 마침내 유니테리안주의자들에게 장악당했고, 정통 기독교 신학과는 너무나 멀리 떨어진 종교 다원주의와 일반적인 종교학을 가르치는 학교가 되고 말았다. 하버드 대학교 신학대학원에서는 정통교회가 믿는 삼위일체 하나님을 인정하기보다는 종교 상대주의와 유대인들이 주장하는 유니테리안주의를 신봉하는 강의와 연구서들을 쏟아놓고 있다.[3]

뉴잉글랜드 지역의 중심지에 새롭게 건설된 식민지인 코네티컷주에 있는 예일대학교는 1701년 청교도 지도자 인크리스 매더가 설립한 학교이다. 모든 교수에게 웨스트민스터 신앙고백서에 서명하도록 하였다. 예일 신학부는 걸출한 설교자들을 배출했는데, 그중 최고의 인물이 바로 조나단 에드워즈이다. 그러나 역시 예

---

3 George M. Marsden, *The Soul of the American University: From Protestant Establishment to Established Nonbelief* (Oxford: Oxford University Press, 1994), 11.

일 신학부도 점차 신학의 개방을 용인하더니 알미니안주의와 자유주의 신학 사상에 점령되고 말았다. 프린스턴Princeton(1746), 브라운Brown(1764), 럿거스 Rutgers(1766), 다트머스 Dartmouth College(1769) 등은 장로교회, 화란 개혁교회, 침례교회, 회중교회가 세운 대학교들이었다. 뉴욕의 컬럼비아 대학교 Columbia University(1754)와 펜실베이니아 대학교 Pennsylvania(1755) 등은 직접적으로 교회가 세운 것은 아니지만, 성공회와 장로교회의 후원을 받아 설립되었다. 따라서 이 대학교들에서는 모든 학생이 의무적으로 정기 채플에 참석해야만 했고, 기독교 과목을 교양으로 수강해야만 했는데, 학교의 설립 정신이 반영된 이 두 가지 방침도 어느새 이 대학들에서 사라지고 말았다.

종교개혁의 신학을 계승한 청교도가 세운 하버드 대학교만이 아니라, 뉴잉글랜드 청교도가 세운 예일 대학교의 신학부와 프린스턴 대학교의 신학부도 최고의 명문대학으로 성장했지만, 이제는 무신론과 종교 다원주의를 양산하는 학교로 전락해 버렸다. 이들 대학교의 설립자들과 이사회원들은 대부분이 목회자들이었다. 차츰 이러한 학교들은 이기적인 물질주의를 받아들여서 학교의 규모를 성장시켰는데, 상대주의, 종교적 관용주의에 물들게 된 것뿐만 아니라 삼위일체 신학에 동의하지 않는 유니테리안주의의 요람이 되고 말았다. 또한 그들은 유대주의자들의 신관인, '성부유일신론Unitarianism'을 신봉하고 있는데, 그렇게 된 이유인즉 가장 많은 후원금을 내는 사람들이 바로 유대인들이기 때문이다. 이는 미국의 실용주의가 빚어낸 결과물이다.

필자가 주목하는 시기는 미국 장로교회가 1801년 '통합 방안서 Plan of Union'를 발표하고 난 이후부터다. 미국 장로교회는 청교도 신앙을 공유 해오던 회중교회와 협조하면서 교단의 연합을 단행했는데, 이는 미국의 독립선언 이후에 조성된 제2차 대각성운동의 결과였다.

그러나 점차 하버드 대학 신학부에 1805년에 유니테리안주의자 헨리 웨어 Henry Ware가 교수로 들어오자, 상황이 급변했다. 그래서 1808년, 매사추세츠주의 청교도 유산을 지키려던 교회들이 앤도버 신학대학원을 세웠다. 이 학교는 미국 역사상 최초의 전문 신학대학원이었는데, 다시 100년이 지난 후에 1908년 하버드 신학부와 결합했다. 이러한 흐름에 반대하는 그룹들이 남아서 앤도버 신학교를 유지해 내려오다가, 예일대학교 신학부로 편입했다. 이런 일련의 결정 과정들에서 점차 전통적인 신학자들과 교회의 영향력이 후퇴하고 말았다. 호레이스 부슈널 Horace Bushnell, 프레더릭 모리스 Frederick D. Maurice 등이 과학(진화론)과 종교의 상호보완을 주장했다.

이들 미국의 최고 명문대학교는 흑인 노예 해방전쟁을 치르고 난 후, 1870년대까지는 성경적 복음과 캠퍼스의 부흥을 강조하였다. 남북전쟁은 단순히 노예해방으로 그친 것이 아니다. 미국이 지켜오던 정통 개혁주의 신학을 벗어나서 자유주의 신학 사상이 신학파를 형성하는 계기를 제공했다. 찰스 핫지의 개혁주의 신학이 쇠퇴하고, 유럽에서 몰려 들어오는 자유주의 신학의 홍수가 엄청난 파장을 일으켰다. 미국 장로교회에 내에서 신학파가 득세하고 로버트 패터슨이 강력하게 신학파를 지지했다.

프란시스 패턴Francis Patton(1843 – 1932)은 프린스턴 대학교 학장으로서 웨스트민스터 신앙고백서에 서명을 반대하는 움직임에 대처해야만 했다. 1920년대로 접어들어 프린스턴 대학교는 근본주의 신학을 가진 교수들을 전부 다 퇴직시켜 버리고, 자유주의 신학까지 폭넓게 수용하는 신학자들을 등용하였다. 이러한 신학의 파괴와 교회의 변질에 대해서는, 이미 미국 장로교회 총회에서 '웨스트민스터 신앙고백서의 변경안'을 통과시킨 것을 보면 잘 알 수 있다. 벤저민 워필드B. B. Warfield 박사와 게르할더스 보스 Geerhardus Vos 박사가 이를 막아내려고 모든 노력을 기울였으나, 결국 신학의 노선이 다양해져 가는 흐름을 막을 도리가 없었다. 결국 1929년에 메이첸 박사와 코르넬리우스 반틸 박사Cornelius Van Til가 프린스턴 신학교를 떠나서 웨스트민스터 신학교를 세우게 되는 상황으로 극심한 대립이 진행되었다.

한국교회는 지금 어떠한가? 문화의 세속화, 그리고 신학 사상의 변질과 왜곡 끝에, 마침내 교회의 쇠퇴와 무력화로 이어지는 청교도의 나라 미국과는 어떻게 대조될 수 있을까?

한국교회는 청교도 신앙의 유산과 전통을 물려받았고, 웨스트민스터 신앙고백서를 지키면서도 부흥운동의 감격을 사모하는 가운데 새벽기도의 신앙을 유지하고 있다. 하지만, 안타깝게도 한국교회의 쇠퇴 현상도 막을 수 없을 만큼 심각해지고 있다.

한국교회는 포스트모더니즘이 휩쓸고 있는 세상에 대해서 더욱 정신 차리고 깨어 있지 않으면 안 된다. 세상은 물질주의가 지배하고 있다. 오늘의 문화는 포장된 상품을 잘 팔아서 이득을 극대화하는 세속주의에 의존한다. 교회에 나와 있는 성도들도 역시 그 구조 속에서 혜택을 누리고자 노력하고 있는 사람들이다.

하지만 교회는 성도들에게 물질과 권세와 성적 쾌락과 오락만을 추구하는 세상 속에서는 참된 평안과 위로가 없음을 정확하게 지적해야만 한다. 포스트모더니즘에는 진리가 없으며, 이성적이지도 않다. 이익을 위해서 각자 편으로 나뉜 채, 마치 정치 집단이 정당으로 나뉘어서 대립하는 모습처럼 자기 생각만 옳다고 주장하는 상대주의만이 남아 있을 뿐이다.

현대 교회는 교회답지 못한 곳들이 너무나 많다. 참된 교회는 세상의 권세를 뛰어넘는 그리스도의 평안과 사랑과 위로를 전해야 한다. 주 예수 그리스도에 대한 믿음의 행위와 사랑의 수고와 소망의 인내를 경주하자(살전 1:3).

청교도의 빛나는 개혁운동

초판 1쇄 발행   2024년 1월 31일

　　2쇄 발행   2025년 1월 31일

지은이　　김재성
펴낸이　　정대운
펴낸곳　　도서출판 새언약
책임편집　안보현 한정석

등록　　제 2021-000022호
주소　　경기도 고양시 덕양구 동세로 138 삼송제일교회 1층(원흥동)
전화　　031)965-6385
이메일　covenantbookss@naver.com

ISBN 979–11-978793-8-8 (03230)